U0815045

中国城乡关系理论与实践百年流变与进路研究

高拴平　陈伟雄　李梓元　著

群言出版社
QUNYAN PRESS
·北京·

图书在版编目（CIP）数据

中国城乡关系理论与实践百年流变与进路研究 / 高拴平，陈伟雄，李梓元著 . -- 北京 : 群言出版社，2023.12
ISBN 978-7-5193-0902-2

Ⅰ. ①中… Ⅱ. ①高… ②陈… ③李… Ⅲ. ①城乡关系—研究—中国 Ⅳ. ①C912.8

中国国家版本馆 CIP 数据核字（2024）第 003740 号

策划编辑：孙平平
责任编辑：侯　莹
封面设计：逸品书装设计

出版发行：群言出版社
地　　址：北京市东城区东厂胡同北巷 1 号（100006）
网　　址：www.qypublish.com（官网书城）
电子信箱：qunyancbs@126.com
联系电话：010−65267783　65263836
法律顾问：北京法政安邦律师事务所
经　　销：全国新华书店

印　　刷：北京柏力行彩印有限公司
版　　次：2023 年 12 月第 1 版
印　　次：2023 年 12 月第 1 次印刷
开　　本：710mm × 1000mm　1/16
印　　张：16
字　　数：234 千字
书　　号：ISBN 978-7-5193-0902-2
定　　价：88.00 元

【版权所有，侵权必究】

如有印装质量问题，请与本社发行部联系调换，电话：010−65263836

2021年度福建省高校以马克思主义为指导的哲学社会科学学科基础理论研究项目:《中国共产党城乡关系理论的百年流变与时代进路研究》

项目批准号: JSZM2021081

序　言

张华荣*

城市和乡村是人类生产生活的两大空间形态，也是经济社会发展中的一对重要关系。在城市产生之后，城乡关系就应运而生，这一关系伴随着城乡发展全过程。把握城乡发展规律，推动城乡关系协调发展，是建设现代化国家的必然要求。城乡关系的理论渊源可追溯至亚当·斯密的“乡村—城市”自然顺序论，其在1776年的《国富论》中系统地阐述了城乡关系自然演变的过程，分析了地理、贸易、制度和文化等因素对城乡关系的制约和影响。此后，德国学者杜能在1826年发表的《孤立国同农业和国民经济的关系》中第一次以工农产品互换为基础，明确指出城乡产业要合理分工布局，对城乡产业布局产生重要影响。

马克思、恩格斯继承近代古典经济学的优点，进一步强调了农业的基础地位和工农城乡协调发展的必要性。马克思恩格斯将“城乡融合”作为未来社会的重要特征，提出通过废除私有制，使农业和工业相结合、城市和乡村的对立逐步消失，推动实现城乡融合发展。而后的莱特（1932）、芒福德（1961）、舒尔茨（1968）等学者分别从不同角度提出了城乡均衡发展的理论。20世纪50年代之后，由于城乡关系问题越来越受到重视，西方的城乡关系理论取得新的突破，形成了“刘易斯–拉尼斯–费景汉”模型（1961）、“乔根森模型”（1967）、“托达罗模型”（1970）、利普顿的“城市偏向理论”（1977）、弗里德曼和道格拉斯的“乡村城市发展战略”（1975）、朗迪勒里的“次级城市发展战略”（1983）、岸根卓郎的“城乡融合系统”（1985）、麦基的“Desakota”模式（1994、1997）、道格拉斯的“区域网络发展模型”（1998）、肯尼斯·林奇的“城乡动力

* 张华荣，福建师范大学经济学院教授，博士生导师。福建师范大学协和学院原院长。

学”(2005)等城乡关系理论模型，不断丰富城乡关系理论研究与实践。

城乡关系问题是一个国家现代化进程中必然面临的基本问题。马克思恩格斯明确指出，城乡融合发展是人类城乡关系演变的终极指向。中国共产党自成立以来就十分关注城乡关系问题，积极探索实现城乡融合发展的中国道路。中国共产党对城乡关系的探索与实践经历了“新民主主义革命时期的城乡对立阶段—社会主义革命和建设时期的以农补工、城乡分治阶段—改革开放和社会主义现代化建设新时期的城乡互动和城乡统筹发展阶段—中国特色社会主义新时代的城乡融合与城乡一体化发展阶段”的演变过程，积累了丰富的历史经验，形成了较为系统的城乡关系理论。特别是党的十八大以来，习近平总书记在马克思主义城乡关系理论基础上，结合中国特色社会主义城乡建设的实践，提出一系列关于城乡发展的新理念新思路新举措，不断开辟我国城乡关系发展的新局面。当前，我国社会主要矛盾已经转化为人民日益增长的美好生活需要与不平衡不充分发展之间的矛盾。其中，最大的发展不平衡仍然是城乡发展不平衡，最大的发展不均衡仍然是农民与其他阶层收入的不均衡，最大的发展不充分仍然是农村发展不充分。截至2022年，我国城镇常住人口已达到9.21亿人，占比65.22%，乡村常住人口依然还有4.91亿人，占比34.78%。党的二十大报告指出，“城乡区域发展和收入分配差距仍然较大”，强调要“着力推进城乡融合和区域协调发展”，“坚持城乡融合发展，畅通城乡要素流动”，强调“推进以人为核心的新型城镇化，加快农业转移人口市民化”，指明了未来重塑新型城乡关系的方向和路径。

由高拴平教授等所著的《中国城乡关系理论与实践百年流变与进路研究》一书，以中国城乡关系的理论与实践为研究对象，系统梳理了中国城乡关系发展演进的理论渊源、历史渊源，深入探讨了新中国成立以来中国城乡关系理论与实践的主要内容及演变特点，在此基础上总结了中国城乡关系理论的实践成效及其经验启示，并提出了推动中国城乡关系协调发展的时代进路。

该书具有以下三大特点。其一是结构合理。该书着眼于中国城乡关系的历史进程与现实情境，厘清中国城乡关系理论的演进脉络，突出理论创新发展成果，建构了具有中国特色的城乡关系理论体系，进一步丰富和发展了马克思主义城乡关系理论。其二是视野开阔。该书还致力于挖掘中国城乡关系理论对于指导世界各国尤其是发展中国家处理好城乡关系的现实意义，更好地发挥引领示范作用，为全球贡献中国智慧、中国方案，增强中国城乡关系理论的世界价值。因此，该书的出版不仅充实、丰富和发展了中国特色社会主义城乡关系理论，也为更好地推进中国城乡协调发展提供了重要的依据，同时也对发展中国家推动城乡关系协调发展具有一定的借鉴参考价值。其三是前瞻性强。该书作者既有在地方政府从事管理工作的儒雅学者官员，也有长期在高校从事教学科研工作的教师，充分彰显理论与实际相结合的魅力。该书明确提出，坚持市场化改革，促进城乡要素双向流动是中国推动城乡协调发展的重点；坚持公平共享原则，促进城乡公共资源合理配置是中国推动城乡协调发展的着力点；建立健全现代产业体系，促进城乡产业协同发展是中国推动城乡协调发展的主攻点；缩小城乡居民收入差距，实现全体人民共同富裕是中国推动城乡协调发展的落脚点。上述这些观点无疑为未来我国城乡关系的协调发展，提供了既富有前瞻性，又有可操作性的对策建议。

总而言之，《中国城乡关系理论与实践百年流变与进路研究》一书从理论上阐明了中国城乡关系理论与实践的历史演进脉络，总结了中国城乡关系发展的经验启示及世界意义，提出了新时代推动城乡协调发展的政策建议，具有理论研究与实践应用相结合、历史分析与现实问题相统一、归纳总结与理论提升相衔接的鲜明特色，值得理论研究人员和实际工作者参考。

当然，在新发展阶段，我国城乡关系的发展面临一系列新情况和新问题，亟待从理论与实践等方面进行更深层次的探讨。而该书对城乡关系问题进行的探索，还需要进一步随着实践发展，进行深入分析和研究。

期待该书作者围绕城乡关系问题开展系列研究，从而有更多优秀的新作问世。

是为序。

张华荣 于福州

2023年12月22日

目　录

第一章　导论

城乡关系是人类社会的基本关系，对整个社会的发展起着举足轻重的作用。正如马克思所说，“城乡关系”的面貌一经改变，整个社会的面貌也随之改变。城乡关系问题既是一个伴随人类社会分工出现的古老问题，也是一个带有时代特征的现实问题。中国作为一个区域差距显著的大国，城乡关系始终是困扰我国城乡经济社会发展的重大问题。从古至今，中国一直将正确处理城乡关系作为其战略任务，为推动城乡协调发展，进行了大量的实践探索，积累了丰富的经验，提出了适合中国城乡经济社会发展的理论和主张，对中国长期以来特别是对中国共产党成立以来一百年城乡关系理论和实践进行梳理和研究，对未来我们更好地处理城乡关系具有重要的借鉴意义。

一、研究背景与意义

（一）研究背景

新中国成立后，中国共产党为推动城乡关系协调发展，进行了艰苦的探索，城乡关系日益协调，城乡协调发展水平不断提高，取得了伟大的历史成就。

从1921年中国共产党成立至新中国成立前的近三十年时间里，战争连绵不断，城乡经济受到巨大破坏。中国共产党成立之初，受苏联处理城乡关系理论与实践的影响，将工人阶级定位为基本的阶级基础，把推动工人运动作为工作的重心。党的二大以后，农村和农民问题开始受到关注，但城乡关系问题没有引起足够的重视。大革命失败后，中国共产党认识到中国的人力物力在农村而不在城市，工作的重心应放在农村，这样才能安稳立足。因此，这一时期中国共产党制定了“农村包围城市”的方针，确立将工作的重心转移到农村。当时帝国主义、封建主义和官僚资本主义统治中心都建立在主要的大城市上，存在着严重的城市剥削农民、掠夺农村的问题，城乡之间的对立和矛盾十分激烈和突出。新中国成立前夕，中国共产党根据当时形势发展的需要，在七届二中全会上，提出党的工作重心由乡村转移到城市。

1949年新中国成立以后，为了防止党的工作重心从农村转移到城市后可能造成农村发展被忽视的问题，党中央确定以“城乡兼顾”作为处理城乡关系的指导思想。毛泽东指出：“城乡必须兼顾，必须使城市工作和乡村工作，使工人和农民，使工业和农业，紧密地联系起来。决不可以丢掉乡村，仅顾城市。”① 在总结苏联城乡发展经验教训的基础上，党中央坚信只有兼顾农业和工业的发展，才能保障工业发展所需要的粮食和原料以及农民所需的工业品。这一阶段虽然主张以城市工作为重心，以发展工业为主导，但同时强调农业的基础地位，十分重视农村工作，兼顾城乡协调发展，城乡关系比较协调。社会主义改造完成之后、在进入全面建设社会主义时期，“大跃进”和人民公社化运动，使得城乡兼顾的思想路线发生了偏移，制度安排和政策开始向城市倾斜，大量资源被配置到城市和工业发展上，城乡之间、工业和农业之间、工人和农民之间的差距不断加大，城乡二元结构形成并不断得到强化，城乡不平衡问题日益突出，以农补工、城乡分治的城乡关系格局形成。

党的十一届三中全会以后，中国开始实施改革开放，开启了由计划经济体制向社会主义市场经济体制的转变。中国城乡关系思想也随之发生巨大变化，由原先侧重城市发展向城乡兼顾、城乡互动方向转变。家庭联产承包责任制的实施，拉开了农村经济改革的帷幕，农村改革大大解放了农村的生产力，推动了农村和国民经济的发展，城乡关系的不平衡性得到一定程度的改善。农村的改革为城市改革积累了宝贵经验。随着城市改革的推进，城市经济以及乡镇企业得到快速发展，城乡之间的

① 毛泽东选集（第四卷）[M].北京：人民出版社，1991：1427.

互动日益频繁，大量农村富余劳动力流入城市和乡镇企业，适应经济发展形势需要，党中央提出“城乡互动”的城乡关系发展指导原则，并将“逐步推进城镇化，努力实现城乡经济良性互动”[①] 等主要内容写入国家的“十五”计划中。改革开放政策的实施，极大地改善了城乡关系，城乡面貌发生了巨大变化。然而，由于城乡发展的不同步，即城市的发展速度远远高于农村，从而城乡之间的差距仍然较大，城乡之间两极分化的状态依然十分明显。

进入21世纪以后，经过改革开放几十年的发展，中国整体的生产力水平得到大幅度提高，人民生活水平迈入小康阶段。顺应这个发展趋势，中国坚持科学发展观，积极推进战略转型，城乡关系发展逐渐转向统筹发展模式。党的十六大明确指出，“统筹城乡经济社会发展”，发展农村经济是建设小康社会阶段的重点难点。在这个发展阶段，党中央制定了两项重要的农村改革政策：一是发展中国特色的城镇化道路；二是提出2005年全面取消中国农民承担了几千年的农业税，切实减轻农民负担。此外，党中央还积极推进农村社会保障体系建设，构建城乡公共服务均等化的社会保障体系，有效推动中国城乡协调发展，为解决城乡二元结构问题奠定了基础。随着党的十六届五中全会和十七大的召开，党中央进一步制定了建设社会主义新农村和城乡一体化发展战略目标。通过加大惠农支农力度、加强农村基础设施建设和生态建设、财政转移支付，支持农民非农就业、改善农村居住环境、改善农民生活、增加农民收入等措施加快农村发展。

党的十八大以来，中国城乡关系发展又进入一个新的发展阶段。十八大报告明确指出，“城乡发展一体化是解决‘三农’问题的根本途径”，要“加快完善城乡发展一体化体制机制”，“形成以工促农、以城带乡、工农互惠、城乡一体的新型工农、城乡关系”[②] 。习近平同志强调：“推进城乡发展一体化，是工业化、城镇化、农业现代化发展到一

① 中共中央关于制定国民经济和社会发展第十个五年计划的建议[N].人民日报，2000-10-19.

② 胡锦涛.坚定不移沿着中国特色社会主义道路前进 为全面建设小康社会而奋斗——在中国共产党第十八次代表大会上的报告[M].北京：人民出版社，2012：23.

定阶段的必然要求，是国家现代化的重要标志。”① 按照党中央的部署，各级政府齐心协力、多措并举，不断推进以完善公共产品和服务供给为重心的民生保障工程建设，农村基础设施水平明显提高，农村居民生活环境明显改善，城乡居民收入水平差距不断缩小，城乡居民基本医疗和养老保险制度逐步并轨，城乡关系进一步得到改善。

2017年，习近平同志在党的十九大报告中首次提出了乡村振兴战略，强调通过实施乡村振兴战略，推动农村农业优先发展，建立健全城乡融合发展体制机制和政策体系，加快推进农业农村现代化。党的十九届五中全会进一步指出，要“全面实施乡村振兴战略，强化以工补农、以城带乡，推动形成工农互补、城乡互补、协调发展、共同繁荣的新型工农城乡关系，加快农业农村现代化”，并特别强调要“健全城乡融合发展机制，推动城乡要素平等交换、双向流动，增强农业农村发展活力”。② 至此，中国共产党的城乡关系发展战略由“统筹城乡发展”“城乡发展一体化”，再次上升到“城乡融合发展”，符合新时代推动城乡协调发展的阶段性特征和要求，开启了构建城乡关系发展体制机制的新阶段。

建党一百年来，中国共产党以马克思主义城乡关系理论为指导，结合中国革命建设改革的实际，就中国城乡关系发展问题进行了深入的探索，积累了丰富的实践经验，形成了富有中国特色的中国城乡关系理论。然而，从这方面的研究情况来看，着眼于中国城乡关系的研究较少，针对中国城乡关系理论及其实践的研究更是鲜有。本书拟在这方面做出一些努力和探索，旨在丰富这方面的研究内容。本书在现有相关研究成果的基础上，将更为全面系统地梳理长期以来特别是新中国成立后中国城乡关系理论的演进及内在逻辑，分析中国城乡关系理论演进取得的实践成效，总结阐述中国城乡关系发展实践的经验和现代启示。

---

① 习近平在中共中央政治局第二十二次集体学习时强调 健全城乡发展一体化体制机制 让广大农民共享改革发展成果[EB/OL].新华社，2015-05-02.

② 中共中央关于制定国民经济和社会发展第十四个五年规划和二〇三五年远景目标的建议[N].人民日报，2020-11-04.

（二）研究意义

本书通过研究中国对城乡关系的探索历程，厘清中国在协调城乡关系上的“城乡兼顾”“城乡互动”“城乡统筹”“城乡融合”等理论及其观点变化发展的内在逻辑，深入总结中国认识和处理城乡关系的基本经验，系统阐述中国城乡关系发展理论及其实践，为新时代推动城乡融合发展提供一定的理论贡献和实践价值。

1.理论意义

研究与探索中国城乡关系理论及其实践，进一步丰富和发展马克思列宁主义关于城乡关系的理论，理清中国城乡关系理论的探索历程，把握中国城乡关系政策演进进程，总结中国城乡关系发展理论成果，为马克思列宁主义城乡关系理论增添新的内容，创造性地发展马克思列宁主义城乡关系理论。

2.实践意义

首先，有助于解决中国当前城乡发展不平衡不协调的问题。改革开放以来，随着社会主义市场经济的不断深入发展，我国生产力水平大幅度提升，综合国力日益增强，人民生活水平不断提高，城乡关系明显得到改善。但是在肯定成绩的同时，更要清楚地看到，我国城乡发展在经济、文化、社会等各个方面仍然存在着较大的差距，城乡发展不平衡不协调问题仍然十分突出，对我国经济社会的发展和稳定产生了一定的制约和影响。习近平指出，“城乡发展不平衡不协调，是我国经济社会发展存在的突出矛盾，是全面建设小康社会、加快推进社会主义现代化建设必须解决的重大问题”。[①] 在新时代背景下，妥善处理城乡关系、促进城乡协调发展依然是摆在中国面前的重要使命。本书通过回顾中国城乡关系发展历程，总结中国城乡关系理论和实践，为解决中国当前面临的城乡不平衡不协调问题提供借鉴。

其次，有助于中国构建新型城乡关系的发展新体制新机制。随着综

① 习近平.关于《中共中央关于全面深化改革若干重大问题的决定》的说明[N].人民日报，2013-11-16.

合国力的增强和城乡人民生活水平的提高，构建新型城乡关系发展新体制新机制不仅十分必要而且拥有一定的条件和基础。党的十八大提出要加大统筹城乡发展力度，党的十九大提出要健全城乡融合发展机制，增强农村发展活力，不断缩小城乡差距，推进城乡共同繁荣。在推进城乡融合发展过程中，研究中国城乡关系理论，总结中国城乡关系发展的经验和教训，可以为新时代城乡融合发展和一体化发展提供理论依据，同时为新阶段城乡关系和谐发展提供政策依据，促进构建新型城乡关系新体制新机制。

最后，为发展中国家提供中国智慧和中国方案。发展中国家在进行工业化和农业现代化过程中，都会遇到如何处理城乡关系问题。比如是走先发展城市后发展农村的道路，还是走先发展农村后发展城市的道路，或者城市和农村同时发展等。中国在处理城乡关系过程中形成的理论以及丰富的实践经验，可以为其他国家提供有益的借鉴，使它们在处理城乡关系问题时少走弯路，节省探索的时间，提高经济社会发展效率。

二、城乡关系相关研究综述

城乡关系是学术界广泛关注的一个问题。对城乡问题的研究散见于各个不同学科中，中外学者从地理学、经济学、社会学等不同学科、不同角度对城乡关系进行了研究，特别是近现代，对城乡关系研究的内容不断拓展和深化。

不少学者对中国城乡关系理论、政策及其发展历程等进行了一些研究，取得了一定的研究成果。国内对中国城乡关系理论及其相关研究主要包括中国城乡关系理论内容、来源、政策变迁、城乡融合以及未来城乡发展趋势等方面。

（一）对中国城乡关系思想理论来源的研究

1.对马克思恩格斯城乡关系思想的研究

不少学者对马克思恩格斯的城乡关系理论进行了研究，取得了较多研究成果。归纳起来，主要包括以下重要观点：①“三要素说”。“三要素说”认为马克思恩格斯的城乡融合思想包含着三个逻辑严谨、相互联系的基本要素：一是对城乡关系一系列前瞻性的具体论述，即城乡分离与对立的必然性、合理性和历史进步性；二是研究城乡关系的方法性原则，即历史唯物主义的基本原则；三是城乡关系的发展目标和价值取向，即消除城乡对立和差别的共产主义城乡一体化的社会目标。[①] ②“四论说”。“四论说”从城乡统筹理论出发，认为马克思主义城乡统筹发展理论系统阐述了需要统筹城乡发展的原因（动力论）、城乡统筹发展的前提条件（条件论）、城乡统筹发展所要达到的目标（目标论）及城乡统筹发展的措施（实现论）。[②] ③“三关系说”。“三关系说”认为马克思恩格斯城乡统筹发展理论包括三层关系理论，即工业化之前的“城乡一体关系理论”，资本主义工业化以后的“城乡对立关系理论”以及消除私有制进入社会主义、共产主义以后的“城乡融合关系理论”。④“三步骤说”。“三步骤说”认为马克思恩格斯城乡融合理论是城乡统筹理论的核心，包含三个相互联系的步骤，即“统筹城乡发展是走向城乡融合的必然选择；生产力的高度发展是走向城乡融合要求的基础前提；城市带动是走向城乡融合的重要途径”。[③]

2.对列宁斯大林城乡关系思想的研究

也有不少学者对列宁斯大林的城乡关系思想进行研究，取得了一定的研究成果。武潇斐认为，列宁是社会主义建设史上对“重塑城乡关系”作出深刻思考并付诸实践的第一人，他提出了以新经济政策为核心的一系列思想和措施，对正确处理苏联城乡关系问题具有重要的指导作用。对我国塑造新时代城乡关系也有一定的借鉴价值[④]。徐芹主要研究早期列宁城乡关系思想，认为俄国资本主义的发展导致了城乡对立，同

① 罗敏，祝小宁.马克思城乡统筹思想的三个基本要素探析[J].西北师范大学学报（哲学社会科学版），2009，（5）：78-82.

② 陈明生.马克思主义经典作家论城乡统筹发展[J].当代经济研究，2005，（3）：13-16.

③ 崔越.马克思、恩格斯城乡融合理论的现实启示[J].经济与社会发展，2009，（2）：14-16.

④ 武潇斐.列宁对城乡关系的重塑及其当代启示[J].理论视野，2018（5）.

时也为消灭城乡对立创造了条件。[①] 杨婧、赵阳的研究陈述了列宁的城乡关系思想理论基石、历史演进，分析了其在中国特色社会主义城乡统筹发展的道路上破解二元城乡结构、推进农民工市民化、改善农村基础设施这三方面的当代价值。[②] 相对于对列宁城乡关系思想的研究，对斯大林城乡关系思想的研究成果要少得多。邓杰的研究指出，斯大林的城市观缘起于马克思恩格斯以来的城乡关系思想和列宁以来的城市化路径选择，斯大林的城乡关系理论和思想基本上坚持了前人的经验和做法。[③]

（二）对中国城乡关系思想的研究

1.对毛泽东城乡关系思想的研究

学者的研究总体认为毛泽东城乡关系思想提出了城市领导乡村、以城市为中心、以农村为城市和工业服务为导向的城乡关系思想。具体到不同的作者则有自己的一些独特认识。李建建、许彩玲认为毛泽东城乡关系思想经历了形成、发展、转变和回归，既有契合实际的，也有急于求成的偏差。[④] 张慧鹏深入研究近代以来城乡关系发展演变规律，并探讨了西方发展经济学和正统的马克思主义视野下的城乡发展规律，认为毛泽东工农城乡关系的探索符合马克思主义基本原理，走出了中国特色的城乡发展道路。[⑤] 付志刚探讨了新中国成立前后毛泽东城乡关系思想及其实践，认为毛泽东城乡关系思想及其实践探索，一定程度上改变了城乡关系发展的状况，但其中的失误也为后来的城乡关系改善造成了一定的影响。[⑥] 有的学者深入研究了毛泽东领导的农村土改运动，认为农

---

① 徐芹.列宁早期城乡关系思想探析——关于俄国资本主义发展过程中的城乡对立问题[J].江汉论坛，2009，(12).

② 杨婧，赵阳.列宁城乡关系思想的当代价值[J].中共南昌市委党校学报，2015，(10).

③ 邓杰.斯大林和苏联限制大城市规模的缘起[J].党政研究，2018，(01).

④ 李建建，许彩玲.毛泽东城乡关系思想：脉络梳理及经验启示[J].当代经济研究，2014，(11).

⑤ 张慧鹏.毛泽东构建新型工农城乡关系的探索与启示[J].马克思主义与现实，2017，(11).

⑥ 付志刚.新中国成立前后中国共产党对城乡关系的认识与定位[J].四川大学学报（哲学社会科学版），2018，(03).

村土改为了解城乡关系发展规律、处理城乡关系奠定了良好基础。有的学者对新中国成立后毛泽东的城乡关系思想进行研究，认为毛泽东高度重视城乡和工农之间的平衡，但由于受当时复杂特殊的发展环境影响，却不得不选择城乡不平衡发展战略。

2.对邓小平城乡关系思想的研究

国内对邓小平城乡关系思想的相关研究较多，总体认为邓小平的城乡关系思想提出了以经济建设为中心，推进城乡改革，以农村带动城市的城乡关系发展思想，并主张以农村改革为突破口，构建城乡改革发展的新格局。邓小平城乡关系思想主要包括“三农”思想、城镇化思想和城乡关系发展思想等方面。王苹、郭雪飞认为邓小平城镇化改革思想开启了探索城市和乡村改革的道路，对新时代实现城乡统筹和区域协调发展具有借鉴意义。[①] 于革、孟宪生认为邓小平提出的调整国民经济的措施，促进了城市与乡村多方面的发展。[②] 对邓小平城乡关系思想研究比较多地集中在对邓小平农村改革对“三农”问题的重要意义的探讨上。刘德定的研究认为，邓小平的“两个飞跃”理论对于中国农业现代化具有战略意义，其战略构想的本质是实现城乡一体化。[③] 巫海东通过对人民公社制和家庭联产承包责任制的比较研究，认为家庭联产承包责任制是一种新的农村集体经济的经营形式，适应生产力发展水平的需要，对改善城乡关系、缩小城乡差距具有重要意义。[④] 闵丽、冉绵惠深入研究了邓小平的农业思想，认为邓小平的农业思想对当代农业现代化有着重要的理论和实践价值。[⑤]

3.对江泽民、胡锦涛城乡关系的思想研究

学术界对江泽民、胡锦涛城乡关系思想的研究不多，研究成果也

① 王苹，郭雪飞.邓小平城镇化改革思想发展与实践探析[J].毛泽东思想研究，2015，(01).

② 于革，孟宪生.邓小平关于调整国民经济关系的思想探析[J].经济纵横，2018，(09).

③ 刘德定.邓小平的“两个飞跃”思想与中国农业现代化两种模式[J].社会主义研究，2014，(08).

④ 巫海东.从人民公社制到家庭联产承包责任制——浅谈毛泽东与邓小平发展农村社会生产力的异同点[J].西安社会科学，2012，(31).

⑤ 闵丽，冉绵惠.邓小平农业思想与中国农业发展战略刍议[J].毛泽东思想研究，2002，(01).

较少，而且研究以个别政策的解读为主。马爱群在研究我国改革开放以来中共对城乡关系理论探讨时，研究了江泽民的城乡关系发展思想。她认为江泽民的城乡关系发展思想主要包括：推进城乡统筹发展，强调三农问题的重要性，建设富裕民主文明的社会主义新农村，推进小城镇建设。[①] 谢扬深入研究了江泽民关于城镇发展的思想，认为江泽民提出的“小城镇，大战略”是一种全新的城乡协调发展机制，对推进城乡关系的协调发展具有重要的推动作用。[②] 庞倩对江泽民的“三农”思想进行了深入研究，认为江泽民在探索建设中国特色社会主义道路的过程中，非常重视“三农”问题。他的“三农”思想具有三大战略基点，即高瞻远瞩的全局性、与时俱进的创新性和价值取向的人民性，对于新时期我国建设社会主义新农村和全面建设小康社会具有重要的现实指导意义。[③] 马爱群对胡锦涛城乡关系思想进行了研究，她认为胡锦涛推进城乡关系发展的有关论述主要包括：提出科学发展观和城乡关系发展中的“两个趋向”，把“三农”问题作为全党工作的重中之重，建设社会主义新农村，破除城乡二元结构，构建城乡经济社会发展一体化新格局。[④] 方辉振对胡锦涛“三农”思想以及城乡关系思想进行了全方位的研究，认为胡锦涛把解决“三农”问题作为全党工作的重中之重是一个新的战略定位；“两个趋向”论是新形势下认识和处理工农城乡关系与解决“三农”问题的根本指针和理论基石；“城乡一体”论是推进城乡统筹发展、加快形成城乡经济社会发展一体化新格局、全面建设小康社会新的根本方略；“双轮驱动”论是推进城镇化与建设新农村、形成城乡经济社会发展一体化新格局、全面解决“三农”问题的根本途径。[⑤]

4.对习近平城乡关系思想的研究

近年来对习近平城乡关系发展的研究比较丰富，研究成果较多。许彩玲、李建建认为，习近平的城乡发展一体化思想以解决好“三农”问

① 马爱群.改革开放以来党对城乡关系理论的探索[J].世纪桥，2008,（20）.

② 谢扬.“小城镇，大战略”的内涵式城乡协调发展的总体战略[J].新视野，2002,（7）.

③ 庞倩.江泽民“三农”思想的战略基点[J].毛泽东思想研究，2008,（06）.

④ 马爱群.改革开放以来党对城乡关系理论的探索[J].世纪桥，2008,（20）.

⑤ 方辉振.胡锦涛对我党“三农”思想的贡献[J].中共南京市委党校学报，2010,（01）.

题为重点，以全面深化改革为根本动力，以“以人为本”为核心，以深化农村土地制度改革为基础，以实现城乡要素平等交换和公共资源均衡配置为实质内容，以市场调节和政府主导为核心机制，以新型城镇化建设和美丽乡村建设为主要支撑，七个部分相互联系，缺一不可，是一个内涵丰富、民族性和时代性辩证统一的思想体系，具有重要的学理意义和实践价值。[①] 黄志海、刘琼豪深入研究了习近平城乡融合发展理论，认为习近平关于城乡融合发展重要论述以构建工农互促、城乡互补、全面融合、共同繁荣的新型工农城乡关系为核心要义，有着时代性、互动性、共享性和全面性的鲜明特征。它的形成是对马克思主义城乡关系理论的继承和发展，是破解我国城乡二元结构的现实需要，是党带领全体人民追求共同富裕的必然诉求，对指引我国城乡关系的未来发展方向、实现乡村振兴和社会主义现代化强国百年奋斗目标有着重要的现实价值。[②] 邓金钱深入研究了习近平的乡村振兴发展思想，认为习近平乡村振兴发展立意高远、内容丰富、思想深刻，成为新时代推进乡村振兴战略的行动指南和根本遵循。习近平乡村振兴发展思想是马克思主义政治经济学城乡关系理论与中国传统优秀农耕文化的完美结合，是对新中国70年城乡发展实践的理论思考，凸显了习近平深入乡村、扎根农民的“三农”情怀。习近平乡村振兴发展理论内涵丰富，包括乡村振兴之基、乡村振兴之本、乡村振兴之魂、乡村振兴之擎、乡村振兴之核等五个方面的内容，蕴含着重要的理论贡献、实践和政策价值。[③] 张丽琴、纪志耿研究了习近平“三农”问题的重要论述，认为习近平关于“三农”工作重要论述既包含了对各个行政层级“三农”工作的经验总结和理论概括，又体现了对新时代中国特色“三农”问题的系统思考，是理论逻辑、历史逻辑和实践逻辑的统一，其创新性贡献主要表现在：“三农”重要性认识由“基础地位”向“优先发展”转变；“三农”工作总目

① 许彩玲，李建建. 习近平城乡发展一体化思想的多维透视[J]. 福建论坛（人文社会科学版），2015，(03).

② 黄志海，刘琼豪. 习近平关于城乡社会发展重要论述的理论意涵与现实意蕴[J]. 经济与社会发展，2021，(19).

③ 邓金钱. 习近平乡村振兴发展思想研究[J]. 上海经济研究，2019，(10).

标由“农业现代化”向“农业农村现代化”转变；农业经营由双层经营向多元经营转变；城乡关系由城乡统筹向城乡融合转变；减贫战略由消除绝对贫困向缓解相对贫困转变。习近平关于“三农”工作重要论述对全面实施乡村振兴战略、加快推进农业农村现代化、推动城乡关系协调发展具有重要意义。[①] 刘长庚、吴迪研究了习近平关于新型城镇化的重要论述，认为习近平新型城镇化论述深入阐释了新时代中国新型城镇化的规律性。指出要坚持以人为本、优化布局、生态文明、传承文化等基本原则，遵循城镇化发展的规律，持续推进以人民为中心的高质量城镇化。习近平关于新型城镇化的论述对于探索新时代中国特色社会主义新型城镇化道路、推进城乡融合发展具有重大理论价值和实践意义。[②]

（三）对中国城乡关系政策演变的研究

城乡关系政策是影响城乡关系发生变化的重要因素，不少学者对中国城乡关系政策的演变进行了研究。吴修虎对中国城乡关系政策的历史演变的内在逻辑进行了剖析，认为中国在继承马克思主义城乡理论的基础上，依据自身时代特点完成了马克思主义城乡关系理论的中国化的飞跃，从城乡兼顾走向城乡融合，逻辑进路是在现代化发展过程中对市场与计划的辩证关系的深刻认知，对民生发展的孜孜以求。[③] 张桂文、王子凤研究了中国革命建设和改革开放各个时期的城乡关系政策的历史演变，总结了马克思主义城乡关系理论在中国的实践经验，即坚持以人民为中心的价值理念、在生产力与生产关系的矛盾运动中协调城乡关系、与时俱进地推进马克思城乡关系理论的创新、正确处理政府与市场的关系。[④] 蒋长云对建党百年以来中国优化城乡关系治理的历程及其政策进行研究，认为建党百年以来中国优化城乡关系治理提供了丰富的经验与

① 张丽琴，纪志耿.习近平关于“三农”工作重要论述的发展脉络与创新性贡献[J].经济学家，2021，(07).

② 刘长庚，吴迪.习近平关于新型城镇化重要论述的逻辑体系[J].湘潭大学学报（哲学社会科学版），2021，(45).

③ 吴修虎.中国共产党城乡关系政策的历史性演变与展望[J].知与行，2021，(04).

④ 张桂文，王子凤.马克思城乡关系理论中国化的历史演进及实践经验[J].政治经济学评论，2022，(13).

启示。这些经验和启示主要是：城乡关系是影响中国革命和社会主义现代化建设的重要关系，优化城乡关系治理必须顺应经济社会发展需求和社会主要矛盾的变化，与时俱进；为中国人民谋幸福、为中华民族谋复兴是优化城乡关系治理的基本准绳，提升广大人民的获得感幸福感安全感是推进城乡关系合理化的重要取向；工农关系换个角度看也是城乡关系，新发展阶段优化工农城乡关系需要协同推动产业融合、“三生融合”带动城乡融合；改革是优化城乡关系治理的根本动力，优化城乡关系治理需要着力推动有效市场和有为政府有效结合；优化城乡关系治理需要立足当前、着眼长远、久久为功。① 陈立国、易文彬研究了新中国成立以来中国对城乡关系的认识和政策演进，认为中国对城乡关系的认识与政策经历了四次转变，先后实现了从城乡兼顾—城乡对立—城乡统筹—城乡一体化—城乡融合发展的转变。回顾和梳理中国对城乡关系的认识与政策，有助于我们进一步推动城乡一体化发展，实现社会和谐。②

（四）对新时代城乡融合发展的相关研究

我国对“城乡融合发展”的广泛研究始于近五年。早期对城乡融合发展的研究仅出现在个别研究中，2007年党的十七大报告确立“城乡发展一体化”战略后，相关研究数量开始增多，快速增长主要集中在2017年党的十九大报告正式提出乡村振兴战略、城乡融合发展之后。很多学者就城乡融合发展问题进行了多方面的探讨。首先，是对城乡融合发展的内涵的研究。魏后凯对城乡融合发展的内涵进行了较为深入的研究，认为统筹城乡发展、城乡发展一体化和城乡融合发展三者之间既相互联系，又相互区别，它们之间呈现出一种递进的关系，充分体现了中国在实践过程中对城乡关系认识的不断深化。③ 韩文龙、吴丰华研究了新时代城乡融合发展的理论内涵与实现途径，认为新时代城乡融合是基于中

① 姜长云.建党百年优化城乡关系治理的历程、经验与启示[J].人文杂志，2021，(11).

② 陈立国，易文彬.建国以来中共对城乡关系的认识与政策演进[J].南昌大学学报（人文社会科学版），2011，(42).

③ 魏后凯.深刻把握城乡融合发展的本质内涵[J].中国农村经济，2020，(06).

国实际对马克思恩格斯城乡融合思想的创新和发展，是全面建设社会主义现代化强国的根本要求，也是坚持“以人民为中心”的发展思想和落实新发展理念的具体体现。新时代城乡融合发展的核心要义是统筹处理好工农关系、城乡关系、农民与市民的关系以及农村市场与城市市场的关系；本质要求是实现工农城乡的共享发展和高质量发展。[①] 其次，是对城乡融合发展影响因素的分析研究。杨一鸣、王健、吴群研究了城乡要素流动对城乡融合发展机制的影响。他们认为，土地要素与人才要素对城乡融合的影响最为显著，且两者的驱动作用为负；城乡要素流动对城乡融合发展的影响具有明显的地域差异性。[②] 俞彤辉、肖延玉就数字经济对城乡融合发展的影响进行了研究。他们认为，数字经济对城乡融合发展具有直接和间接的影响，影响会随着经济发展水平的提高而不断增强。[③] 李红绵、张丁山就普惠金融对城乡融合发展作了分析。他们认为，数字普惠金融能显著改善城乡融合发展水平；数字化程度对城乡融合起着正向推动作用；发达地区数字普惠金融发展对城乡融合的促进效果强于欠发达地区。[④] 双喜、阿拉坦其木格研究了人才资源利用与城乡融合发展的关系。他们认为，农村发展不充分、城乡差距仍然存在的重要原因在于农村缺乏人才、人力资源未得到合理分配和充分利用。通过对人力资源利用制度的创新，合理配置和有效利用人力资源，就能够推动农村区域经济社会发展，从而促进城乡融合发展和乡村振兴，实现农业农村的现代化。[⑤] 薛亚玲研究了国家政策调整对城乡关系演进的影响。她认为，随着城乡关系的不断变化，相关政策也在不断调整，国家政策对城乡关系演进发挥了决定性作用。[⑥] 再次，是对城乡融

① 韩文龙，吴丰华. 新时代城乡融合发展的理论内涵与实现途径[J]. 马克思主义与现实，2020，(03).

② 王一鸣，王健，吴群. 中国城乡实体要素流动对城乡融合发展的影响机制研究[J]. 地理科学进展，2022，(12).

③ 俞彤辉，肖延玉. 数字经济促进城乡融合发展的实现机理及实证检验[J]. 统计与决策，2023，(01).

④ 李红绵，张丁山. 数字普惠金融对城乡融合的影响研究[J]. 金融经济学研究，2022，(05).

⑤ 双喜，阿拉坦其木格. 人才资源利用与城乡融合发展[J]. 内蒙古财经大学学报，2021，(07).

⑥ 薛亚玲. 国家政策调整与城乡关系演进[J]. 探求，2020，(05).

合发展的困境及其发展对策研究。蒿慧杰对城乡融合的制度困境及突破路径进行了研究。他认为在实践中城乡融合发展面临一些制度困境，制约着城乡融合发展预期效果的实现。为推动城乡融合发展，需要重塑制度创新理念，突破路径依赖效应，进行系统化的制度安排，进一步优化和改进城乡融合发展制度。[①] 涂圣伟研究了城乡融合发展的战略导向与实现路径。他认为促进城乡融合发展，应以实现人的自由迁徙与社会融合、工农部门“效率收敛”、要素市场化配置为基本导向，畅通城乡人口双向迁徙、资源要素双向流动、人与自然和谐共生“三个循环”，筑牢市场、法治、信用三大根基，推进城乡要素配置合理化、产业发展融合化、公共服务均等化、基础设施联通化、居民收入均衡化，重塑城乡关系。[②] 何永芳、佘赛男、杨春健对新时代城乡融合发展面临的问题与路径进行了研究。他们认为，当前我国推进城乡融合发展面临着诸如农业现代化水平不高、城乡要素双向流动不畅、现代城镇体系与新农村建设双向对接不灵、城乡公共服务和社会治理水平差距过大、农村生态保护和环境治理力度不大等一系列深层次的矛盾和问题，应在解决好以上问题的基础上，遵循“围绕一条主线、坚持双轮驱动、处理四大关系、推进五个融合”的发展思路，围绕经济融合、要素融合、空间融合、社会融合、生态融合提出具体实施路径，以期为推进城乡经济社会协调发展提供参考和借鉴。[③] 王勇对我国新时期城乡融合发展的问题进行了分析并提出对策建议。他认为新时期面对城乡发展不均衡、农村经济发展不充分严重阻碍我国社会主义现代化建设的突出问题，要通过破除体制机制弊端、促进城乡资源合理配置、推进新型城镇化建设等方式推动城乡融合发展。[④] 赵俊亚研究了我国新时代城乡融合发展的困境与路径。他认为，我国新时代城乡融合发展面临乡村人才和资金缺乏、乡村公共资源和基础设施建设不足、乡村产业发展基础薄弱等困境，提出

① 蒿慧杰.城乡融合发展的制度困境及突破途径[J].中州学刊，2019,（12）.

② 涂圣伟.城乡融合发展的战略导向与实现路径[J].宏观经济研究，2020,（04）.

③ 何永芳，佘赛男，杨春健.新时代城乡融合发展问题与路径[J].西南民族大学学报（人文社科版），2020,（06）.

④ 王勇.新时期城乡融合发展的问题与对策[J].当代县域经济，2020,（12）.

保障乡村发展所需人才和资金支持、加快乡村公共资源和基础设施建设以及推动乡村经济发展的多元化等政策建议。王晓蓓同样研究了我国新时代城乡融合发展的困境与路径。她认为，我国新时代城乡融合发展面临城乡要素双向流动不畅、现代农业产业体系不健全、农民社会事务参与度低等困境，提出促进城乡要素双向流动、推动农业现代化发展、拓展宣传教育渠道等政策建议。① 胡卫华基于我国城乡经济发展实际，从建立健全城乡融合发展体制机制、系统规划、加快补齐乡村发展短板、充分发挥农民主体作用和首创精神等四个方面提出推进城乡融合发展的对策。② 白文科的研究提出推进城乡融合发展要统筹解决规划编制、基础建设、产业壮大、人居环境、人才保障、要素流动等六大问题，建立健全城乡融合发展体制机制和政策体系，高质量推进乡村发展。③ 此外，还有大量对各省（市、自治区）城乡融合发展情况的研究。④

众多学者对城乡关系相关问题研究取得了丰富成果。这些研究成果对本书研究中国城乡关系理论及其实践提供了有益借鉴。本书将坚持

---

① 赵俊亚.新时代城乡融合发展的意义、困境与路径探析[J].农业经济，2021,（03）.王晓蓓.新时代城乡融合发展困境与路径[J].经济师，2022,（07）.

② 胡卫华.推进城乡融合发展对策探析[J].经济研究导刊，2021,（05）.

③ 白文科.推进城乡融合发展要统筹解决好六个问题[J].发展，2022,（03）.

④ 杨丝雨.吉林省城乡融合发展路径研究[J].长春市委党校学报，2022,（10）；喻春森.成渝双圈城乡融合高质量发展路径[J].当代县域经济，2023,（01）；杨雪琴.甘肃城乡融合发展水平测度与分析[J].甘肃农业，2022,（11）；周慧，刘杨.安徽省城乡融合发展水平测度及空间分异特征分析[J].河南科技大学学报（社会科学版），2022,（11）；张垒磊，闫晟.河南县域内城乡融合发展研究[J].新经济，2022,（11）；陈成.四川省县域城乡融合发展研究[J].当代县域经济，2022,（10）；刘晓庆，涂维亮.湖北省城乡融合发展效应及影响因素研究[J].湖北农业科学，2022,（08）；李艳，叶明确，罗唯.共同富裕视角下浙江省城乡融合发展水平测度与演化研究[J].兰州学刊，2022,（05）；李珊珊，李蕾，郝雷.河北省推进城乡融合高质量发展研究[J].经济论坛，2022,（04）；郑文，于柳娟.江西省城乡融合发展研究[J].经济界，2022,（01）；庞洪伟，于阳阳.西藏城乡融合发展水平测度与评价研究[J].西藏发展论坛，2021,（10）；袁培，朱梦云，夏莘.新疆城乡融合发展水平评价与制度研究[J].当代农村财经，2021,（08）；孙文选，黄一帆.辽宁省城乡融合发展中的问题与对策[J].商业经济，2021,（07）；何广军.对广东推进城乡融合发展的若干思考[J].广东经济，2021,（07）；程峥.广西城乡融合发展水平测度研究与分析[J].质量与市场，2020,（11）；赵秀清，祁婧.推进内蒙古城乡融合发展的基础问题与路径[J].北方经济，2020,（04）；贾步云.山西城乡融合发展的思考与建议[J].前进，2020,（03）等.

实事求是、理论联系实际的基本方法，深入阐述中国城乡关系理论的科学内涵、历史演变及逻辑理路，全面总结中国城乡关系发展的经验和启示，并对中国城乡关系发展未来进路进行展望。

三、核心概念及其内涵

概念的界定是学术研究的一项基础性工作，必须认真对待并妥善处置。因为在学术研究中，由于受学科视域所限，人们对于同一概念往往会有不同理解，造成概念在理解和使用上的不确定性，从而引起概念运用上的混乱。因此，在进行正式研究之前，首先需要对一些核心概念进行界定。

（一）城市的含义及其特征

城市（city）、城镇（town）和城市地区（urban areas）等概念尽管在中文翻译和使用中高度相近，但在西方的语言中却明显地不同。在西方的语言世界里，城市一般代表有较大规模的城镇和城市地区。开始时，区分城市与城镇主要看人口规模和土地面积大小，后来随着城市逐渐成为工商业中心和金融中心，区分城市和城镇不仅要看人口规模和土地面积，更重要的要看城市的经济和政治地位，甚至还要看城市的生活方式等，也就是近现代区分城市与城镇的标准更加多元和复杂。在西方国家，随着城市经济学研究的兴起，相关概念又被进一步细化。比如城市地区（urban areas）又被细分为城市中心区（inner city）、郊区（suburb）和城乡结合部（rural-urban continuum）等。

在中国，历史上“城”与“市”是两个完全不同的概念。“城郭沟池以为固”[①]，“城为保民为之也”[②]，“城者，可以自守也”[③]，这里所说的“城”主要是指统治中枢所在地，主要职能是发布政令和军事防御。“市，

① 参见《礼记·礼运》。
② 参见《谷梁传·隐公七年》。
③ 参见《墨子·七患》。

买卖之所也"[①]，"市者，货之准也"[②]，"大市日昃而市、朝市朝时而市、夕市夕时而市"[③]，这里所说的"市"主要是指贸易活动场所，主要职能是进行商品贸易。中国"城"与"市"的概念随着历史的变迁也在不断发生变化。从秦朝开始，中国城市分化为两大类，一是"行政区划的场所"，由统治者修建而成，通常称为城郡；二是"州治府治县治以外的市镇"，一般基于经济发展而形成，通常称为市镇。[④]宋代以后，随着城市商品经济进一步发展，"市"逐渐突破原有"城"的范围，向农村延伸，有人将这种现象称为"散市"，原有封闭式的城市发展格局出现松动。近代以来，在殖民扩张和西方工业文明的冲击下，中国传统城市开始向现代城市转型，"城市"一词的含义也与西方对现代城市（city）的理解趋于一致。[⑤]综上所述，我们可以将城市的特点概括为：工商业、服务业和文化产业发达；交通便利；人口密集度高；社会关系较为复杂；居民生活方式和价值观念更具有现代性等。

马克思主义经典作家虽然未对"城市"概念做过明确界定，但他们运用历史唯物主义方法，对城市的产生、地位、作用与趋势进行了系统深入的研究，提出了一些重要的论断。例如，城市的产生是社会生产力发展及其人类历史"最大的一次分工"[⑥]的必然产物，城市是社会"经济、政治和精神生活的中心"[⑦]，城市代表了社会生产力的发展方向，城市在城乡社会发展中担负着"领导"角色；[⑧]城市和农村关系发展总的趋势是从对立走向融合，等等。这些论断对我们更好地理解城乡关系发展的趋势和规律具有重要的借鉴和启发意义。

① 参见《说文解字》。
② 参见《管子·乘马》。
③ 参见《周礼·司市》。
④ 赵冈.中国城市发展史论集[M].北京：新星出版社，2006：3–4.
⑤ 赵德馨主编.中国经济史辞典[M].武汉：湖北辞书出版社，1990：358.
⑥ 马克思恩格斯全集（第三卷）[M].北京：人民出版社，2002：56.
⑦ 列宁全集（第二十三卷）[M].北京：人民出版社，1990：358.
⑧ 列宁全集（第三十八卷）[M].北京：人民出版社，1986：6.

（二）乡村的含义及其特征

乡村的英文词为“country”，“country”现代意义上代表不同于城市（city）的经济社会形态。“country”一词的现代含义经过了一个漫长的变化过程。13世纪，“country”一词的含义是“具有住民的土地”，16世纪末，随着城市的发展，“country”一词开始与城市的含义产生了明显的分野，具有了与城市截然不同的意蕴。19世纪末，随着工业化和城市化的进一步发展，城市和乡村出现分离甚至对立，两者代表完全不同的经济社会状态。这时，“country”变成乡村地区（rural areas）的代名词，代表乡村地区的经济社会形态。①

中国历史上“乡”和“村”是两个完全不同的概念。“乡，国离邑民所封乡也”②,“五州为乡”③,“十邑为乡”④，这里所说的“乡”是一种行政区划的概念，行政区划的主要职能是对所辖居民及其事务进行管理。“村”一词最早是没有的，“村”原本被称为“邨”，“邨，地名，今俗作村”⑤,“经史无村字，俗通用”⑥，这里所说的“村”是一种居民自然聚居区的概念，居民聚居区代表以农耕生产为核心的一种生产生活状态，生产自给自足，生活自我管理。中国古代“乡”与“村”的这种差别至今仍然存在，“乡”代表一级行政区划，“村”则是农民的生产、生活区。⑦本文使用的“乡村”是与“城市”对应的词语，“乡村”的基本特点是：生产以农业生活活动为主，生产力水平较低；人口密度较低，社会结构相对比较简单；经济社会发展程度较低，乡土观念较为严重，等等。

在学术研究中，学者们经常把“乡村”和“农村”作以区分，但从本质上讲，“乡村”和“农村”之间其实并无区别，两者都是指以农业

① （英）雷蒙·威廉斯，刘建基译.关键词：文化与社会的词汇[M].北京：三联书店，2005：90–91.

② 参见《说文解字》.

③ 参见《周礼·大司徒》.

④ 参见《广雅》.

⑤ 参见《说文解字》.

⑥ 参见《康熙字典》.

⑦ 赵德馨主编.中国经济史辞典[M].武汉：湖北辞书出版社，1990：64–65.

为经济活动基本内容的一类聚落的总称，即是具有特定的自然景观和社会经济条件，以从事农业生产为主的居民聚居的地方，因此，本书在研究城乡关系问题时，对“乡村”和“农村”不做更多区分，作同义语来使用。

马克思主义经典作家并未对“乡村”的概念做过明确界定，但他们对乡村、农村、农民问题进行了深入分析，提出了许多重要的思想和论断。例如：农业对社会发展来说是一个“决定性的生产部门”①；农民阶级的局限性决定了共产主义运动总是起源于城市、“决不会起源于农村”②；资产阶级的属性一方面“使乡村屈服于城市的统治”，另一方面使农民“脱离了乡村社会的愚昧状态”③；在社会主义条件下，只有实现了对农业的电气化改造，才能从根本上“改造小农”④经济的面貌；只有把农业发展和工业发展结合起来，城乡之间的差别才会逐步消灭。⑤这些重要思想和论断，对社会主义国家及其他国家正确处理城乡关系提供了理论依据和借鉴。

（三）城乡关系

“城乡关系”是一个非常难以定义的概念，这方面的研究成果较为缺乏。学术界对城乡关系的普遍认识可以表述为：城乡关系是广泛存在于城市和乡村之间在权利、资源、知识等各种要素上的相互作用、相互影响、相互制约的普遍联系与互动关系，城乡关系是城市与乡村之间政治、经济、文化、社会、生态等各种子关系的综合体。由于决定城乡关系的生产力和社会分工发展处于不断的变化之中，所以城乡之间的关系不是一个静态的刻板的关系，而是一个动态的耦合关系。城乡关系及其变化受内部因素和外部因素的双重影响。内部因素主要是指城乡之间在经济、文化、社会、生态等方面的势能落差而自发形成的城乡要素相

① 马克思恩格斯全集（第二十一卷）[M].北京：人民出版社，2003：169.
② 马克思恩格斯全集（第三卷）[M].北京：人民出版社，2002：410.
③ 马克思恩格斯全集（第四卷）[M].北京：人民出版社，1958：470.
④ 列宁全集（第四十一卷）[M].北京：人民出版社，1986：153.
⑤ 马克思恩格斯全集（第四卷）[M].北京：人民出版社，1958：490.

互流动的状态，外部因素主要是指国家调整和改造城乡关系的发展战略和制度设计等。

从学术界专家们对城乡关系的研究外延来看，研究呈多元化分布状态，不同学科背景的专家从不同的角度对城乡关系问题进行了深入研究，研究主题既有交叉又有侧重。具体讲，研究城乡关系外延包括：经济学视角下的城市关系、历史学（经济史）视角下的城乡关系、地理学视角下的城乡关系、社会学视角下的城乡关系、复合视角下的城乡关系。经济学视角下的城乡关系研究主要分析城乡关系的影响因素、作用机制和实现路径等。历史学视角下的城乡关系研究主要根据城乡关系政策的调整与变化对城乡关系演进时序和阶段进行划分，并概括其发展变化的基本特征。地理学则主要从城市与乡村空间区位的角度对城乡关系进行研究。社会学视角下的城乡关系研究主要是从城乡关系引发的各类社会问题为切入口，分析不同城乡关系条件下的就业、文化、权利、制度方面的特征，重点考察市民与农民的关系。总体来讲，学术界对“城乡关系”概念的界定，是以经济关系为基础，同时兼顾政治、文化、社会、生态等方面的关系。本书研究中国城乡关系理论及其实践，也采用同样的方法，拟主要采用经济学研究方法，同时兼顾历史学（经济史）和社会学等研究方法。

马克思主义经典作家虽然未对“城乡关系”的概念做过明确的界定，但它们对城乡关系的变化趋势和规律以及影响因素等方面的分析和论断，例如，工商业和农业的分离引起了“城乡的分离和城乡利益的对立”[①]；城乡对立是“引起国家对立也相继出现”[②]的根本原因；消灭城乡对立，“是社会统一的首要条件之一”[③]；实现“城乡融合”是社会全体成员全面发展的条件之一[④]等等，对我们理解和认识城乡关系的发展变化规律具有重要的促进作用。

① 马克思恩格斯全集（第三卷）[M].北京：人民出版社，2002：24–25.

② 马克思恩格斯全集（第三卷）[M].北京：人民出版社，2002：26.

③ 马克思恩格斯全集（第三卷）[M].北京：人民出版社，2002：57.

④ 马克思恩格斯全集（第四卷）[M].北京：人民出版社，1958：371.

四、研究框架、内容与方法

本书以“中国城乡关系理论及其实践”作为论著的主题，以马克思历史唯物主义为指导，坚持社会史与思想史相结合的研究方式，运用文献分析、比较分析、定量研究等研究方法和工具，按照理论之源、历史演进、当代发展与经验启示的逻辑顺序对中国城乡关系理论及其实践的历史流变及时代进路进行专题性研究。

（一）研究框架

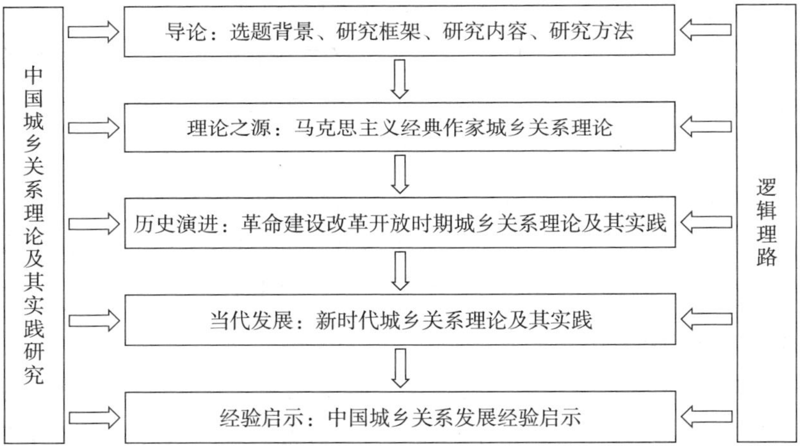

图 1-1　本书总体研究思路框架图

（二）研究内容

按照本书研究框架，本书各章的内容安排如下：

第一章，导论。提出问题，对选题背景进行说明，对学术界现有相关研究成果进行综述，阐述本书的研究思路、研究内容、研究框架以及研究方法，说明本书的创新点。

第二章，中国城乡关系理论及其实践的理论渊源。阐述中国城乡关系的理论渊源，按照“历史和逻辑相统一”的原则，从历史背景和逻辑呈现两个方面，分别就马克思恩格斯“城乡关系”思想和列宁斯大林“城乡关系”思想进行系统归纳梳理。同时归纳梳理中国传统文化中关于城乡关系的思想，从而厘清中国城乡关系理论和思想从何而来的问题。

第三章，中国城乡关系理论及其实践的历史渊源。在上章阐述中国城乡关系思想理论渊源的基础上，本章阐述中国城乡关系理论及其实践的历史渊源。其主要内容包括：中国古代城乡关系的基本特点及影响；鸦片战争至中国共产党成立之前城乡关系变化及特点；马克思主义城乡关系思想中国化的初步探索。

第四章，社会主义建设时期中国城乡关系理论及其实践。新中国城乡关系理论及其实践的历史演变将分成社会主义建设时期和中国特色社会主义建设时期两个时期来论述。本章对社会主义建设时期城乡关系理论及其实践的研究，将主要阐述以毛泽东为核心的第一代中央领导集体带领全国人民对社会主义城乡关系的初步探索和认识。重点论述“城乡兼顾”“正确处理农业、轻工业、重工业之间的关系”“重视农业的基础地位”等理论及其实践。

第五章，中国特色社会主义建设时期中国城乡关系理论及其实践。中国特色社会主义建设时期根据经济社会发展战略和政策的变化，又将其具体分为中国特色社会主义理论开创和奠基时期、中国特色社会主义理论体系推进和丰富时期、中国特色社会主义理论体系发展和完善时期。本章将主要对这三个时期中国城乡关系理论及其实践进行研究。研究将主要围绕“城乡兼顾”“统筹城乡发展”“城乡一体化发展”等问题来展开。

第六章，新时代中国城乡关系理论及其实践。党的十九大作出了中国特色社会主义进入新时代的战略判断，中国特色社会主义新时代是中国发展新的历史方位。本章主要阐述党的十八大以来以习近平为核心的党中央带领全国人民推进城乡关系发展的理论及其实践。重点论述“城乡一体化发展”“城乡融合发展”理论及其实践。

第七章，中国城乡关系理论的实践成效及其经验启示。本章在分析中国城乡关系理论的实践成效的基础上，提炼和总结中国城乡关系思想的历史经验和当代启示。

第八章，中国城乡关系理论的意义和特色。中国城乡关系理论是马克思主义城乡关系理论的中国化成果，具有鲜明的理论、实践、民族和时代特色，一方面，丰富和发展马克思主义城乡关系理论，具有重要的理论意义；另一方面，有助于推动我国未来城乡协调发展，为其他发展中国家正确处理本国的城乡关系提供“中国智慧”和“中国方案”，具有重要的实践意义。

第九章，中国推动城乡协调发展的进路思考。本章针对城乡要素流动、城乡公共资源配置、城乡产业协同发展、城乡居民收入差距等城乡关系发展中存在的问题，就未来推进城乡协调发展进行了展望，提出了政策建议。

（三）研究方法

研究方法选择对科学研究来说十分重要。研究方法一般包括三个不同的层次，即“哲学意义上的方法论、研究方式和技术型工具方法”。[①]本书根据研究问题的属性以及研究要达到的目标，将综合运用三种方法，从宏观、中观和微观各个层面对中国城乡关系理论及其实践进行研究。

（一）将历史唯物主义作为方法论指导

唯物辩证法是马克思哲学方法论的基础，而历史唯物主义是唯物辩证法在社会历史研究领域的具体运用。历史唯物主义作为方法论在层次上要高于技术型工具和方法，所以要准确地理解历史唯物主义方法论。恩格斯指出，马克思主义历史唯物主义提供的是研究方法而非教条。[②]列宁指出，历史唯物主义方法论的核心是社会存在决定社会意识基本原理以及“生产力生产关系”“经济基础上层建筑”的矛盾运动原理。[③]本书的研究将以历史唯物主义作为方法论指导，在社会矛盾基本运动中，把握和分析中国城乡关系思想的内涵和变化规律。

---

① 风笑天.社会学研究方法[M].北京：中国人民大学出版社，2001.

② 马克思恩格斯全集（第三十九卷·上）[M].北京：人民出版社，1974,（406）.

③ 列宁全集（第二十三卷）[M].北京：人民出版社，1990,（45）.

（二）将社会史和思想史的综合作为规范研究方式

哲学社会科学的研究方式通常可分为“规范研究”和“实证研究”两种类型。本书将采取社会史与思想史相结合的规范研究。因为从学理上讲，社会史与思想史的研究本来就“相互一贯，不可或缺”。[①] 从历史演进上讲，中国城乡关系理论始终与中国社会的伟大变革相契合，不仅有其对马克思主义经典作家理论的借鉴，而且有其深刻的社会历史背景。中国城乡关系理论并不是对马克思主义城乡关系理论的简单植入，而是理论与实践、逻辑与历史的高度统一，是在特定社会历史条件下所实现的理论传承和实践发展。由此可见，中国城乡关系发展的历程既是一部社会史，也是一部思想史，唯有将二者结合起来，才是正确的研究方式。

（三）综合运用多种技术型工具和方法

1. 文献研究法

文献研究法是学术研究基本方法。运用文献研究法的主要目的是为了掌握研究主题在国内外已有研究中文献的分布规律、研究发展趋势和学术前沿成果等。具体讲，本文运用文献研究法一是通过经典文献的研究，归纳梳理马克思主义经典作家关于城乡关系的基本理论和观点；二是通过文献研究，借鉴和吸收已有的相关研究成果；三是全面系统解读中国城乡关系思想及其政策主张。

2. 比较研究法

比较研究法是学术界常用的另一种技术性的工具和方法，通过比较分析，对比较对象的相似性和差异程度进行判断和研究。具体讲，本文的比较分析主要包括：一是比较马克思、恩格斯、列宁、斯大林和中国共产党领导人关于城乡关系的基本理论和思想，阐述其中继承和发展的关系；二是比较中国各个时期城乡关系的理论和政策，厘清其中的发展脉络；三是比较各个时期中国城乡关系发展政策及其实践效果，

① 侯外庐. 我对中国社会史的研究[J]. 历史研究，1984，（03）.

从而提炼出其中的历史经验和当代启示。

3.实证研究法

实证研究法和文献研究法、比较研究法一样，也是一种学术界常用的研究工具和方法。通过实证研究，可以为相关理论观点提供佐证，也是寻找实践发展规律的一种有效途径。本书将运用实证研究法对各历史阶段中国城乡关系政策及其实践效果的考察，运用系统的权威统计资料予以佐证，同时寻求中国推进城乡关系发展的客观规律。

（四）主要创新点

创新点是衡量学术研究及其成果的重要标准。一项研究工作是否具有新意，可以从研究课题、研究内容、研究结论和研究方法等方面进行判断。本书的创新点主要体现以下几个方面：

1.研究选题的创新

从目前国内外相关研究来看，对较大历史跨度中国城乡关系理论及其实践的专题研究还比较薄弱，研究成果较少。在已有的研究中，有一些期刊论文，且主要是解读权威文献，缺乏深度分析。这方面的博士、硕士论文和研究性专著也还比较少。因此，本书以此作为论著选题有一定的新意。

2.研究内容的创新

首先，按照社会史与思想史相结合的规范研究方法，系统梳理了马克思、恩格斯、列宁、斯大林城乡关系思想，并对其理论渊源和社会背景进行了分析。

其次，基于马克思主义与时俱进的理论品质和改变中国城乡关系面貌实践需要的背景，论证了马克思主义城乡关系理论中国化的必然性。换句话说，马克思主义城乡关系理论中国化之所以发生，是因为一方面马克思主义城乡关系理论为中国的城乡关系发展提供了“思想条件”，另一方面中国需要改变城乡关系产生了“客观需要”，两者之间的结合必然会引致马克思主义城乡关系理论中国化的发生。这就是马克思主义城乡关系中国化的发生逻辑。

再次，按照历史唯物主义的基本原理，对百年来中国城乡关系思想的脉络进行总结梳理，丰富和补充了这方面研究的不足。新中国成立以前，中国共产党将马克思城乡关系理论与旧中国的城乡关系的具体实际相结合，提出“以农村为中心，城市包围城市”的革命道路和处理城乡关系的基本战略。新中国成立以后，中国共产党仍然坚持将马克思主义城乡关系理论与中国城乡关系发展和变化的具体实际相结合，先后提出了一系列一脉相承的“城乡兼顾”“城乡互动”“城乡协调”“统筹城乡发展”“城乡一体化”“城乡融合发展”等城乡关系理论，丰富和创新了马克思主义城乡关系理论。

最后，本书对“城乡融合发展是马克思主义城乡关系理论中国化的最新成果”的观点，进行了系统的论证，具体包括对其新的背景、理论创新和实践创新点以及近几年城乡融合发展的成效进行了论证。

3.研究方法的创新

研究方法的创新主要表现为对研究方法的系统综合使用。一是对比较研究方法的系统应用。通过比较马克思列宁主义城乡关系理论和中国城乡关系的思想，分析其一脉相承的关系，阐述中国城乡关系思想对马克思列宁主义城乡关系理论的继承与发展；通过比较各时期中国城乡关系政策，厘清了政策发展脉络，总结中国城乡关系发展的规律和经验；通过比较各时期中国城乡关系思想及其政策的实践效果，判断不同政策的利弊得失，为未来更好地处理城乡关系提供借鉴和启示。二是综合运用历史与逻辑研究方法。具体讲就是将中国城乡关系思想史、中国城乡关系政策演变史和中国城乡关系变迁史“三史”研究紧密结合起来，从理论、政策和实践三个层面全方位地展现马克思主义城乡关系理论中国化的历程。使理论研究成果、政策研究成果和实践成果相互验证，从而提高研究的科学性和现实针对性。

第二章　中国城乡关系理论及其实践的理论渊源

研究中国城乡关系理论及其实践，首先需要对其理论渊源进行梳理。毫无疑问马克思恩格斯城乡关系理论是中国城乡关系理论及其实践的最早开端。马克思主义在中国的最早传播虽然可以追溯到19世纪末至20世纪初，但它真正成为中国人民的理论武器，进而成为中国新民主主义革命的指导思想，则是受俄国十月革命的影响。毛泽东曾指出，十月革命前，中国人并不了解马恩列斯，正是十月革命为中国送来了“马克思列宁主义”，中国人民因此掌握了“无产阶级宇宙观”，并将它作为“观察国家命运的工具”，开始重新思考中国的革命道路。[①] 由此可见，马克思恩格斯城乡关系理论是中国城乡关系理论及其实践的基础性来源，列宁斯大林城乡关系思想则对中国城乡关系理论及其实践具有直接影响。另外，中国传统文化关于城乡关系的思想对中国近现代城乡关系理论及其实践也有一定的影响。下面将对马克思恩格斯、列宁斯大林的城乡关系理论和思想以及中国传统文化关于城乡关系思想进行一些梳理。

一、马克思恩格斯城乡关系思想

按照历史唯物主义的观点，分析马克思恩格斯城乡关系思想必须结合其产生的社会基础和理论来源来展开。从社会基础看，德、法、英等西欧资本主义城乡发展状况是马克思恩格斯城乡关系思想产生的主要依据；从理论来源看，古典政治经济学和空想社会主义“城乡关系”思想

① 毛泽东选集（一至四卷合订本）[M].北京：人民出版社，1991：1470–1471.

是马克思恩格斯城乡关系思想的主要来源。

（一）马克思恩格斯城乡关系思想的社会基础

恩格斯曾经指出，每一种观念和思想在内容上都是具体的、历史的，需要由产生这种观念和思想的具体经济条件所决定的社会和政治条件加以说明。[①] 马克思恩格斯城乡关系思想是他们考察批判资本主义社会生产关系的产物。19世纪资本主义社会处于上升期，城乡社会矛盾不断增加，城乡关系对立问题日益严重，如此社会基础和背景为马克思恩格斯城乡关系思想的形成提供了现实的土壤。

1.资本主义工业革命促进城市化迅猛发展

19世纪资本主义工业革命在大幅度提高社会生产力的同时，也带来了严重的社会矛盾以及城乡分离和对立，所以阐述马克思恩格斯的城乡关系思想必须分析资本主义工业革命。资本主义工业革命发端于英国，其主要特征是机器大工厂生产模式代替了原来的工场手工业生产模式，企业、工厂形式的出现大大提高了劳动生产率，降低了生产成本，生产力加速发展，资本主义生产方式迅速崛起，大大改变了资本主义社会的面貌。正如马克思所说，资本主义在短短一百年的时间里，创造出来的生产力是过去一切时代都无法企及的。机器大工业给资本主义产业结构及工农业之间的关系带来巨大变化，工业成为推动经济发展的主要力量，农业日益让位于工业。随着工业化的不断推进以及农业的发展，农业不断释放出剩余劳动力，这些农业剩余劳动力不仅为城市工商业的发展提供了必要条件，也为城市工商业的发展提供了积累，工业革命在对经济社会和阶级流动产生巨大影响的同时，极大地推动了城市化的进程。在工业化过程中，便捷的交通条件、丰富的资源供给、方便的市场渠道，促使一大批新兴工业城市如雨后春笋般迅猛发展并不断壮大，城市化水平不断提高。城市化的迅速发展进一步加剧了生产要素的聚集，推动了自耕农、手工业者、小资产阶级等阶层的流动，同时强化了城市的区位优势。工业化和城市化的迅速发展，对资本主义经济社会产生了

① 马克思恩格斯全集（第十九卷）[M].北京：人民出版社，2006：122-123.

巨大影响，极大地促进了资本主义生产力的发展，为经济社会注入新的发展动能和活力。

2.城市化进程加剧了城乡分离和对立

资本主义城市化进程在解放社会生产力、提高劳动生产率、促进劳动者自由全面发展的同时，带来了一些新的矛盾和问题。首先，城市化进程产生了日益严重的劳动力过剩危机。随着工业化和城镇化进程的不断深入，工业劳动生产率进一步提高，工人的就业和生存状况就会受到一定的影响和威胁。一方面工厂对工人的需求数量减少，降薪、解雇的现象时有发生；另一方面熟练工人的数量越来越多，减少了一些非熟练工人的就业机会，有些人被迫沦为流浪者。为了维持和扩大工人就业，就需要不断建立新的工厂，扩大工厂的规模。随着工厂的数量越来越多，规模越来越大，相应地城市的数量也越来越多，规模越来越大。正如恩格斯指出的那样，“村镇就变成城市，小城市就变成大城市”[①]。在这种循环发展过程中，工业化发展水平越来越高，城市数量越来越多、规模越来越大，劳动力过剩的危机越来越严重。

其次，城市化的进程导致城市与乡村之间的差距越来越大，城市与乡村之间逐步分离甚至对立。恩格斯指出，在劳动力过剩这一问题未普遍出现之前，自耕农和部分织工以居住地为生产生活中心，通过自产自销的经济模式，获取生活的来源，虽然生活并不富裕，但生活却无忧无虑，且具有可自由支配的空闲时间。然而，随着机器大工业和城市化的发展，机器更新换代的频率越来越快，更为先进的机器设备对自耕农和手工业者生存和生活造成了巨大的威胁，排挤甚至取代他们的地位，使他们彻底沦为无产阶级。和之前相比，同样要自食其力谋生，但仅能满足基本的生存需要，没有多余的积蓄，更没有多余的空闲时间，甚至还要面临失业的风险。贫困、饥饿、偷盗、卖淫等现象随处可见。而那些在经济上占统治地位的资产阶级却过着十分富裕且滋润的生活。城市呈现出较为现代化的生产生活方式，而农村发展缓慢且延续着原始落后的生产生活方式。城市与乡村差距越来越大，城市与乡村日益分离和

① 孙江.“空间生产”——从马克思到当代[M].北京：人民出版社，2008：84.

对立。

最后，城市化进程对城市生态环境造成了巨大破坏。恩格斯19世纪初，在曼彻斯特居住期间，到访过多个城市，对当时城市生态环境的状况有深入了解和切身感受。恩格斯在《英国工人阶级状况》一书中对此有详细记载和分析。恩格斯指出，曼彻斯特的工人，特别是居住在东郊和东北郊的工人，由于处在入风口，大量来自工厂的煤烟在这里聚集，居住在这里的人们不得不受煤烟污染的严重侵袭，这里一年十个月都要置身于严重的雾霾之中。在大安柯茨街以南的工人居住区，河水乌黑停止了流动，且散发出刺鼻的臭味。在曼彻斯特牛津路西南的工人居住区，垃圾成堆，下水管道不畅，一座座工厂的烟囱向外排着黑烟，空气十分污浊。在更西南的休尔姆，人畜杂居，厕所严重短缺，卫生状况十分恶劣。[①]

3.城乡对立导致阶级分化

随着工业化和城市化的不断发展，生产力过剩成为常态，城市和乡村在劳动力状况、生产方式、生活方式等方面出现较大差别，并日益走向对立。城乡对立局面引起了阶级的割裂与分化。自耕农、部分手工业者等弱势群体被迫由资产阶级变成无产阶级，资本家在利益最大化原则驱动下，千方百计压榨和剥削无产阶级，自身的资本积累越来越多，阶级之间的矛盾越来越突出，问题越来越严重，无产阶级在工业化和城市化过程中集结成一支大军，成为变革资本主义生产力和生产关系的强大力量。

另外，在工业革命时期，城市工业比较发达，经济比较繁荣，是资产阶级工作生活的天堂和福地，而乡村经济发展比较落后，人们的观念比较保守，深受地主阶级的奴役和盘剥。城市和乡村之间的巨大差别和两极分化，加剧了农村不同阶级的割裂与分化，引起农村阶级关系的巨大变化。城市化造成的城乡严重对立以及城市和乡村之间的巨大差别和两极分化，导致整个社会阶级关系的严重两极分化状态，形成极其不平衡的社会结构。

① 恩格斯著，中共中央编译局译.英国工人阶级状况[M].北京：商务印书馆，1965：63.

（二）马克思恩格斯城乡关系思想的理论来源

空想社会主义者的城乡关系思想、古典政治经济学的城乡关系思想和黑格尔的城乡关系思想是马克思恩格斯城乡关系思想的三大主要来源。其中空想社会主义者的城乡关系思想是马克思恩格斯城乡关系思想的直接理论来源，古典政治经济学的城乡关系思想为马克思恩格斯城乡关系思想提供了批判性的政治经济学工具，黑格尔的城乡关系思想为马克思恩格斯城乡关系思想提供了研究问题的辩证法视角。

1. 空想社会主义者的城乡关系思想

空想社会主义（utopian socialism）也被称为乌托邦社会主义，这个概念最早出现在16世纪英国思想家托马斯·莫尔的《乌托邦》一书中。经过三个世纪漫长的探索和发展，空想社会主义的思想被圣西门、傅立叶和欧文推向高潮。空想社会主义者关于“城乡关系”的天才设想是马克思恩格斯城乡关系思想的直接理论来源。

空想社会主义发端于16世纪，即托马斯·莫尔所生活的年代，这时资本主义处于原始积累阶段，机器大工业迅猛发展，圈地运动如火如荼推进，对农村和农民造成了巨大影响和伤害，许多农民“被迫离开累世居住的家园”，失去工作，四处流浪。[①] 莫尔认为，这一切都是由私有制造成的，私有制是万恶之源，为此他提出了相应的解决方案，即构建一个以公有制为基础，农业和手工业、城市和乡村平等融合的理想社会。在这个社会里，土地等重要生产资料是乌托邦成员的公有财产，每个乌托邦成员自觉意识到自己是“土地的耕种者，而不是占有者”[②]。农业处于基础地位，从事农业劳动并不是特定人群的固定工作，“乌托邦人不分男女都以务农为业”[③]。城市帮助乡村发展，城乡之间平均分享物资，城乡之间的关系完全平等。莫尔虽然强调城乡平等，但他并不主张人人平等。他所构想的乌托邦社会除了自由公民还有承担“费力而又肮脏的

---

①（英）托马斯·莫尔著，戴镏龄译. 乌托邦[M]. 北京：商务印书馆，1996：序言2.
②（英）托马斯·莫尔著，戴镏龄译. 乌托邦[M]. 北京：商务印书馆，1996：50.
③（英）托马斯·莫尔著，戴镏龄译. 乌托邦[M]. 北京：商务印书馆，1996：55.

全部贱活”的奴隶[①]。由此可见，莫尔主张的私有制的消除只是部分人的解放，而不是全人类的解放。莫尔对城乡关系的设想还带有一定的封建主义色彩，未看到先进生产关系对城乡社会发展的积极作用。

空想社会主义发展到19世纪，其鲜明特征是它的现实批判性，被冠以“空想社会主义”之名，是因为资本主义经过半个多世纪的发展，城乡分离日益加剧，社会矛盾更加激烈，对此空想社会主义者给予了严厉抨击，并提出对理想社会的设想。圣西门认为，城乡差别和贫富不均是资本主义社会变成为一个“黑白颠倒的世界”，为此需要用新的社会制度代替资本主义制度。它构建的未来社会的理想制度是“实业制度”。在实业制度下，由实业者和科学家掌握社会政治、经济、文化等各方面权力，社会的目的是尽善尽美地运用科学、艺术和手工业的知识来满足人们的需要，全体劳动者都是“社会组织体系的平等成员”，“人人都要劳动……每个人都有义务……为人类造福”[②]。在这个社会里，劳动者之间的差别仅仅是劳动形式的差别，有的人从事体力劳动，有的人从事脑力劳动，游手好闲的人不能存在。社会呈现出“人民和平相处……人人都兄弟相待”[③]的美好景象。

傅立叶对资本主义不平等社会现象的认识更加深刻，批判也更为彻底。傅立叶认为，“贫困是由富裕产生的”[④]，资本主义社会分工制度是社会大多数人过不上幸福生活的根源。对此傅立叶提出了他的未来理想社会的设想——“法郎吉”。“法郎吉”是指一种不同于旧的分工制度的新的和谐的分工制度。在这一制度下，工农业并存且农业是基础，社会分配按“每个人都能得到满足”的比例进行，社会成员在工业生产和农业生产中自由转换工作，从而获得自身的全面发展。在傅立叶看来，随着旧式社会分工的消除，工业和农业的平等关系将建立起来，城乡对立也将消失。傅立叶和圣西门一样，构建的理想社会都允许一定程度的私有制存在，因而其理论及其设想是存在缺陷的。

① （英）托马斯·莫尔著，戴镏龄译.乌托邦[M].北京：商务印书馆，1996：63.
② 圣西门选集（第一卷）[M].北京：商务印书馆，1985：10.
③ 圣西门选集（第三卷）[M].北京：商务印书馆，1985：164.
④ 傅立叶选集（第一卷）[M].北京：商务印书馆，1982：124.

相比圣西门和傅立叶，欧文主张彻底废除私有制。欧文提出的方案是建立“新和谐村”。

“新和谐村”不存在工农和城乡的对立，消灭了旧式社会分工，建立的是“一个由农、工、商、学结合起来的大家庭”[①]，每个人都有平等的劳动义务和平等的产品获得权力；村里既有工业，也有农业，工业发挥着主要的作用；村里的住宅兼具乡村和城市的优点，是人类理想的社会组织基石[②]。恩格斯对欧文的设想给予高度评价，认为欧文不仅提出了“平等的劳动义务和平等的获得产品的权利”的共产主义主张，还为共产主义公社设计了具体的住宅方案[③]。

综上所述，空想社会主义者的理论中包含着丰富的城乡关系思想。他们认为资本主义制度下的旧式分工给城乡社会以及人的全面发展带来许多制约和限制，因此实现社会主义和共产主义社会就必须消灭旧的社会分工，而消灭旧的社会分工的前提条件就是“消灭城乡对立”[④]。这个“天才的设想”为马克思恩格斯将“消除城乡对立”作为实现共产主义条件之一提供了重要的理论依据和借鉴。

2. 古典政治经济学的城乡关系思想

马克思恩格斯在分析资本主义社会城乡关系问题时，借鉴了古典经济学家的政治经济学分析工具。古典政治经济学家的城乡关系思想，对马克思恩格斯形成自己的城乡关系思想具有重要的意义。

亚当·斯密是古典经济学的奠基人，他对资本主义经济总体发展进行了深入研究。其中对资本主义城乡关系的分析是其理论的重要组成部分。斯密城乡关系的研究主要从城乡关系发展的自然顺序来展开论述。他认为，社会在发展过程中，最先将大量资金投入到农业上，继而再投入到工业上，最后投入到国际贸易上，这是一种自然的秩序。[⑤]在社会发展的早期阶段，城市依附于乡村，工业滞后于农业。农业的发展水平

① 欧文选集（第二卷）[M].北京：商务印书馆，1981：131.
② 欧文选集（第二卷）[M].北京：商务印书馆，1981：19.
③ 马克思恩格斯全集（第二十卷）[M].北京：人民出版社，1971：290.
④ 马克思恩格斯全集（第二十卷）[M].北京：人民出版社，1971：317–318.
⑤（英）亚当·斯密著，郭大力、王亚南译.国富论[M].北京：商务印书馆，2015：363.

和生产技术的进步，决定着城市的规模扩张和财富积累，乡村的发展决定着城市的经济发展。[①] 农村生产方式的发展带动了城市的发达。[②] 这时发展工业、对外贸易的风险较高，而发展农业的风险相对较低，因此人们在获取相同收益的情况下，往往会选择优先发展风险程度低的农业产业，这是一种自然顺序。斯密认为，乡村早于城市这种自然顺序发生的根本原因在于人的"需要"和"天性"，人的需要和天性促成了许多国家这种自然顺序事态的发生。

斯密在阐述了城乡关系发展一般自然顺序之外，又具体分析了欧洲城乡关系发展的反自然顺序现象。斯密的观察发现，在欧洲，城乡关系发展早期则呈现出城市支配乡村的态势，这和一般国家城乡关系发展的自然顺序是截然不同的，斯密将这种城乡关系发展态势称为反自然顺序。斯密指出，欧洲城市支配乡村这种反自然顺序是由国际贸易引起的，国际贸易及其制造业的发展是欧洲反自然顺序产生的根本原因。虽然斯密将欧洲的城乡关系发展称为反自然顺序，但他同时肯定了这种自然顺序在推动城市与乡村协同发展上的积极作用。城市为农村提供了丰富且廉价的市场，带动了农业改良和农村发展，城市的工商业也为农村带去城市的秩序、自由和安全感等先进理念。[③]

大卫·李嘉图是古典政治经济学的另一个主要代表性人物，他从利益关系的层面对城乡关系发展提出了自己的观点。他认为，城市工业发展带来的收益要多于农业，城乡之间产业利益变动呈相反的变动趋势：乡村发展过程中，优质的土地越来越少，只能靠开垦更多的土壤不佳的耕地来获取收益，因而收益逐步递减；城市发展机器大工业，有源源不断的劳动力和其他生产要素的供给，而且伴随着机器的不断改进，其收益将不断增加。因此，要提高农业及其乡村的收益，从而改善城乡之间的关系，就需要重视科学技术对农业及其乡村的改造，提高农业生产

① （英）亚当·斯密著，郭大力、王亚南译.国民财富的性质和原因的研究（上卷）[M].北京：商务印书馆，1983：347.

② （英）亚当·斯密著，郭大力、王亚南译.国民财富的性质和原因的研究（上卷）[M].北京：商务印书馆，1981：467.

③ （英）亚当·斯密著，郭大力、王亚南译.国民财富的性质和原因的研究（上卷）[M].北京：商务印书馆，1983：349.

技术水平等。

总之，以亚当·斯密、大卫·李嘉图为代表的古典政治经济学家们，虽然对城乡关系分析建立在资本主义社会基础之上，具有一定的阶级局限性和时代局限性，但他们运用政治经济学工具研究“城乡关系”的形成、发展以及演变趋势所形成的一些理论和观点有着重要的借鉴作用。

3.黑格尔的城乡关系思想

黑格尔从劳动概念出发，将劳动分为农业劳动和工商业劳动，进而提出城乡差别的观点。

黑格尔认为，“劳动具有主体性和对象性的双重特质”[①]，即劳动既是超脱人类思维的自我意识的活动和彰显人的主观能动性的活动，也是人们通过生产工具把自己的目的和意愿作用到劳动对象、使劳动对象合乎人们预期变化的活动。工商业劳动能更好更多地使用理智和智慧，通过加工自然物资和产品，在满足他人需要的同时获得个人财富。工商业劳动注重调动和发挥人的思维活动和意志，使人努力摆脱动物状态，成为真正自由的人。而农业劳动则正好相反，在农业劳动中，人们很少使用思维和智慧，主要依靠大自然获取物质资料，对自然界的依赖较强，从自然界中获取财富。工商业劳动和农业劳动之间存在显著差别。

黑格尔在阐述工商业劳动和农业劳动之间差别的基础上，进一步阐述了城乡之间的差别。

在城市中，工商业劳动占主导地位，人们劳动需要充分发挥思维和智慧，追求自由而又和谐的秩序，人人相互关联，人们在从别人那里得到满足的同时也想方设法满足别人的需求，市民社会呈现出明显的社会性特征。乡村虽然也和城市发生联系，受城市现代生活和生产方式的影响，某种程度上摆脱了完全的自然状态，打上城市生活的烙印，但乡村由于受固有的观念影响，且仍然严重依赖于自然界，所以它不像城市那样，实现从自然性向社会性的完全转变，从根本上讲还保留着自然的状态。城乡之间存在着巨大差别。

黑格尔的城乡关系思想具有资产阶级属性，其历史唯心主义世界

① 叶昌友，张量.论马克思和恩格斯城乡融合思想[J].求索，2009(12)：54-56.

观也是其无法客观地看待城乡关系。但是他在分析城乡关系时使用的辩证方法以及提出的一些正确观点，对于马克思恩格斯提出自己的城乡关系思想具有一定的启发作用。比如马克思根据黑格尔劳动“自然性”和“社会性”的观点，提出生产力和社会分工发展的趋势就是“劳动的进一步社会化”[①]。同时马克思对黑格尔观点中的不合理成分给予了批判。他针对黑格尔“城市乡村化”的错误观点，指出：“现代的历史是乡村城市化，而不是像在古代那样，是城市乡村化。”[②]

（三）马克思恩格斯城乡关系思想的主要内容

1.马克思恩格斯城乡关系思想的发展历程

马克思恩格斯没有写过“城乡关系”方面的专著，他们关于“城乡关系”的论述散落在他们众多的著作中，马克思恩格斯著作跨越较长的历史时期，所以他们的城乡关系思想贯穿了他们研究的全过程。为了更好地了解和掌握马克思恩格斯城乡关系的思想，很有必要将他们诸多著作中的有关城乡关系的论述进行梳理总结，并系统阐述他们城乡关系思想的发展历程。

（1）萌芽时期：1842年—1845年

1842年至1845年是马克思恩格斯城乡关系思想的萌芽时期。这一时期，马克思对德国普鲁士统治下城乡权利不平等问题进行了深刻批判，并提出消灭城乡权利不平等的建议。恩格斯则通过对英国工人生存情况的考察，深刻认识到工业革命对城乡关系的巨大影响以及城乡对立对工人阶级生存状况的影响。这一时期马克思恩格斯虽然没有明确提出“城乡关系”“城乡对立”等概念，但他们已经认识到城乡关系、工农关系对经济社会发展的重要性，高度关注城乡关系问题，这些研究和考察可视为其城乡关系思想的开端，为后来他们的城乡关系思想发展提供了重要的铺垫和条件。

马克思从1842年开始，由原来的哲学研究转为考察研究西欧国家

① 马克思恩格斯文集（第五卷）[M].北京：人民出版社，2009：873.
② 马克思恩格斯文集（第八卷）[M].北京：人民出版社，2009：131.

的政治问题，积极融入到社会政治现实中。他积极为《德法年鉴》《莱茵报》等报刊撰稿，主张保障人民的民主权利，提出创立人民代表制。18世纪末，普鲁士莱茵省消灭了封建土地制度，创建了新的区乡制度，实现了区乡平等。然而，反动势力企图复辟，重新推行等级制度，废除区乡平等权利。对此，进步阶级和知识分子进行了针锋相对的斗争，发动区乡制度改革运动，以保障和巩固区乡平等。马克思面对这种政治现实，撰作了著名的政论文章《区乡制度改革和〈科隆日报〉》，他在文章中竭力支持城乡权利平等。

恩格斯根据英国的社会现实考察思考了英国的城乡关系问题。恩格斯对英国工业革命中工人的生活生存状况做了大量的调查研究，写出了著名著作《英国工人阶级状况》。在书中恩格斯详细描述了英国工人阶级生产生活状况，描述了工人艰苦的生存条件，指出城乡关系的对立是造成工人恶劣生活环境的根本原因。无产阶级和资产阶级之间的矛盾是不可调和的，无产阶级是改变和推翻资本主义制度的重要力量。恩格斯在《英国状况·十八世纪》一书中也注意到英国的城乡关系问题。他指出，英国的工业革命造成了城乡不同程度的变化。

这一时期，马克思恩格斯虽然没有明确提出和界定“城乡关系”和“城乡对立”等概念，但他们关于城乡关系发展的观点和理论却可以视为他们城乡关系思想的萌芽。

（2）形成时期：1846年—1866年

1846年至1866年是马克思恩格斯城乡关系思想的形成时期。这一时期马克思恩格斯发表了《德意志意识形态》、《共产党宣言》和《哲学的贫困》等重要著作。在这些著作中，马克思恩格斯提出并解释了“城乡关系”“城乡对立”“城乡融合”等重要概念，并对城乡关系发展以及演变规律进行了深入分析，标志着马克思恩格斯城乡关系思想的形成。

马克思恩格斯在《德意志意识形态》一书中，明确提出了“城乡对立”的概念。他们指出，“一个民族内部的分工，首先引起工商业劳动同农业劳动的分离，从而也引起城乡的分离和城乡利益的对立”[①]。在

① 马克思恩格斯文集（第一卷）[M].北京：人民出版社，2009：520.

《哲学的贫困》一书中，马克思在与蒲鲁东关于分工思想做斗争时，第一次明确提出“城乡关系”的概念。马克思指出，蒲鲁东把分工作为纯粹抽象的概念过于简单化，完全不符合客观实际的发展规律，历史从来就不是一成不变的，社会随着城乡关系的变化而变化，城乡关系在很大程度上影响整个社会的发展。[①]

马克思恩格斯在阐述“城乡关系”概念的同时，对社会分工对城乡关系发展的影响进行了深入的分析。他们指出，社会分工导致了私有制，私有制产生了城乡对立，进而对城乡关系产生了巨大影响。所以消除城乡对立必须以消灭私有制为前提。只有用无产阶级革命的方式改变资本主义社会，才能最终消灭城乡之间的对立。

马克思恩格斯在其合著的《共产党宣言》以及恩格斯独著的《共产主义原理》中，提出了关于城乡融合的科学设想。恩格斯在《共产主义原理》中明确阐述了工人运动的目的，即推翻资产阶级的统治，消除旧式分工，消灭阶级。到那时，生产会满足所有社会成员的需求，教育帮助人们掌握系统的生产技术，人的自由全面发展将得以实现，工农业协调发展，最终城乡将实现融合。《共产党宣言》对《共产主义原理》中的有关理论进行了更深入的研究和阐述。他们认为，在资本主义社会，资产阶级使乡村屈服于城市，加剧了城乡对立的尖锐化程度。[②] 对此他们提出改革的途径，即将资产阶级全部资本转变为国有财产，废除私有制；促进工农业之间的有机结合；实现人口在城乡之间的均衡分布。[③] 马克思恩格斯强调指出，消灭城乡对立，实现城乡融合，必须以生产力高度发展为基础，必须由无产阶级掌握政权。

综上所述，这个阶段是马克思恩格斯城乡关系思想形成的关键阶段，他们明确阐述了“城乡关系”“城乡对立”等概念，并提出城乡融合的科学设想，为未来城乡关系发展指明了方向。

（3）成熟时期：1867年—1894年

1867年至1894年是马克思恩格斯城乡关系思想形成的成熟时期。

① 马克思恩格斯文集（第一卷）[M].北京：人民出版社，2009：618.
② 马克思恩格斯文集（第一卷）[M].北京：人民出版社，2009：556.
③ 马克思恩格斯文集（第一卷）[M].北京：人民出版社，2009：689.

这一时期的显著特点是更加深入务实地探索城乡融合的实现路径，超越了仅仅从理论上描绘未来城乡关系发展蓝图的阶段。马克思恩格斯城乡关系思想不断趋于成熟，并逐步系统化和科学化。

1867年，马克思完成了他政治经济学研究上的伟大著作《资本论》。在《资本论》中，马克思阐述了资本主义社会经济发展规律，提出了资本主义社会必然走向灭亡的趋势。同时马克思在本书中对城乡关系的演变规律以及与整个社会的关系进行了分析和研究。他明确指出："一切发达的、以商品交换为媒介的分工的基础，都是城乡的分离，可以说，社会的全部经济史都可以概括为这种对立的运动。"[①] 他从历史唯物主义的角度揭示了城市与农村的关系，认为从城乡合一到城乡分离再到城乡差别消失，这一对立统一运动是社会生产力和生产关系发展的客观规律。

在这个发展阶段，马克思恩格斯对在《共产主义原理》中提出的"城乡融合"的概念做了进一步的研究和分析，提出了更多更有见地更深刻的观点和思想。他们认为，城乡融合"将结合城市和乡村的优点而避免二者的偏颇和缺点"，只有在社会主义制度下才能消除城乡对立，缩小城乡差别。关于城乡融合的条件，马克思认为"消除城市与乡村之间的对立是社会统一的首要条件之一，这个条件又取决于许多物质前提，而且一看就知道这个条件单靠意志是不能实现的"。在城乡关系的发展趋势上，马克思恩格斯指出，未来社会的发展趋势是实现城乡融合，而城乡融合是一个漫长的历史过程，要通过发展社会生产力，提高科学技术水平和推进城市化进程来实现，城乡关系往往经历无城乡差别—城乡分离—更高水平的均衡与融合的过程。

恩格斯在他的多部著作中，对城乡融合及其实现途径进行了研究和分析。在《论住宅问题》一书中，他批判了蒲鲁东等小资产阶级的改良方案。他指出，住房问题在资本主义制度下无法消除，只有推翻资本主义制度，消除城乡差别，才能从根本上解决这一问题。[②] 在这本书中，

① 马克思.资本论（第一卷）[M].北京：人民出版社，1975：375.

② 马克思恩格斯文集（第三卷）[M].北京：人民出版社，2009：661.

恩格斯对城乡融合的实现途径进行了探讨。他强调，推进城乡融合，必须废除资本主义生产方式，落实人口在城乡之间的均衡分布，加强工农业生产之间的联系，大力发展交通，摆脱乡村落后愚昧的状态。在《反杜林论》中，他批判了杜林关于城乡分离是不可避免的观点，指出人类社会的大分工才造成了城乡之间的分离，而城乡分离致使城乡居民畸形发展。[①] 资本主义社会的城乡对立，使乡村人口陷入落后的境地，而城市人口却受制于手工业劳动，这种畸形发展限制了城乡居民人身和思想的解放，阻碍了人的自由全面发展。所以要消灭城乡对立，就要消除旧式分工。旧式分工消除后，就会建立劳动联合体，人民才会真正实现自由而全面地发展，城乡融合才会实现。恩格斯同时指出，只有实现了城乡融合，才能为工业、农业和社会的发展创造机会。在《家庭、私有制和国家起源》一书中，恩格斯对社会分工对城乡关系及其城乡融合的影响进行了分析。他指出，在社会生产发展过程中，分工造成了资产阶级和无产阶级两大阶级的对立，阶级的对立进一步加剧了城乡之间的对立，到了文明时代，城乡对立固定了下来。[②] 随着资本主义社会的不断发展，城乡关系由最初的统一逐步走向分离对立，最后随着资本主义社会矛盾发展而日益尖锐化，因此只有完全消灭资本主义生产方式，才能实现城乡融合的发展目标。

从马克思恩格斯城乡关系思想的演变过程看，其理论观点和思想始终是伴随着资本主义社会城乡关系发展社会实践，并建立在共产主义理论的根基之上，因而具有较强的实践性和科学性。

2.马克思恩格斯城乡关系思想的主要内容

“城乡统一—城乡分离和对立—城乡融合”既是马克思恩格斯城乡关系思想的逻辑线索，也是城乡关系发展的历史演进逻辑。马克思恩格斯运用历史唯物主义方法论，以资本主义时期为发展中点，梳理了资本主义时期前后城乡关系发展逻辑和历史。马克思恩格斯主要从生产方式的角度，分析了前资本主义时期城乡关系状况、资本主义时期城乡关系

① 马克思恩格斯文集（第九卷）[M].北京：人民出版社，2009：308.
② 马克思恩格斯文集（第四卷）[M].北京：人民出版社，2009：185.

状况以及未来共产主义社会城乡关系的发展前景。

（1）前资本主义时期的城乡统一

在人类社会发展早期，生产力水平极为低下，社会分工尚未出现，城市不具备形成的条件，城乡之间呈现混沌一体的初始状态，此时无城乡差别可言。

①城乡统一的发展历程

马克思在《德意志意识形态》中指出，在人类社会发展的初期，虽然也出现了原始部落，甚至形成了城市的雏形，然而城市与乡村并未出现实质性的分离。“在这个阶段，分工还很不发达，仅限于家庭中现有的自然形成的分工的进一步扩大。”[①] 整个社会中城乡是浑然一体的。恩格斯在其著作《家庭、私有制和国家的起源》中，借鉴了美国民族学家摩尔根社会形态分期法理论（摩尔根将社会分为蒙昧时代、野蛮时代和文明时代三个社会形态），指出从历史发展来看，城乡统一贯穿于蒙昧时代至野蛮时代的整个过程，这个过程复杂而漫长。

人类社会的蒙昧时代又可分为低级阶段、中级阶段和高级阶段。在蒙昧时代的低级阶段，人们居住在原始森林中，以野生果实为食，生存受到极大的威胁。人们不断通过社会实践，寻找与动物脱离的办法和途径。可以说这个阶段是人类和动物世界相分离的一个过渡时期。蒙昧时代的中级阶段，人们学会了对火的使用方法，开始用火加工食物，新的饮食方式颠覆了人们原有的生活生产方式。人们活动范围扩大，冲破了地域的限制。人们开始对河流进行探索，沿着水域生产和生活。人类开始栽培植物，驯化动物，并加工出棍棒、标枪等原始武器，人们开始过上狩猎的生活。蒙昧时代的高级阶段，人们发明了弓箭，狩猎成为日常劳动，人们的生活水平得到提高。这个阶段人们在发明弓箭的同时，也发明了其他一些工具的制造技术，人们使用石斧制造独木舟，使用木块、木板搭建房屋，这说明人类已经具备了制造一定生产生活资料的能力。在劳动过程中，人们简单协作的生产已经有定居而成部落的某些萌芽关系，这为人们的群居生活和原始部落的形成奠定了一定的基础。恩

---

① 马克思恩格斯文集（第一卷）[M].北京：人民出版社，2009：521.

格斯指出，在这一阶段“已经有定居而成部落的某些萌芽”。[①]

与蒙昧时代相同，野蛮时代也分为低级、中级和高级三个阶段。野蛮时代低级阶段以前，世界各处的发展水平和特点极为相似，几乎没有差别。进入低级阶段之后，由于受地域自然条件的影响，东大陆和西大陆的发展产生了一定的差别。东大陆条件相对优越，适宜种植多种农作物和驯养多种动物，而西大陆的自然条件相对较差，能够种植的农作物和驯养的动物比东大陆要差很多，所以两大区域发展上出现了明显的差距。进入野蛮时代的中级阶段，在东大陆地区，人们驯养和饲养动物的规模化促使人们在一些草原地区过上游牧生活，通过在森林种植谷物饲养牲畜。谷物的种植促进了畜牧业的发展。在西大陆地区，由于可种植的谷物和可饲养的动物数量有限，并且种植谷物的条件较差，谷物通常需要浇灌才能正常生长，所以发展非常缓慢，发展水平长期停留在中级发展阶段。这个阶段由于生产力水平的提高，社会拥有了一定的剩余产品，在这些剩余产品的交换、分配和消费过程中，会引起部落之间的利益纠纷，各部落为了维护自身利益，就需要加强对本部落的防守安保。于是，就有了恩格斯对“城市”的初始界定——“只要它（乡村）用壕沟和墙壁防守起来，乡村制度也就变成了城市制度”[②]。这时的城市绝非真正意义上的城市，准确来说是为防御而设的人类聚居地。但它已经有了城市的雏形，为后来城市的产生奠定了重要的基础。野蛮时代的高级阶段，冶金业出现。冶金业带动农业生产工具的革新，铁斧、铁犁等农业生产工具的出现极大地改善了农业生产条件，扩大了粮食耕地面积，提高了农业劳动生产率，农业生产迅速发展，丰富了生产生活资料，人口数量增加并开始聚集起来。在这个发展阶段，东大陆的早期城市“50万人联合在一个统一的中央领导之下”[③]。城市雏形的出现对农业生产和乡村的生产生活方式产生了积极的影响，它为城乡分离以及资本主义的出现奠定了重要的基础。然而，这时的城市在劳动力、生产生活资料方

① 马克思恩格斯文集（第四卷）[M].北京：人民出版社，2009：34.

② 刘莉.马克思主义城市空间发展论[M].北京：人民出版社，2019：40.

③ 欧阳志远.生态化——第三次产业革命的实质与方向[M].北京：中国人民大学出版社，1994：49.

面仍然严重地依赖于乡村，城市无法离开乡村而独立存在。马克思恩格斯指出，城市“一般都绝非离开农村社会而建立”，城市与乡村“都需要劳动力来建设和维持它们的结构，都需要为生活在城里的人们提供稳定的粮食供应”[①]。乡村在基本生活物资生产与交换方面仍然起决定性作用，城市还未发展出可以和乡村抗衡的核心产业。城市和乡村本质上还未出现真正的分离，统一在一个有机的发展系统之中。

②城乡统一的表现形态

马克思研究城乡统一形态时，重点分析了古代东方国家的经济社会情况以及城乡之间的关系，提出了“东方亚细亚生产方式”的概念。马克思指出，“古典古代的历史是城市的历史，不过这是以土地财产和农业为基础的城市，亚细亚的历史是城市和乡村的一种无差别的统一”[②]。他认为古代东方亚细亚的公社是真正意义上的农村公社，公社以土地公有制为基础，城市是公社的重要载体，农耕在城市中进行，城市与乡村无差别。

古代的东方社会实行的是土地公有制，村社社员没有土地所有权，只有使用权。与小农经济相适应，生产形式以农业和家庭手工业为主，社会分工水平低，生产生活自给自足，村社制度是东方亚细亚生产方式的基本制度。马克思对此做过描述：“所谓村社制度，这种制度使每一个这样的小单位都成为独立的组织，过着闭关自守的生活。”[③]村社具有相对的封闭性和稳定性，受外界的影响相对较小，村社不断重复和复制自己的生产生活状态。村社的社员受环境影响思想观念陈旧落后，不谋求任何发展，喜欢保持现有的状态。这在很大程度上阻碍生产力的发展和工业现代化进程。

古代东方的城市以村社为基本的组织单位，其体现出来的完全是村社的生产生活方式，缺乏必要的社会分工，充其量只是皇室和官僚贵族的营垒。这里的城市不具备城市的典型特征，有城无市，城与市相分离，市场极不发达，商品经济的功能弱小。虽然这些城市也有一些工业

① 马克思恩格斯选集（第一卷）[M].北京：人民出版社，1995：57.

② 马克思恩格斯文集（第八卷）[M].北京：人民出版社，2009：131.

③ 马克思恩格斯文集（第二卷）[M].北京：人民出版社，2009：681.

作坊，甚至分化出一部分手工业专业化的村落，但由于受政治统治的压迫，作坊、村落的生产主要是满足城市统治阶级的消费需要，无法形成真正意义上的商品经济社会。

这里的城市建立在农村土地所有制的基础上，由于生产力发展水平低下，其自身的生存无法实现自给自足，只能靠农村公社的纳贡，城市的经济无法脱离农村公社的帮衬。城市也成为经济社会发展的负担。由此可见，在古代东方的亚细亚社会里，呈现出的是一种建立在农村公社基础上的城乡无差别统一的状态。

（2）资本主义时期的城乡分离与对立

城乡分离虽然形成于野蛮时代的高级阶段向文明时代的过渡期，但城乡分离在野蛮时代的特征并不明显，因此马克思恩格斯在分析前资本主义时期城乡关系时，并没有将主要精力放在分析城乡分离问题上，而是主要分析了城市与乡村在经济、政治利益等方面的矛盾上面。马克思恩格斯分析城乡关系特别是分析城乡分离与对立，主要是关注资本主义时期的经济社会情况。马克思恩格斯出生于十九世纪初，这正是第一次工业革命行将结束第二次工业革命即将开始时期，资本主义发展处于上升期，城乡分离与对立的矛盾十分突出和尖锐，为马克思恩格斯研究城乡关系以及城乡分离和对立提供了现实基础。马克思恩格斯运用历史唯物主义方法论，从资本主义社会生产力发展与资本主义私有制的角度出发，深刻剖析了城市与乡村从分离走向对立的动因，并分析了它对资本主义社会发展的巨大影响。

①城乡分离与对立的产生根源

城乡分离与对立的形成受多种因素的影响，既与社会生产力发展水平和社会分工有关，也与资本主义私有制有关。前资本主义时期，城市和乡村之间虽然也存在利益冲突并产生了一定程度的分离，但表现并不明显。进入资本主义发展时期，工业革命采用大机器生产方式，社会生产力水平迅速提高，社会分工日益深入，城市与乡村之间的分离开始加剧，并逐渐走向对立。马克思恩格斯认为，城乡分离与对立的主要原因是：第一，生产力的快速发展。马克思恩格斯认为，城乡关系的形态是由生产力的发展状况决定的，城乡分离与对立是社会生产力进步的结果。在生产水平还十分低下的人类社会早期，在城市产生之前，无所谓“城市”与“乡村”，更谈不上城乡分野。[①] 农业劳动和工业劳动最初也不是分开的，后者包含在前者之中。然而，在资本主义发展时期，由于工业革命的出现，机器大工业迅速取代了工场手工业、私人手工业，社会生产力水平大幅度提高，社会流动随之加剧，乡村中的自耕农、手工业者纷纷向城市流动，从农业劳动和乡村生产中脱离了出来，城市逐渐获得了在劳动力资源、生产要素、发展条件等方面的优势，在经济社会发展中处于主导地位，而乡村的封建势力却日益被削弱，乡村面临不断凋敝的窘境。与此同时，机器大工业生产在促进工人与机器紧密结合过程中，工人与生产资料、物质劳动与精神劳动也被人为分离开来，这些都致使城市与乡村之间产生分离。社会生产力的高度发展是城乡分离与对立的重要前提。

第二，社会分工的发展变化。马克思曾指出："物质劳动和精神劳动的最大的一次分工，就是城市与乡村的分离。"[②] 这实际上指出了分工是城市与乡村分野的历史起点。当体力劳动与脑力劳动分离促使城市与乡村分离完成之后，两者走上了漫长的对立发展的历史道路。具体到资本主义发展时期，工场手工业是资本主义分工的起点。资本主义发展初期，分工还不够发达、生产产品数量较少，城市规模较小，力量较弱，致使城市在与乡村对抗中处于劣势地位。随着资本主义生产关系的逐步确立，工场手工业得到了较快的发展，城市力量随之快速增长，城市数量不断增加，伴随着生产和交换的发展，出现了“城市间的分工”，“城市彼此建立了联系，新的劳动工具从一个城市运往另一个城市，生产和交换间的分工随即引起了各城市间在生产上新的分工，不久每一个城市都设立一个占优势的工业部门”[③]。这种近乎生物“裂变”式的城市分工如雨后春笋般成长起来，城市数量快速增长。尽管工场手工业促进了城市的兴起，但由于手工业固有的技术与发展缺陷，新兴城市规模一般都不大，根基也不稳固。众多的手工业之间的竞争十分激烈，各国在国际

① 王振亮.城乡空间融合论[M].上海：复旦大学出版社，2000：35.
② 马克思恩格斯选集（第一卷）[M].北京：人民出版社，1995：104.
③ 马克思恩格斯选集（第一卷）[M].北京：人民出版社，1995：106.

贸易中纷纷采取贸易保护主义政策，只有“在海上贸易和殖民实力方面占据优势的国家，自然能保证自己的工场手工业在数量和质量上得到最广泛的发展”[①]。此时商业城市规模远比工业城市规模要大，文明程度也比较高，这为后来的商业分工做了很好的铺垫。当机器大工业分工取代工场手工业分工之后，开启了新一轮的城市化浪潮，人类进入现代工业文明时代。恩格斯在《英国工人阶级状况》一书中，对第二波城市化浪潮在英国的景象做过描述：“于是城镇变成小城市，而小城市变成大城市。城市愈大，搬到里面来就愈有利……这就决定了大工厂城市惊人迅速地成长”[②]。马克思恩格斯对这种发展状况对城乡分离的影响做了深入分析。“它（指大工业）建立了现代的大工业城市——它的出现如雨后春笋——来代替自然形成的城市。凡是它渗入的地方，它就破坏手工业和工业的一切旧阶段。它使城市最终战胜了乡村。”[③]在机器大工业分工发展的同时，资本主义商业分工也在不断推进。如果说机器大工业分工将传统的农业和手工业分工打败是城市最终战胜农村的根本原因的话，商业分工就进一步为资本主义工业文明的城市开疆扩土，城市不断掠夺乡村资源，挤压乡村发展空间，城市与乡村之间的差距进一步拉大。尽管前资本主义时期商业分工已经出现，但具有规模、真正以生产交换为目的、大范围的商业贸易只有到了资本主义时期才真正出现。商业分工将劳动力、资本、土地、技术等生产要素吸引到城市，使城市不断扩张，而乡村却日益没落，乡村沦为城市的“奴隶”。由此可见，社会分工的不断嬗变导致城市与乡村之间产生分离与对立。

第三，私有制的出现。马克思恩格斯认为，城乡对立“只有在私有制范围内才能存在”[④]。在私有制条件下，人们不得不屈服于某种社会分工，成为“城市动物”和“乡村动物”，社会成员根据社会分工的不同被划分为两个利益对立的阶级，由生产力发展所引起的社会分工逐渐将社会成员固化在生产过程之中，每个人被异化为社会生产的一个环节，

① 马克思恩格斯选集（第一卷）[M].北京：人民出版社，1995：107.

② 马克思恩格斯全集（第二卷）[M].北京：人民出版社，1975：320.

③ 马克思恩格斯选集（第一卷）[M].北京：人民出版社，1995：114.

④ 马克思恩格斯全集（第三卷）[M].北京：人民出版社，2002：57.

在劳动中谋求生存，为了生存而劳动，人口、生产工具和资本等相对集中，与孤立的乡村之间的明显差距进一步加剧了城乡之间的对立。[①] 马克思恩格斯指出，只要私有制存在，劳动还是人谋生的手段，城乡对立就会一直存在。

②城乡分离与对立的内涵及其形式

城乡分离与对立不仅伴随着资本主义整个历史时期，而且涵盖资本主义经济社会发展的方方面面，所以理解资本主义城乡分离与对立的内涵必须从多个角度来理解。首先，城乡对立的一个重要表现是阶级的对立。马克思指出，城乡分离与对立背后承载的是“统治阶级和被统治阶级”“国家组织与领土内居民”之间的对立[②]。在资本主义私有制条件下，社会分工将社会成员分裂成资产阶级和无产阶级，两个阶级存在着根本利益上的对立。占统治地位的资产阶级无偿占有被统治的无产阶级的劳动成果，无产阶级陷入悲惨的境地。为了达到长期占有的目的，资产阶级建立起一整套法律、制度和组织，以“使正在开始的社会分裂为阶级的现象永久化”，“使有产者阶级剥削无产者阶级的权利以及前者对后者的统治永久化”。[③] 其次，城乡分离与对立表现在工业和农业产业的对立上。城市和工商业部门凭借其在资本、技术、生产工具等方面的巨大优势，从农村吸走了最强壮、最有知识和能力的农业劳动力，市场经济在工业部门发展速度和程度要远远高于农业部门，工业比农业发展更快、劳动生产率更高，工农业之间的发展水平差距越来越大，加剧了农业和工业之间的对立。最后，城市与乡村自身的对立是城乡分离和对立的直接表现。在资本主义社会，由于城市占有更多的政治、经济、文化等资源，生活水平也远高于农村，“城市本身表明了人口、生产工具、资本、享乐和需求的集中”[④]，乡村中的大批农民涌入城市寻找工作以维持生计。农民在城市扩张中失去土地，原本赖以生存的土地和环境被污染。农民涌入城市，导致农村发展缺乏人力支持，农业经营困难重重，

① 马克思恩格斯全集（第三卷）[M.北京：人民出版社，2002：57.
② 马克思恩格斯全集（第四十六卷·上）[M].北京：人民出版社，2003：480.
③ 马克思恩格斯选集（第四卷）[M].北京：人民出版社，1995：107.
④ 马克思恩格斯全集（第二卷）[M].北京：人民出版社，1957：322.

农村日益衰落，城市对乡村的挤压和侵占导致了严重的城乡利益冲突，城乡关系日益走向分离与对立。

③城乡分离与对立的历史影响

马克思恩格斯认为，城乡关系分离与对立是特定历史条件下的产物，反映人类社会发展趋势。一方面，城乡分离与对立推动人类社会向前发展，对资本主义城乡社会产生了巨大影响，具有历史进步性。另一方面，城乡分离与对立对资本主义社会也会产生消极影响，因而具有历史局限性。从人类社会的终极目标看，城乡分离和对立阻碍了社会的进步。只有消灭城乡分离与对立，生产力才能快速发展，城乡之间的和谐发展才能实现。

城乡分离与对立的积极影响具体表现在：第一，它推动了社会生产力的发展。在资本主义社会，工业化和城市化导致的城乡差异、城市对乡村的统治、城市的优势地位以及乡村的落后都会刺激生产力的进一步发展。资本主义工业文明以集中了资本、生产资料等资源的城市为依托，资本追求利润的本质促使其改变了人力、物力、财力的分散状态，"人口密集起来，生产资料也变得集中起来"[①]，这又会促进生产力的发展。总之，在资本主义社会，人口、资本、生产资料等资源向城市集中导致的城乡对立，极大地改善了城市的面貌，促进了社会生产力的快速发展。

第二，城乡分离与对立促进了无产阶级的觉醒及其革命自觉性的提升。在资本主义工业化时期，城乡社会尤其是城市中不同阶级之间的分离加剧，乡村中的大批自耕农、小佃农、小手工业者等阶层不断流入城市，由原来的财产私有者变成为"自由地一无所有的无产者"[②]。随着资本主义大工业的发展，这些无产者逐渐被培养成一支训练有素、组织严密的队伍，面对资产阶级的剥削和压迫，他们意识到要改变自己的生存和生活境况，就需要主动维护自己的权益，和资产阶级进行抗衡和斗争。恩格斯在《英国工人阶级状况》一书中讲到，一些无产者专门成立

① 周志山.整合与构建：马克思"和谐社会"解读[M].上海：上海交通大学出版社，2008：184.

② 王章辉.圈地运动——工业革命劳动力的主要来源[J].世界历史，1984(4)：78–82.

工会，有大批的无产者加入进去，他们轻则通过谈判，重则通过罢工、破坏机器和厂房等方式与资产阶级抗衡和斗争。资本主义城乡分离与对立，不断深化资产阶级和无产阶级之间的矛盾，激发无产阶级维护自身利益的自觉性和革命性。

城乡分离与对立的负面影响主要表现在：首先，它阻碍了农业和农村发展。在资本主义生产关系下，以最大限度榨取剩余价值为目的的提高农业劳动生产率的农业经营资本化，给乡村、农业、农民带来严重的影响和损害。为了提高农业生产率，资本家疯狂地提高土地肥力，造成了对农业的持续伤害。马克思指出："资本主义农业的任何进步，都不仅是掠夺劳动者技巧的进步，而且是掠夺土地技巧的进步，在一定时期内提高土地肥力的任何进步，同时也是破坏土地肥力持久源泉的进步。"① 资本家为了提高农业生产率，不断用机器替代工人，大量农业劳动力过剩、失业或流浪到城市，艰难地维持生活和生存。由于"农业工人分散和软弱，而城市工人集中，因此农业工人的工资降到最低限度"②。另外，由于城市和工商业相对优势的巨大吸引力，吸走了农村最强壮、最有知识和能力的劳动力，阻碍了农业的正常发展，乡村日益荒凉和衰败。城乡之间的差别越来越大，对立越来越尖锐，城市在不断展现"繁荣和现代"的同时，乡村却呈现出与此相反的"荒凉和衰败"的景象。

其次，城乡分离与对立产生了严重的"城市病"。在资本主义社会，城市是资本依托和扩张的重要载体，在资本逻辑的支配下，城市在促进社会生产力发展的同时也带来严重的失业、人口过度集中和拥挤、犯罪和卖淫、住房及环境等问题。第一，失业是资本主义生产方式的必然产物，只要资本主义生产方式存在，失业问题就不可避免。马克思恩格斯对此进行了深入分析。他们认为，资本主义生产方式决定了"工人数量的自然增长不能满足资本积累的需要，但同时又超过这种需要，这是资本运动本身的一个矛盾"③，"工人人口相对过剩的可能性随着资本主义

① 马克思恩格斯全集（第二十三卷）[M].北京：人民出版社，1972：552-552.
② 马克思恩格斯全集（第二十一卷）[M].北京：人民出版社，1972：423.
③ 马克思恩格斯全集（第二十三卷）[M].北京：人民出版社，1972：703.

生产的发展而同样地发展起来”，其原因在于“对劳动的资本主义剥削所引起的不协调，即资本的不断增加和它对不断增加的人口的需要的相对减少之间的不协调”[①]，所以，“英国工业在任何时候，除短促的最繁荣的时期外，都一定有失业的工人后备军。……在一切大城市中都可以遇到许多这样的人”[②]。第二，卖淫和犯罪是资产阶级残酷剥削无产阶级的结果，对此恩格斯抨击到：“每天晚上充塞于伦敦街头的千万个妓女中有多少是靠道德高尚的资产阶级为生呵！她们当中有多少人应当感谢她们的第一个引诱者——资产者呵！最没有资格责备工人淫荡的就是资产阶级。”[③]“卖淫是资产阶级对无产阶级的最明显的直接肉体剥削，它燃起了复仇的火焰，燃起了阶级仇恨。”[④]同时，资本主义剥削造成的工人赤贫，引起了犯罪的激增，“工人过着贫穷困苦的生活，同时看到别人的生活比他好，他想不通，……穷困战胜了他生来对私有财产的尊重”[⑤]，“蔑视社会秩序的最明显最极端的表现就是犯罪，只要那些使工人道德堕落的原因起了比平常更强烈更集中的影响，工人就必须成为罪犯”[⑥]。“赤贫现象以加速度产生着赤贫现象，犯罪行为也随着赤贫现象的增长而增长。”[⑦]第三，“城市病”的另一个突出表现便是住房问题。马克思恩格斯对城市中工人阶级的住房问题及其原因进行了深刻分析。他们指出，在资本主义社会，“由于资本和劳动力的大量流动，一个工业城市的居住状况今天还勉强过得去，明天就可能变得恶劣不堪”；“在这种社会中，最污秽的猪圈也经常能找到租赁者”；“工人的恶劣居住条件因人口突然涌进大城市而特别恶化，房租大幅度提高，住房更加拥挤，有些人根本找不到栖身之处”。[⑧]“在这样的社会中，住房短缺并不

① 马克思恩格斯全集（第二十五卷）[M].北京：人民出版社，1974：247.
② 马克思恩格斯全集（第二卷）[M].北京：人民出版社，1957：369–370.
③ 马克思恩格斯全集（第二卷）[M].北京：人民出版社，1957：414–415.
④ 马克思恩格斯全集（第二卷）[M].北京：人民出版社，1957：501–502.
⑤ 马克思恩格斯全集（第二卷）[M].北京：人民出版社，1957：416.
⑥ 马克思恩格斯全集（第二十三卷）[M].北京：人民出版社，1972：439.
⑦ 马克思恩格斯全集（第二卷）[M].北京：人民出版社，1957：382.
⑧ 马克思恩格斯选集（第三卷）[M].北京：人民出版社，1995：167，142–143.

是偶然的现象，它是一种必然的现象。”[①] “我们从各个方面都可以证明，位于城市中最糟的区域里的工人住宅，和这个阶级的一般生活条件结合起来，就成为百病丛生的根源。”[②] 第四，在资本主义社会，与住房问题同时而生的环境卫生问题。恩格斯曾经对当年英国伦敦的环境卫生情况有过详细的记载和分析。他指出：“伦敦的空气永远不会像乡间那样清新而充满氧气。250万人的肺和25万个火炉……消耗着极大量的氧气，要补充这些氧气是很困难的，因为城市建筑本身就阻碍着通风。……住在这些房子里面的人得不到足够的氧气，结果身体和精神都萎靡不振，生活能力减弱。因此，大城市居民患急病的，特别是患各种炎症的，虽然比生活在清新的空气里的农村居民少得多，但是患慢性病的却多得多。”[③] “现代自然科学已经证明，挤满了工人的所谓的‘恶劣的街区’，是不时光顾我们城市的一切流行病的发源地……这些疾病在那里几乎从未绝迹，条件适宜时就发展成为普遍蔓延的流行病，越出原来的发源地传播到资本家先生们居住的空气清新的合乎卫生的城区去”[④]；“在大城市的中心，在四周全是建筑物、新鲜空气全被隔绝了的街道上和大杂院里，……腐烂的肉皮菜帮之类的东西都散发着对健康绝对有害的臭气”[⑤]。种种“城市病”，根源于资本主义生产方式，根源于资本主义制度下尖锐的城乡对立。

最后，城乡分离与对立制约了人的全面发展。马克思恩格斯指出，城乡对立“鲜明地反映出个人屈从于分工、屈从于他被迫从事的某项活动，这种屈从现象把一部分人变为受局限的城市动物，把另一部分人变为受局限的乡村动物，并且每天都不断地产生他们利益之间的对立”[⑥]。这种对立，“立即使农村人口陷入数千年的愚昧状况，使城市居民受到各种专业手艺的奴役。它破坏了农村居民的精神发展的基础和城市居民的体力发展的基础”；这种对立的状况使“劳动者日益完全依附于劳

① 马克思恩格斯选集（第三卷）[M].北京：人民出版社，1995：167.
② 马克思恩格斯全集（第二卷）[M.北京：人民出版社，1957：382.
③ 马克思恩格斯全集（第二卷）[M].北京：人民出版社，1957：380–381.
④ 马克思恩格斯选集（第三卷）[M].北京：人民出版社，1995：163.
⑤ 马克思恩格斯全集（第二卷）[M].北京：人民出版社，1957：381.
⑥ 马克思恩格斯选集（第一卷）[M].北京：人民出版社，1995：104.

动，而且是极其片面、机械性的特定劳动”，“它压抑工人的全面的生产志趣和才能，人为地培植工人片面的技巧……个体本身也被分裂开来，成为某种局部劳动的自动的工具”，“这种自动工具在许多情况下只有通过工人的肉体的和精神的真正的畸形发展才达到完善的程度”，“伴随资本主义发展而兴起的大工业机器使工人从机器下变为机器的单纯附属品”[①]。总之，城乡对立造成了人的劳动和身体本身的畸形发展，制约了人的自由全面发展。

(3)后资本主义时期的城乡融合

马克思恩格斯运用历史唯物主义和辩证唯物主义方法，对资本主义社会的城乡关系问题进行了深刻批判，在此基础上对未来共产主义社会城乡关系进行了科学的设想，提出未来共产主义城乡关系的发展方向是实现城乡融合。马克思恩格斯城乡融合思想具有革命性和科学性。城乡融合就是指在保留城乡发展特色的基础上，综合吸收并发挥城乡地区的优势，改进城乡发展中的缺点，合理分工，最终促进城乡共同发展。恩格斯在《共产主义原理》中首次提出城乡融合的概念。他认为城乡融合反映了城乡关系发展的未来趋势，也为共产主义的实现奠定了基础。在城乡融合阶段，工农业实现有机结合，城乡实现和谐发展，劳动者可以在生产部门之间自由选择职业，实现自由而全面的发展。

①城乡融合的历史必然性

马克思恩格斯认为，城乡关系的产生与发展是由社会生产力发展水平以及与此相关的社会生产关系的矛盾运动决定的。不同的社会生产力水平以及生产关系矛盾运动，必然会导致不同形态的城乡关系。资本主义社会城乡对立就是由资本主义生产力有所发展却又发展不足以及资本主义私有制造成的。而随着社会生产力高度发展和生产关系的变化，社会产品数量会大幅度增加，社会分配将完全“根据实有资源和整个社会需要”来进行，同时由资本主义大工业带来的城市对乡村的剥削、工业对农业的挤压以及城市与乡村之间的分离将消失，城乡融合就会实现。城乡融合将充分发挥城市和乡村的优势，促进工业和农业、城市和乡村

① 马克思恩格斯全集（第二十卷）[M].北京：人民出版社，1971：316.

之间的和谐发展，满足劳动者自由而全面发展的需要。由此可见，城乡融合是符合人类社会发展的必然趋势，具有必然性、合理性和现实可行性。正如恩格斯指出的那样，实现城乡融合是生产力发展的需要，是现实而非空想。[①]

②城乡融合的内涵及其表现

马克思恩格斯城乡关系思想内涵丰富，涉及未来共产主义社会城乡关系的许多方面，比如产业发展、要素流动、人口分布和生产生活方式等。马克思恩格斯设想的未来城乡融合的主要内容可概括为：第一，工农业的有机结合。马克思恩格斯在批判资本主义社会工农业不平衡发展问题的基础上，提出实现城乡融合必须着力于工农业的均衡发展，加强工农业之间的合作，促进工农业的有机结合。工业生产在与农业生产相联系的同时也必须满足人们的生活需要，将工农、城乡建成一个不可分割的联合体。第二，城乡生产要素自由流动。马克思恩格斯认为，城市和乡村是维持人类活动、保障人类生存的两个基础区域，具有不同的自然属性、经济特征和社会功能。城市是工业生产和需求的汇聚地，具有丰富的资本、人才、科技等先进生产要素和社会文明，农村是传统文明的发源地，拥有充足的土地、劳动力和自然资源等生产要素，二者相互联系，互为补充。城乡融合就是实现了城乡优势互补，城乡要素资源的自由流动，使城乡、工农之间和谐发展。第三，城乡人口的均衡分布。马克思恩格斯认为，城乡融合发展必须实现城乡人口的均衡分布，消除资本主义社会城市人口和乡村人口的分化，还原人和自然的天然联系，实现人和自然和谐发展。当然，实现城乡人口的均衡分布，不能脱离社会发展和资源环境。一方面人口的均衡分布的实现不能落后于社会和环境发展水平，另一方面人口均衡分布的实现也不能超过社会和资源环境的承载力。第四，城乡生产生活方式的互补。马克思恩格斯认为，城市与乡村的生产方式和生活方式具有不同的特点，城市具有较多的人才、较先进的科学技术和文化、较为现代的生活方式等，农村虽然没有城市那么先进的技术和文化，但农村却具有空气清新、环境优美、生活

① 马克思恩格斯全集（第十八卷）[M].北京：人民出版社，1964：312-313.

休闲等优点，城市生活和乡村生活存在互补关系，城乡融合就是充分发挥城乡各自的优势，实现城乡生产生活方式的互补。正如恩格斯所说，公民公社就是将城乡生产生活方式的优点相结合。[①]

③城乡融合的实现路径

马克思恩格斯在研究城乡融合问题时，不仅看到了它发展的必然性，而且指出了实现它的复杂性和艰巨性。在马克思恩格斯看来，随着生产力的发展和人类进入更高级的社会形态，城乡关系必然从对立走向融合，但消灭城乡之间的对立，光有决心不够，还需要具备很多条件。马克思恩格斯从生产力与生产关系的辨证关系出发，认为消灭城乡对立、实现城乡融合必须具备两个前提条件：一是生产力的高度发展，为消灭城乡对立、实现城乡融合奠定了物质基础；二是消灭资本主义私有制，为消灭城乡对立、实现城乡融合提供了社会条件。一方面，马克思恩格斯认为，资本主义的城乡对立只是说明其“工农业发展水平还不够的阶段”[②]，因此必须通过发展生产力来消除城乡对立；另一方面，资本主义私有制又限制了生产力的进一步发展，进而不断加重城乡对立的矛盾，因此必须消灭资本主义私有制，才能最终消除城乡对立、实现城乡融合。对此马克思恩格斯做了系统概括，“由社会全体成员组成的共同联合体来共同而有计划地尽量利用生产力；把生产发展到能够满足全体成员需要的规模；消灭牺牲一些人的利益来满足另一些人的需要的情况；彻底消灭阶级和阶级对立；通过消除旧的分工，进行生产教育、变换工种、共同享受大家创造出来的福利，以及城乡的融合，使社会全体成员的才能得到全面的发展；这一切都将是废除私有制的最主要的结果”[③]。由此可见，最终消灭城乡对立从根本上讲还是取决于生产力的高度发展。因此，围绕消除城乡对立、实现城乡融合途径问题，马克思恩格斯从发展生产力的角度提出了基本设想。

首先，大力发展和合理布局生产力。第一，消除城乡对立、实现城乡融合必须以生产力的高度发展为前提，因此必须“把每个人的生产力

① 马克思恩格斯文集（第一卷）[M].北京：人民出版社，2009：686.

② 马克思恩格斯选集（第一卷）[M].北京：人民出版社，1995：243.

③ 马克思恩格斯选集（第一卷）[M].北京：人民出版社，1995：243.

提高到能生产出够两个人、三个人、四个人、五个人或六个人消费的产品；那时，城市工业就能腾出足够的人员，给农业提供此前完全不同的力量；科学终于也将大规模地像在工业中一样彻底地应用于农业”[①]。第二，促进生产力在工农业上的合理布局，就要加强工农业之间的联系，使他们紧密地结合在一起，“只有使工业生产和农业生产发生密切的内部联系，并使交通工具随着由此而产生的需要扩充起来……才能使农村人口从他们数千年来几乎一成不变地栖息在里面的那种孤立和愚昧的状态中挣脱出来”[②]；第三，要计划利用和平衡生产力的分布，“大工业在全国的尽可能均衡地分布是消灭城市和乡村分离的条件”；要促进城乡融合，就必须“由社会全体成员组成的共同联合体来共同而有计划地尽量利用生产力；把生产发展到能够满足全体成员需要的规模”[③]，“只有按照一个统一的大的计划协调地配置自己的生产力的社会，才能使工业在全国分布得最适合于它自身的发展和其他生产要素的保持和发展”[④]。只有通过生产力的合理布局，才能使人口尽可能地平均分布于全国，才能使农村人口和城市人口在生产生活条件上日益接近，才能“把城市和农村生活方式的优点结合起来，避免二者的片面性和缺点”[⑤]，才能实现城乡居民之间的真正公平，进而实现城乡融合的目标。

其次，充分发挥城市的辐射带动作用。消灭城乡对立、实现城乡融合，并不是要消灭城市，消灭城市文明，而是要高度重视和发挥城市在社会发展中的辐射带动作用。恩格斯在《反杜林论》中强调指出，消灭城市和乡村之间的对立，并不是要引导大城市走向毁灭；城乡对立的消除，丝毫不影响城市作为现代经济社会的发展中心发挥其在促进城乡融合中的作用；在缩小城乡差别、促进城乡融合的过程中，并不是要简单拉平城乡之间的差距，而恰恰是要通过发挥城市的引导、示范、带动、辐射等作用，推动农业的机械化、农业的工业化和农业的现代化，

① 马克思恩格斯全集（第三十一卷）[M].北京：人民出版社，1972：470

② 马克思恩格斯选集（第一卷）[M].北京：人民出版社，1995：215.

③ 马克思恩格斯选集（第一卷）[M].北京：人民出版社，1995：243.

④ 马克思恩格斯选集（第三卷）[M].北京：人民出版社，1995：646-647.

⑤ 马克思恩格斯选集（第一卷）[M].北京：人民出版社，1995：240.

推动乡村面貌的改善，推动整个城乡社会的发展进步。

最后，大力发展现代大农业，积极推动农业现代化。农业是整个国民经济的基础，农业生产是一切生产和人类生存的重要条件，农业发展状况决定着整个社会发展的状况。所以，为保障整个社会健康发展，就必须重视提高农业劳动生产率，发展现代大农业，推进农业现代化。马克思恩格斯在对西方主要资本主义国家农业现代化经验教训总结的基础上，提出了社会主义农业现代化道路的设想，即实行土地国有制，推动农业生产的规模经营，注重科学技术在农业经营中的广泛应用。马克思恩格斯指出，发展现代大农业、推动农业现代化，就必须努力做到“土地的社会所有制，作为自由的农业生产者联合体的农业合作社的社会化的生产，科学技术应用于大规模的农业生产过程”①。

二、列宁斯大林城乡关系思想

列宁、斯大林通过分析俄国革命和建设时期现状和城乡社会矛盾，实现了对马克思主义城乡关系思想的“苏俄化”改造，形成了列宁斯大林城乡关系思想。这一思想的形成除了受到马克思主义城乡关系理论的影响，还受到俄国资产阶级学者与俄国“民粹派”长期思想斗争经验积累的影响。它既是俄国资本主义发展的必然结果，也是消除俄国城乡分离和对立的必然要求，不仅对指导俄国城乡关系协调发展具有指导意义，而且也为世界其他社会主义国家提供了可资借鉴的宝贵经验。

(一)列宁斯大林城乡关系思想形成的社会基础

列宁、斯大林生活的年代是17世纪末至18世纪的上中叶，经历了复杂动荡的国内外经济社会发展变化过程。从国内情况看，他们先后经历了俄国资本主义改革、战时共产主义推进和新经济政策实施等运动；从国外情况看，他们见识了欧美资本主义飞速发展、经济危机频发、欧

① 何增科.马克思、恩格斯关于农业和农民问题的基本观点述要[J].马克思主义与现实，2005,（5）：52.

美资本主义国家对俄国的经济封锁等社会现实。国内外经济社会发展情况为列宁斯大林的城乡关系思想提供了重要的实践基础。列宁斯大林城乡关系思想正是在分析研究俄国面临的国内外经济社会发展情况的基础上形成的。

1.列宁斯大林城乡关系思想形成的国内社会基础

从17世纪末到18世纪的上中叶，在俄国国内，先后经历了资本主义改革、战时共产主义运动推进和新经济政策实施的发展时期，各个历史时期的国家发展战略和政策对列宁斯大林城乡关系思想形成产生了重要影响。

（1）俄国资本主义改革的双重影响

俄国资本主义产生于沙皇俄国对农奴主制的改革。农奴制在俄国持续了近三个世纪的时间，对俄国经济社会发展产生了巨大影响。它“萌芽于16世纪，形成于17世纪，极盛于18世纪”。[①] 由于俄国农奴制的长期统治，致使俄国城市工商业发展极其缓慢，工场手工业发展水平较低，始终停留在家庭手工业的阶段，发展严重依赖于农业。针对俄国农奴制造成的发展缓慢和经济落后的状况，1861年，沙皇亚历山大二世颁布了《关于脱离农奴依附关系的农民法令》等法律条文，开始对长期统治俄国的农奴制进行改革。这场自下而上的资产阶级性质的改革，促进了俄国资本主义迅速发展，经济社会有了长足进步。由于商品经济发展和交通运输设施改进，城市与乡村被连接了起来，便利了城乡之间的物质交换，便利了城市工业向乡村地区的拓展，从而促进城市文明向乡村的渗透，使乡村和农民摆脱落后愚昧状态。另一方面，资本主义大工业为农业的发展制造了大量的农用机械和生产资料，提高了农业机械化程度，提升了农业生产效率和生产能力。在肯定俄国资本主义发展对促进商品经济和生产力发展有积极作用的同时，也要看到它对俄国经济社会及其城乡关系发展带来的消极影响。具体表现在：一是俄国资本主义发展加强了对农村的剥夺，大多数农民生活更加贫困化。改革过程中，很多农民失去了土地，他们的土地变成了地主的财产。地主的

① （英）里昂托洛茨基著，王凡西译.俄国革命史（第一卷）[M].上海：春燕出版社，1941：3.

苛捐杂税，使农民生活苦不堪言。列宁说这场改革“其实是一种农民失去土地的解放”[①]，农民并没有获得真正的自由，除了自愿出卖自己的劳动之外，别无出路。二是俄国资本主义加剧了农民的分化，加速了农民向城市的流动，使工业和农业、城市与乡村之间的对立更加严重。列宁在《农民生活中新的经济变动》中指出，俄国资本主义改革以后，农民高度分化，农民日益分化为上等户和下等户，中等户逐渐减少走向两极化。上等户拥有大量生产资料，通过雇工和高利贷形式剥削贫困化的下、中等户。“小生产完全分化，上等户在变为资产阶级，下等户在变为无产阶级。”[②]斯大林也指出：“农民经济的资本主义发展道路就是通过最深刻的分化去发展——一个极端是巨大的地产，另一个是大众的贫困化。”[③]与此同时，俄国资本主义发展加速了农民向城市的流动。农村劳动者流向城市就“意味着资本主义工业抢走了农村中的优秀劳动力，造成优者更优、差者更差，导致工业与农业之间、城市与农村之间对立起来”[④]。“农业方面最有力的、强大的与有知识的工人被工业所夺去，不但是工业国，而且是农业国，不但是西欧，而且是美洲与俄国的一般现象。资本主义所引起的文明城市与野蛮乡村之间的对立，不可避免地导引到这个地步。”[⑤]三是俄国资本主义阻碍了俄国社会生产力的发展。农业落后于工业，并不是由自然的因素引起的，而是由资本主义的生产关系引起的。资本主义生产关系建立在生产手段的私有制与人对人的剥削上面。土地私人占有以及由此产生的绝对地租，严重阻碍了农业生产力发展，妨碍了最新技术在农业上的应用，用巨额资金购买土地将会阻止将这些资金运用到农业生产发展上面。列宁曾指出：“资本主义破坏了土地经营和土地肥力之间的平衡，飞涨的地租又阻碍着农业的进

① 列宁全集（第四卷）[M].北京：人民出版社，1984：379.

② 列宁全集（第一卷）[M].北京：人民出版社，1984：190.

③ 斯大林.列宁主义问题[M].北京：人民出版社，1964：170.

④ 徐芹.列宁早期城乡关系思想探析——关于俄国资本主义发展过程中的城乡对立问题[J].江汉论坛，2009，（12）：17-20.

⑤（俄）柯什列夫著，华五译.苏联消灭城乡对立的道路[M].北京：世界知识出版社，1951：4.

一步发展。”[①] 俄国资本主义改革与发展带来的生产力与生产关系的变化既为日益尖锐的城乡对立埋下了隐患，而且也为消除城乡对立准备了条件。

（2）俄国战时共产主义政策的重要作用

1917年俄国爆发了伟大的十月革命。[②] 十月革命是人类历史上第一次获得胜利的社会主义革命，建立了人类历史上第二个无产阶级政权（第一个是巴黎公社无产阶级政权），诞生了世界上第一个社会主义国家，为无产阶级革命、殖民地和半殖民地的民族解放运动开辟了前进的道路。俄国十月革命胜利后，新的政权面临着重重危机。各种敌对势力和孟什维克反动党对社会主义非常仇视，进行了一系列破坏活动，企图把新政权扼杀在摇篮中。在农村地区，地主富农等反动势力也不断制造混乱和麻烦，加重对贫下中农的剥削和压迫，进一步制造社会矛盾，干扰和破坏俄国社会主义新政权的巩固。

面对国内反动势力对社会主义新政权的反扑和破坏，列宁领导的布尔什维克党，审时度势，制定正确的革命路线和斗争策略，予以斗争和还击，保卫了年轻的俄国苏维埃政权，稳定了国内局势。布尔什维克党组建并领导红军，打击了反动势力的疯狂进攻，巩固了新生的苏维埃政权，稳定了国内政治社会局势。在1918年至1921年的俄国内战期间，为了保证战争和新政权运转所需的物资供应，苏俄在列宁的领导下，推行了战时共产主义政策。使用余粮收集制强制征收农民基本生活之外的所有余粮，对所有大中企业实行国有化，对所有外贸活动实行国家垄断，对所有物资实行计划配给制，对经济活动采取严格的管理和控制等。战时共产主义政策对保证战争的胜利和巩固苏维埃新政权起到了重要的作用。但战时共产主义政策由于严重限制了商品经济的发展，对工人农民生产经营活动的严格控制，导致工农业生产发展出现了严重问题。农民生产积极性不高，工人缺乏劳动热情和自主性，城市人口流失

① 列宁全集（第七卷）[M].北京：人民出版社，1959：91.

② 俄国十月革命（又称红色十月、十月起义、彼得格列武装起义、布尔什维克革命，1917年11月7日—1917年11月8日），是俄国工人阶级在布尔什维克党领导下联合贫农所完成的伟大的社会主义革命。

严重，工农业产量严重下降，出现较为严重的粮食危机和社会问题。面对国内经济社会的困难，列宁及时总结经验教训，深刻认识到只有给工人农民松绑，解放生产力，才能解决国内面临的经济社会困难，巩固工农联盟，巩固苏维埃新政权，促进经济社会健康发展。

（3）新经济政策的巨大转变

为了改变战时共产主义政策给国家经济社会带来的危害，1921年3月，俄国在列宁的领导下，开始实施新经济政策。新经济政策对战时共产主义政策进行了彻底的改革，为国家经济社会正常发展提供了重要条件。新经济政策首先从解决农民问题入手，将余粮无偿征集变为粮食税政策，除了上交国家的，农民可以自由买卖剩余粮食。粮食税政策的实施极大地调动了农民生产粮食的积极性，缓解了粮食危机和困难。同时允许农民从事个体经营，活跃市场经济，增强经济社会发展活力。另外，新经济政策为城市工商业减免税收，恢复和发展中小型企业，恢复和发展国内自由贸易，建立和完善银行系统。把市场经济引入到社会主义建设中来，丰富和发展了马克思主义社会主义思想。新经济政策将俄国的社会主义发展方向从战争转向发展社会生产力、改善人民生活水平上，促进了国民经济恢复和经济社会的健康发展。

综上所述，俄国的资本主义改革对其经济社会发展及其城乡关系的发展变化具有双重影响。战时共产主义政策的实施，对打击敌对势力、巩固苏俄新政权起到了重要作用。为了解决国家特殊时期面临的经济社会困难，苏俄在列宁领导下，实施了新经济政策，及时调整经济社会发展方向，大力发展生产力，扩大工人农民生产经营自主权，增强了经济社会发展活力，巩固了工农联盟和新政权，极大地改善了城乡关系。

2.列宁斯大林城乡关系思想形成的国外社会基础

列宁斯大林城乡关系思想的形成不仅受国内社会基础的影响，而且受国外社会发展情况的影响，所以分析列宁斯大林城乡关系思想的社会基础时，也要分析国外社会情况。19世纪末20世纪上中叶，西欧资本主义处于快速发展时期，同时资本主义经济危机频发，资本主义国家封锁苏俄社会主义国家，打压新生的苏维埃政权。

（1）欧美资本主义国家飞速发展

19世纪末20世纪上中叶，英国、法国、德国、美国等欧美主要资本主义国家进入帝国主义发展阶段，经过第一次和第二次工业革命的洗礼，这些国家的工业发展水平、城市化水平和社会文明程度有了较大程度的提高。城市人口数量迅速增长，农村人口不断流失日益减少。工业化进程一方面不断提升和扩大城市工业发展水平和规模，另一方面为农业提供了大量的机械、化肥、农药等生产资料，极大地提高了农业劳动生产率，涌现出了许多机械化程度较高的大农场，农业的机械和现代化水平不断提高。资本主义国家经济发展水平的大大提高，加快了资本主义国家对落后国家的侵略，主要资本主义国家凭借自己强大的国力疯狂抢夺国际市场。此时俄国的资本主义发展还比较落后，深受西方资本主义国家的压制，面临非常困难的发展环境。为了维持发展，不得不依赖于西欧资本主义的发展，俄国资本主义发展陷入两难境地。

（2）资本主义经济危机频发

随着资本主义机器大工业的不断发展，商品的供给远远超过需求，生产过剩造成的经济危机不断出现，每隔几年就要经历一次。据统计，从1873—1907年，30多年内仅世界性的经济危机就有5次之多。每当经济危机爆发时，资本主义的经济生活和整个社会生活，就像受到一次瘟疫或战争的剧烈破坏一样，突然陷入瘫痪和混乱的状态之中。在危机期间，商品流通停滞，大量商品由于找不到销路而堆满仓库，甚至被成批地毁掉，企业开工时间缩短，生产猛烈下降；信用关系遭到严重破坏；工厂、商店和银行纷纷倒闭，失业人数急剧增加，工人和其他劳动人民的收入显著下降，生活痛苦不堪。资本主义经济危机爆发的根本原因在于资本主义特殊的生产方式：一方面社会生产力获得巨大发展，生产高度社会化；另一方面社会的生产资料、生产成果和私人资本主义占有形式之间形成了尖锐的矛盾，即资本主义生产方式的基本矛盾。资本主义生产方式的矛盾必然导致资本主义经济危机的发生。俄国著名作家列夫·托尔斯泰1905年日俄战争后，来到西欧，亲眼目睹了西欧资本主义国家的经济危机和工人生活苦不堪言的状况，他认为只有率先站在欧洲各民族的前列，促进人民消灭由来已久的各民族私有制的不公平现象，才能让俄国尽快发展。

（3）资本主义国家的封锁与打击

欧美发达资本主义国家对新生的苏维埃政权充满了恐惧和敌意，在经济上予以封锁，在军事上予以打击，在外交上不承认苏维埃政权的合法地位，苏俄经济社会发展面临很大困难。列宁认为，苏俄面临周边资本主义列强的重重包围，西边是英国、法国、德国等老牌的资本主义国家，东边是飞速发展的美帝国主义，近邻是不容小觑的日本侵略者，这些国家都具有远超俄国的强大国力和军事力量。俄国地大物博，资源丰富，这些资本主义国家个个虎视眈眈，盯着俄国这块大肥肉。列宁审时度势，正确分析苏俄当时面临的国际环境，利用西欧各国忙于一战和日美争夺太平洋及沿岸霸权还无暇顾及俄国的短暂的发展机遇，尽快恢复生产，发展国民经济。[①] 在列宁领导下，苏俄允许并支持外国资本家在苏俄经营一些开发矿产、采伐森林的项目，开展苏美等国家之间的易货贸易。引进外国资本和开展国际贸易，对提升俄国的技术水平、加快工业的发展、促进经济增长等起到了重要作用。

（二）列宁斯大林城乡关系思想形成的理论基础

列宁斯大林城乡关系思想的形成不仅受其所处时代国内外社会状况的影响，而且受相关理论的影响。列宁斯大林城乡关系思想从理论来源上讲主要受三个方面的影响：一是受到马克思恩格城乡关系思想的影响；二是受到俄国学者对城乡关系相关研究成果的影响；三是受到与俄国“民粹派”长期思想斗争经验积累的影响。

1.对马克思恩格斯城乡关系思想的学习与继承

列宁从18世纪开始学习研究马克思恩格斯的思想，当时他在喀山大学学习期间就参加了喀山马克思主义学习小组，并很快成为小组的积极分子，认真学习马克思主义的理论和观点，此时他开始学习研究马克思的《资本论》第一卷。1889年，列宁移居萨马拉之后，为了方便研读马克思恩格斯的著作，他学习了德语。随后他翻译了《共产党宣言》一

① 中共中央编译局编.列宁专题文集——论社会主义[M].北京：人民出版社，2009：80.

书，这本译著在当时俄国革命青年中广为流传。[①] 1893年，列宁运用马克思经济学理论分析俄国农民分化的情况。在对俄国经济制度的分析中，列宁用俄国的现实情况证明了马克思主义"在资本主义社会中，生产资料的生产比消费资料的生产增长得快"[②] 的重要论述。1900年，列宁完成了《俄国资本主义的发展》一书，在这本书中，列宁大量引用马克思恩格斯的观点，分析了马克思恩格斯对小农业和现代农业危机的看法，形成了自己的见解。

2.对俄国资产阶级学者相关思想的借鉴与批判

1893年，列宁在《农民生活中新的经济变动》中，对波斯特尼科夫的著作《南俄农民经济》进行了评介。他在肯定波斯特尼科夫研究方法的同时，对其中的一些观点进行了批判。列宁认为波斯特尼科夫没有从本质上正确认识到村社中"直接的剥削"关系，忽视了农民经济的一切变动都不是独立发生的，而是在资本主义发展的特定阶段出现的。另外，列宁对俄国贫困农民的生活状况做了实证分析，认为俄国农村是存在资本主义成分的，反驳了波斯特尼科夫的相关观点。列宁运用大量的事实和统计资料说明资本主义生产关系在俄国农村是怎样发展的，资本是怎样侵入宗法制的村社，彻底否定了民粹派关于"村社农民未被资本主义触动、村社可以作为社会主义基础"的说法。[③]

3.与俄国民粹派及"合法马克思主义者"的思想斗争

1883年，俄国的第一个马克思主义团体——劳动解放社成立了。劳动解放社的成立为在俄国传播马克思主义思想创造了重要条件。当时马克思主义运动还没有同无产阶级力量联系起来，民粹派思想具有较大影响力。[④] 1894年，列宁用《什么是"人民之友"》一文向民粹派思想家发起了进攻，他指出，民粹派以其对马克思主义的仇视态度，阻挡了俄国工人运动的前进道路，阻碍了无产阶级政党的建立。列宁对民粹派否认俄国发展中出现的资本主义成分、否认农民的阶级分化、否认

① （苏）普·凯尔任采夫著，金铣译.列宁传[M].长春：时代文艺出版社，2001：5–8.

② 列宁全集（第三卷）[M].北京：人民出版社，2013：67–68.

③ 列宁全集（第一卷）[M].北京：人民出版社，2013：前言2.

④ 列宁全集（第一卷）[M].北京：人民出版社，2013：前言1–2.

农民是“俄国的未来”等观点一一进行了抨击。列宁认为，蓬勃兴起的俄国工人运动证明了民粹派的思想只是一种谬论，他们反对工人运动只是为了保卫自己的理论，代表小资产阶级利益，并没有站在无产阶级立场上。[①] 列宁在《俄国资本主义的发展》一书中再次对民粹派的理论和观点进行批评。他指出，民粹派的理论是在试图瓦解无产阶级的意识形态，解除无产阶级的思想武装。在这本书中，列宁用详尽的事实证明了俄国的资本主义不仅已经侵入了工业，而且占领了乡村，改造了俄国地主、农民和农业。尽管民粹派无视俄国资本主义发展，但这不能改变俄国资本主义已经获得较大发展的客观事实。正如其他资本主义国家一样，俄国也出现了无产阶级和资产阶级。

在与民粹派思想斗争的同时，列宁也同“合法马克思主义者”的不正确观点进行了斗争。列宁指出，以司徒卢威、杜冈-巴拉诺夫斯基为代表的所谓“合法马克思主义者”，虽然打着“马克思主义”旗号，声称反对民粹派思想，但事实上也在歪曲马克思主义，阉割马克思主义的革命性，为资本主义制度辩护。

（三）列宁斯大林城乡关系思想的主要内容

列宁斯大林作为马克思主义的主要传承人，将马克思恩格斯城乡关系理论与俄国的经济社会和城乡关系实际相结合，创造性地提出适合俄国城乡关系协调发展的理论和观点，实现了马克思主义城乡关系思想的“苏俄化”改造。列宁斯大林结合俄国的国情，主要分析了俄国城乡分离和对立产生的原因、对经济社会的影响以及如何消除城乡分离和对立实现城乡融合等问题，进一步深化和丰富了马克思恩格斯城乡关系思想。

1.俄国城乡分离与对立产生的原因

列宁斯大林在对俄国资本主义发展深入研究的基础上，对俄国城乡关系分离和对立的原因进行了较为全面的阐述。列宁认为，由俄国资本主义发展引起并不断强化的商品经济的发展、机器大工业的推进、社会

① （苏）普·凯尔任采夫著，金铣译.列宁传[M].长春：时代文艺出版社，2001：16.

分工的加强、农业生产自身的特点等因素共同导致了城乡分离和对立。

(1)俄国资本主义商品经济发展是城乡分离和对立的根本原因

随着俄国资本主义商品经济快速发展，工业和农业之间的分离日益加深，工农业内部的分工越来越细，商品流通市场越来越大。列宁指出："在商品经济下，各种不同类型的单位建立起来，单独的经济部门的数量日益增多，执行统一经济职能的经济单位的数量日益减少。"[①]随着工业和农业各部门的分工愈加细化和专业化，农产品和工业品的交换、农产品间的交换也愈加频繁。[②]据此列宁认为，商品经济的发展带来"工业部门与农业分离"[③]，这个过程也伴随着劳动力从农业部门向非农业部门的流动，这种流动导致了工农分离和城乡分离。大量农业人口加入到工人人口队伍中，不仅增加了工业人口、扩大了城市规模，而且使城乡分离进一步扩大。这种情况在俄国前资本主义发展时期是没有的。在前资本主义发展时期，俄国的农民既是手工业者又是农产品生产者，城乡分离并不明显，而到了资本主义机器大工业发展时期，生产力的发展和城市规模的扩大导致了城乡之间的分离和对立。

列宁认为，工农业各自不同的特点加剧了城乡分离的程度。一方面，"城市优于乡村"是存在于资本主义国家中的普遍现象，由于城市发展水平高于乡村，城市"商业财富"优于农村"土地财富"，加上城市工人生活条件比乡村农民的生活条件的优越性，农民离开乡村流入城市，而且这种流动是单向的，在乡村中的农民流入到城市支援工业生产时，城市中的劳动者并没有到农村支持农业生产。在流失的农民中多半都是具有一定文化知识水平的优秀劳动者，他们的流失对农业生产和农村经济社会发展造成巨大影响和损失，造成农业生产发展缓慢，乡村经济社会日益衰败，城乡之间的发展差距越来越大，城乡分离和对立的矛盾不断加重。另一方面，农业和工业生产自身的特点也加剧了城乡分离和对立的程度。农业生产受制于土地这一基本生产资料，受自然环境和气候环境影响较大，在俄国大部分地区农业的生产环境较为恶劣，农产

① 中共中央编译局编.列宁专题文集——论社会主义[M].北京：人民出版社，2009：7.
② 中共中央编译局编.列宁专题文集——论社会主义[M].北京：人民出版社，2009：7.
③ 列宁全集(第三卷)[M].北京：人民出版社，2013：20.

品一般是一年一个生产周期，有的甚至更长或者干脆就无法正常生长。相比于植物，动物的生长周期更长，而且比较容易产生问题导致损失。相对于农业生产，工业受环境限制较少。工业生产周期一般较短，基本上不受自然条件和地域条件的限制，生产环境可以人为改变和选择。在比较研究的基础上，列宁对工农之间的差异情况进行了总结：农业的投入产出比值比工业的更大，投入多产出少，工作周期还比较长，纯粹的农民相比较农村工人而言生活的状况更加恶劣，更不用与城市的工人作比较了。[①] 由工业和农业利益差别所驱动的农民向城市的流动进一步加剧了城市和乡村的分离与对立。

（2）俄国特殊经济社会政策是城乡分离和对立的重要影响因素

俄国十月革命建立了社会主义国家后，布尔什维克党的基本任务是恢复国民经济，加快工业化建设。但当时的国内外环境十分严峻，国内外反动势力仇视和攻击苏维埃新政权，国外帝国主义列强进行经济封锁和军事打击，国内反动势力不断制造动乱，企图颠覆和扼杀苏维埃新政权。面对国内外严峻的政治形势，新政权不得不根据当时的战争需要实施临时共产主义政策，主要内容是实施余粮收集制，即农民将维持基本生活之外的余粮全部上交国家。余粮收集制虽然保证了战争的需要，但是农民几乎把所有的生产和生活资料全部交给国家，生活苦不堪言，农村里没有生机，一派狼藉。城市与农村的差距拉大，城乡之间的对立日益尖锐。当然俄国新中国成立初期城乡对立的形成具有其特殊性，一方面是战争物资供应的需要，另一方面是俄国社会主义建设初级阶段经济基础还比较薄弱，这种特殊发展背景下所使用的生产和消费资料分配不均的政策，必然会导致城乡之间的分离和对立。从这个意义上讲，特殊阶段所出现的城乡对立具有一定的历史必然性。列宁在其《国家与革命》一书中指出："在共产主义第一阶段还不能做到公平与平等，因为富裕的程度还会不同，而不同就是不公平。"[②] 列宁预言，当社会全体成员实现了劳动平等、报酬平等即在生产资料方面的平等都实现以后，人

① 列宁全集（第三卷）[M].北京：人民出版社，1959：284–285.

② 列宁选集（第三卷）[M].北京：人民出版社，1995：195.

类也就顺利实现了从形式到事实上的平等。[①] 这也是城乡由对立走向融合的过程。

(3) 连绵不断的战争加剧了俄国的城乡分离和对立

俄国从历史上看，连绵不断的战争使俄国人民饱受战争的痛苦，战争也加剧了城市与乡村的分离和对立。从17—19世纪长达近三个世纪，俄国与奥斯曼土耳其之间为争夺高加索、巴尔干、克里米亚、黑海等发生了一系列战争，其中重要的就有10次之多。1856年，俄国与英国、法国的克里米亚海战，这是一场实力悬殊的战争。当时俄国处在封建农奴制时代，武器装备落后，木船、猎枪是其主要战斗武器；而英法已经进入资产阶级革命时代，武器装备先进，铁船、利剑和枪炮展示出强大的战斗力，这场战争以俄国战败告终。这场战争也宣告资本主义制度战胜了封建专制的农奴制。这场战争也迫使沙俄不得不对统治俄国长达四个世纪的农奴制进行改革。农奴制的改革对推动俄国的资本主义发展起到了重要的推动作用。1904—1905年沙俄帝国与日本为争夺朝鲜半岛和中国东北进行了激烈的战斗。俄国在与日本的战争中，由于补给困难和指挥无能，屡遭失败。俄国在日俄战争中的失败，造成了国内严重的经济社会危机，抗议当局的浪潮此起彼伏，1905年爆发了反对当局的革命运动，埋下了革命的种子。列宁称这次革命是“十月革命的一次预演”。1914年，第一次世界大战爆发，俄国也被卷入战争之中。在战争中俄国处于劣势，吃了不少败仗，从此沙皇走向了崩溃。十月革命中，列宁领导工人阶级推翻了资产阶级临时政府，建立了世界上第一个社会主义国家。列宁领导布尔什维克党创建社会主义新政权过程中，也经历了若干国内战争和欧美帝国主义国家的军事打压。由此可见，俄国历史上经历了众多的战争，战争的特殊情形和对物资供给的突然需要，不得不将所有的政治压力和经济压力加在广大农村和农民身上，经常无暇顾及农民是否能够承受。当时在国有化、社会化的工厂和国营农场中建立起来的经济没有和农民经济结合起来也是因为战争而无法顾及的。[②]

---

① 吴学凡.新时期城乡差别问题[M].北京：社会科学文献出版社，2009：43.

② 中共中央编译局编.列宁专题文集——论社会主义[M].北京：人民出版社，2009：314-315.

连绵不断的战争加剧了俄国城乡分离和对立。

2.城乡分离和对立的经济社会影响

城乡分离和对立对经济社会的影响是双向的，既有积极影响，也有消极影响。从积极影响方面看，城乡分离与对立为拉近农业人口和非农人口之间的距离、缩小城乡差距、改善农村面貌、推进农业现代化创造了条件。从消极方面看，城乡分离和对立影响农村经济发展和文化建设，影响整个国家的稳定。

（1）城乡分离和对立对经济社会的积极影响

首先，资本主义发展造成的城乡分离和对立为农业人口与非农业人口之间的融合创造了条件。在资本主义城乡分离和对立的情况下，受城乡比较利益的影响，城市比乡村发展得更快，农村发展相对缓慢，城乡之间的发展很不平衡。怎样才能消除这种片面性而使城乡关系得到改善？——“只有把农民吸引到城市去”。列宁指出，“如果城市必然使自己处于特权地位，使乡村处于从属的、不发达的、无助的、闭塞的状态，那么，只有农村居民流入城市，只有农业人口和非农业人口混合和融合起来，才能使农村居民摆脱孤立无助的地位。……正是农业人口和非农业人口的生活条件接近才创造了消灭城乡对立的条件”[①]。列宁在《俄国资本主义发展》一书中指出，俄国资本主义机器大工业在加剧城乡分离和对立的同时，也在不断创造着农业工人与工业工人相接近的条件。他说：“机器大工业在破坏宗法关系与小资产阶级关系时，另一方面却创造了使农业中的雇佣工人与工业中的雇佣工人相接近的条件：第一，大机器工业把最初在非农业中心所形成的工商业生活方式带到乡村中去；第二，大机器工业造成了人口的流动性以及雇佣农业工人与手工业工人的巨大市场；第三，机器大工业把机器运用于农业时，把具有最高生活水平的有技术的工业工人带到乡村。”[②]

其次，资本主义城乡分离和对立背景下城市化和工业化不断催生一些新的工业中心，对改善农村的面貌，缩小与城市的差距具有重要的意

① 列宁全集（第二卷）[M].北京：人民出版社，1984：197.

② 列宁全集（第三卷）[M].北京：人民出版社，1984：497.

义。资本主义城市化和工业化在促进原有城市不断发展壮大的同时还形成了许多介于城市与乡村之间的工业中心，如工厂村和工商业村。这些新工业中心无疑是农村向城市过渡的中间形式，这些工厂村把附近成千上万的农民聚集起来，把他们变成工厂工人，从而使他们得以摆脱各种农奴制残余的盘剥和束缚，摆脱昔日的定居和闭塞状态。在工厂村和工商业村的居民识字率通常比乡村里的高，他们的生活条件也比乡村农民的生活条件要好很多，因为工厂工资高于地主付给农民的工资，而且他们有人身自由，不像农民那样受地主的束缚。列宁指出，这些乡村工业中心形成表明工厂工业“深入似乎与资本主义大企业世界隔绝的穷乡僻壤”[①]，它使“居民的流动代替了昔日的定居与闭塞状态而成为经济生活的必要条件”[②]。同时列宁还指出：“不仅在俄国，而且在一切国家，资本主义的发展都引起了未被正式列为城市的新工业中心的形成。”[③] 也就是说，资本主义的发展引起的新的工业中心的形成是一种普遍的现象，不仅在俄国，在其他一切资本主义国家都如此。

再次，城市资本主义发展为农业发展提供现代科技手段。虽然长期以来俄国工业资本主义的发展都是以牺牲农业为代价的，造成了城乡之间的分离和对立以及农村的贫穷落后，但是城市工业资本主义发展对促进俄国农业发展也起到了重要作用。城市工业资本主义的发展为农业发展制造出所需的农业机械如铁犁、收割机、脱粒机、风车等，大大提升了农业生产现代化水平。同时，城市资本主义发展创造了发达的运输技术，城市文明可以不断输入农村，提高了农村居民的文明程度，改变了农村的社会面貌。列宁指出：“为了发展农业技术，城市资本主义可以提供一切现代科学手段……”。[④]“现在，已经有可能把电力输送到遥远的地方，运输技术已经非常发达，只需花较少的费用就能以每小时200多俄里的速度载运旅客，因此，要让大体上平均分布于全国各地的全体居民共同享用几世纪来在少数中心城市积聚起来科学技术宝藏，在技术

① 列宁全集（第三卷）[M].北京：人民出版社，1984：479.
② 列宁全集（第三卷）[M].北京：人民出版社，1984：481.
③ 列宁全集（第三卷）[M].北京：人民出版社，1984：521.
④ 列宁全集（第四卷）[M].北京：人民出版社，1984：126.

上已经没有任何困难了。”[①] 由此可见，俄国城市资本主义虽然造成了城乡分离和对立，但丝毫不影响它对于消灭城乡分离和对立的积极作用。当然，“完全肯定资本主义社会大城市的进步性，丝毫不妨碍我们把消灭城乡对立当作我们的理想”[②]。

（2）城乡分离和对立对经济社会的消极影响

首先，城乡分离和对立影响农村经济发展。列宁认为，随着资本主义发展，生产社会化程度越来越高，市场交换和流通越来越快，劳动力、资本、技术、土地等生产要素在更大范围内被分配。资本主义机器大工业生产模式在提高社会生产力的同时，打破了原有的生产模式和城乡关系格局。一方面，城市作为社会化大生产的中心，凭借自己的区位优势和有利条件，吸引农村劳动力大量流入城市。农村劳动力向城市的流入，导致农业生产劳动力不足，大量土地无人耕种，“土地生产力”遭到严重破坏；另一方面，在农产品和工业品交换中，由于农业技术进步较慢，劳动生产率较低，加上农村相对劣势的区位，必然导致工农产品的不平等交换，通常工业部门会获得更多的利益，而农业部门获得的利益较少，“城市愈来愈重地剥削农村”。[③] 农村的相对发展劣势，使农村发展缓慢，农村经济发展相对于城市严重滞后。

斯大林从农业与工业之间的关系方面阐述了城乡分离和对立对农业经济发展的影响。一方面，工业的发展依赖农业，因为工业的发展首先需要包括农民市场在内的国内市场，而且需要来自农业的稳定的生产资料和生活资料的供给。[④] 如果说工业是国民经济发展的“主脑”，农业就是国民经济发展的身体和躯干。农业经济发展和农民生活水平的提高是工业发展的前提条件。另一方面，农业发展也依赖工业。在工业生产中，生产出来的大量生产资料如拖拉机和其他农业机械的主要供给对象就是农业，[⑤] 工业产品为农业的发展提供了重要条件。斯大林指出，工

① 列宁全集（第五卷）[M].北京：人民出版社，1986：133.

② 列宁全集（第五卷）[M].北京：人民出版社，1986：132.

③ 列宁全集（第十卷）[M].北京：人民出版社，2013：278.

④ 斯大林全集（第八卷）[M].北京：人民出版社，1954：110.

⑤ 斯大林全集（第八卷）[M].北京：人民出版社，1954：111.

业和农业的紧密联系要求二者共同服务于社会生产生活，城乡之间、工农业之间、工农业产品之间是否能够保持稳定联系和交换，是关系到“共和国的存亡”和“社会主义的胜利”的重大问题。[①]斯大林将城乡结合分为城乡生产的结合和城乡交换的结合，认为城乡分离和对立会影响这两种结合并最终影响城乡经济的发展。

其次，城乡分离和对立影响政治稳定。1920年，苏俄布尔什维克党取得了国内战争的胜利，但三年的战乱对农业生产造成了巨大的破坏，导致了严重的粮食危机。为了满足战场和城市对粮食的需要，苏俄政府出台了余粮收集制度。这种以强制手段占有农村余粮甚至是农民口粮的做法，引起了农民的不满和反抗。从1921年开始，各地频发农民暴动，其范围从一个地区不断蔓延到另一个地区，全国形势十分严峻，城乡和工农业之间的对立达到白热化程度。城乡之间的分离和对立给经济社会发展和政治稳定造成极大威胁。

列宁深刻认识到城乡分离和对立对国家政治稳定和社会稳定的巨大影响，及时采取措施，用新经济政策代替原来的共产主义政策，推行粮食税制度。粮食税制度减轻了农民的负担，调动了农民的生产积极性，缓解了农民的不满情绪，为维护政治稳定创造了条件。列宁就改善城乡对立状况指出，要想改变城市的特权地位和乡村的落后状态，只有将农村与城市、农业与工业、工人与农民结合起来，实行工农联盟，才能较好地解决城乡分离和对立问题。工农联盟作为“农村的无产者和半无产者”与“城市无产者”的联盟[②]，可以不断增强城乡之间、工农业之间的相互交流。在工农联盟中，工人阶级发挥主导作用，发动、引导并支持农民正确自由的革命活动，在社会主义建设中，通过建立工农联盟可以防止由于城乡差距过大引起的政治不稳定。

最后，城乡分离和对立导致农村文化落后。列宁在关注城乡分离和对立对农村经济发展消极影响的同时，也关注城乡分离和对立对农村文化发展的消极影响。他指出，“城乡对立是农村经济和文化落后的最

① 斯大林全集（第六卷）[M].北京：人民出版社，1956：211.

② 列宁全集（第七卷）[M].北京：人民出版社，1956：169.

深刻的原因之一，而在目前危机如此深重的时代，这种对立已是城市和乡村面临衰退和灭亡的直接危险。”[①] 一方面，随着社会资源不断流入城市，农村原有的文化底蕴逐渐流失；另一方面，由于受城乡分离和对立的影响，城市的先进思想和技术却无法及时地流入农村，导致农民思想闭塞、缺乏理解和接受新事物的能力。这两方面的共同作用，最终造成苏俄农民建国初期文化水平普遍偏低。据统计，1920年俄国居民中男子文盲所占比例是60%，女子文盲所占比例是75%，农村男、女文盲的比例还要远远高于这个比例。农民较低的文化素质使其缺乏政治参与热情和能力，不能从思想和行动上自发维护自身的政治权利，严重阻碍了俄国社会主义建设。列宁指出，在一个充满了文盲的国家里，“不能建成共产主义社会”。[②] 如果连基本的识字能力都不具备，谈新经济政策就是可笑的。[③] “文盲是处在政治之外的”。[④]

列宁同时指出，农村文化落后是世界各国发展初期的普遍现象，但俄国的文化落后状况更为突出，对俄国社会主义建设产生了较大影响。经济文化落后的俄国想要建设社会主义，就要消灭城乡对立，加强城市和农村之间的文化交流和沟通，促进农村文化和科学技术的发展。

3.消除城乡分离和对立、实现城乡融合的途径

列宁鲜明地指出，无产阶级革命为城乡对立创造了条件；城乡对立的消灭是无产阶级专政的基本任务。苏维埃政权把消灭城乡对立当作重要的社会实践，进行了大量的尝试和探索。列宁斯大林在领导苏俄致力于消灭城乡对立、缩小城乡差距的过程中，提出了许多切实可行的思想和观点，为城乡对立向城乡融合的转变指明了前进的方向。

（1）消灭资本主义制度，为消灭城乡对立、实现城乡融合创造前提条件

俄国资本主义产生与发展是造成城乡分离和对立的根本原因，城市由于适宜的环境和土壤，使其成为资本主义发展的中心。资本主义在城

① 列宁全集（第三卷）[M].北京：人民出版社，1995：751.
② 列宁全集（第三十九卷）[M].北京：人民出版社，1956：309.
③ 列宁全集（第四十二卷）[M].北京：人民出版社，1987：195.
④ 列宁全集（第四十二卷）[M].北京：人民出版社，1987：200.

市的不断发展，使城市的生产力水平和社会文明程度显著提升，而农村发展则较为缓慢甚至停滞，农民“异常闭塞和分散”，工农业之间、城市和乡村之间的分离和对立日益尖锐。因此，列宁指出，要消灭城乡分离和对立，就必须消灭资本主义制度。只有当无产阶级取得国家政权，社会主义制度取代资本主义制度以后，城乡关系才能协调，城乡融合才能实现。此时城市才能给农村提供“技术的和社会的根本的帮助”，[①]农业的技术水平和劳动生产率才能提高，才能推动农业的机械化和现代化，农村的经济社会面貌才能得到改善。

列宁进一步指出，用社会主义制度取代资本主义制度，首先需要提高无产阶级的政治觉悟，增强其使命感和责任感，运用正确的理论和战略，引领和组织改革资本主义制度的革命运动；其次，无产阶级在领导推翻资本主义制度的斗争中，要注意联合农村的革命力量，将农民紧紧地团结在自己的周围，使蓬勃发展的无产阶级革命运动能够得到农民的支持。最后，无产阶级要注意援助和推动农村的革命运动，提升农民的革命意识，扩大无产阶级革命队伍，壮大无产阶级革命力量，依靠工人和农民组成的强有力的工农联盟，共同推翻资本主义制度。

斯大林在这一问题上也与列宁持类似的观点，他指出，城乡分离和对立的深层原因来自于资本主义制度本身。在资本主义发展过程中，城市和乡村扮演着不同的角色，各自的地位严重不平等。城市作为商品生产、交换、分配和消费的主阵地成为国家的中心，在国民经济中扮演着重要角色，而农村只是作为保证城市商品经济正常进行的一个附属物，在国民经济中扮演着配角。农村被剥削，农民被剥夺。因此，要从根本上解决城乡分离和对立问题，就必须消灭资本主义制度。

（2）大力发展生产力，为消灭城乡分离和对立奠定坚实的物质基础

马克思恩格斯认为，最终实现城乡融合从根本上取决于生产力的高度发展所创造的物质基础。列宁和斯大林继承和发展了这一思想。列宁认为，城乡之间的分离和对立以及不平等源于社会成员在生产资料的占有、产品的分配和拥有财富数量上的差异，而这些都与生产力的发展

① 列宁全集（第三十九卷）[M].北京：人民出版社，1956：175.

水平相关，因此，要消除城乡分离和对立、实现城乡融合，就必须大力发展生产力。列宁指出，在共产主义的初级阶段社会主义，虽然实现了人与人之间形式上的平等，但由于生产力发展水平仍然不高，人们“富裕的程度”还存在差别，人与人之间仍然没有实现事实上的“公平与平等”，[①] 城乡差距仍然存在，城乡对立仍然没有得到消除。只有到了共产主义社会，生产力的发展程度足以实现全部社会成员共同占有生产资料、按照个人所需分配劳动产品时，社会成员之间的关系才能真正得到形式和内容上的平等，城乡分离和对立才能真正消失，城乡融合才能真正实现。结合苏俄社会主义建设实践，列宁指出，大力发展生产力，必须进一步推动城市的工业化建设和基础设施建设，推动农业的大工业发展，将国民经济建立在现代科学技术水平之上，用科学技术壮大经济实力，发展生产力。[②]

斯大林也对生产力发展对消除城乡分离和对立的作用进行了阐述。斯大林指出，虽然苏联社会主义制度的建立意味着城乡对立前提条件的丧失，但事实上的城乡之间、工农之间的对立却不会自动消失。在苏联，社会主义制度的确立并不能保证城乡对立的消灭，由生产力发展水平所决定的城乡利益的博弈导致了城乡关系的对立。

（3）推动科学技术的运用，为消除城乡分离和对立、实现城乡融合提供保证

列宁非常重视科学技术运用在消除城乡分离和对立、实现城乡融合中的作用。20世纪20年代在苏联建设社会主义初期，列宁就指出国民经济的发展必须建立在现代科学技术之上，为此他提出要在苏联推行电气化。在他的领导和组织下，科技专家团队制定了俄罗斯电气化方案。他指出，电气化方案的实施将打破城乡和工农业之间的对立隔绝状态，在电气化的基础上“连接城市和农村、消除城乡对立，引导社会主义时代的到来”。[③] 通过将最新的科学技术引入到农业、农村发展中，可以

① 列宁全集（第三十一卷）[M].北京：人民出版社，1987：89.

② 中共中央编译局编.列宁专题文集——论社会主义[M].北京：人民出版社，2009：173-177.

③ 列宁全集（第三十八卷）[M].北京：人民出版社，1984：381.

提高农业生产力水平，推进农村经济发展，改善农村的落后面貌，缩小城乡之间的差距，最终实现城乡融合。

斯大林同样重视科学技术运用在消除城乡分离和对立、实现城乡融合中的作用。结合苏联经济社会发展的实际情况，他指出，消除城乡之间的差距首先需要用新技术武装农业，使苏联的个体小农经济向集体大生产转变。当集体大生产实现后，在大生产中推行电气化计划将“使农村接近城市‘进而’消灭城乡对立”，[①] 以使城乡在生产条件上达到平等，最终通过运用科技推进农业的发展消灭城乡对立，实现融合。

（4）加强城市和工人阶级对农村和农民的联盟，弥合城乡之间的差距和对立

城市和工人阶级对农村和农民的联盟即工农联盟是不发达国家实现社会主义最基本最重要的战略问题之一。列宁认为，工农联盟不仅是革命战争的需要，也是苏联开展经济社会建设、缩小城乡差距和消除城乡对立的需要。列宁多次论述过工农联盟的重要性。他在《俄国资本主义的发展》一书中指出：“小农只有参加工人运动，帮助工人为争取社会主义制度、为把土地和其他生产资料（工厂、机器等）变为共有财产而斗争，才能摆脱资本的压迫。”[②] 在《给农村农民》一文中，列宁指出：“任何一个明白事理的人都懂得，社会主义不是一下子就能达到的。要做到这点，就必须同整个资产阶级、同形形色色的政府进行殊死的斗争；要做到这点，就必须使全俄国所有的城市工人同贫苦农民一起结成坚固的牢不可破的联盟。”[③] 无产阶级专政的“最高原则就是维护无产阶级同农民的联盟”[④]。列宁根据俄国经济社会发展变化情况，在不同发展时期，采取了不同的工农联盟策略和政策。“十月革命时期，苏俄工农联盟的内容一方面是工人阶级及其执政党支持对农民平分土地，另一方面是农民拥护和支持十月革命；国内战争时期，苏俄工农联盟的内容一方面是工人阶级支持贫苦农民对富农进行斗争，另一方面是农村向

① 斯大林全集（第七卷）[M].北京：人民出版社，1987：165.
② 列宁全集（第四卷）[M].北京：人民出版社，1986：117.
③ 列宁全集（第七卷）[M].北京：人民出版社，1986：159.
④ 列宁全集（第四十二卷）[M].北京：人民出版社，1986：49.

城市即农民向工人阶级、国家提供战争所需的粮食和其他物资；新经济政策时期，苏俄工农联盟的内容一方面是工人阶级及其国家帮助农民提高生产力和生活水平，另一方面是工人阶级领导农民一起建设经济”[①]。

在苏俄大规模建设社会主义时期，斯大林同样十分重视工农联盟在经济社会发展中的重要作用。在政治建设上，注意激发农民的政治参与热情，加强农村苏维埃政权建设，巩固和发展工农民主专政；在经济建设上，注意国家为农业提供科学技术、机械、种子、化肥等技术和生产资料，为农民提供工业生活用品；在文化建设上，通过城市党支部与农村党支部的固定联系，“在农民中开展文化工作”，提高农民的文化知识水平，缩小同城市工人的文化差距。

（5）加强农村政权组织建设，为消除城乡差距和城乡对立提供政治保障

列宁非常重视农村政权组织建设在消除城乡差距和城乡对立中的重要作用。在苏俄国内战争期间，列宁就提出要加强贫苦农民委员会和苏维埃政权建设。贫苦农民委员会在贫苦农民和中农中选举产生，“实际上是无产阶级专政在农村中的支柱，是农村苏维埃政权组织，是俄共（布）和苏维埃政权的各项政策和措施在农村得以落实的组织保证”，当时的主要任务是“分配粮食和其他生活必需品，分配农具，协助当地粮食机关没收富农的余粮，参加对农民分配土地，夺取富农的超过当地平均份额的土地并进行重新分配，为红军征集志愿兵，组织文化教育工作等等”。[②] 考虑到这一农村政权组织对巩固工农联盟、消灭城乡对立、调动农民生产积极性以及保证农村社会主义发展方向的重要作用，所以列宁提出“必须使贫苦农民委员会遍布全国”，扩大其覆盖面及其影响力。同时列宁对贫苦农民委员会委员的产生提出了要求，他指出这个委员会中“只有不剥削别人劳动、不趁人民挨饿进行抢劫、不以余粮投机、不隐藏粮食的人，才有权利选举为贫苦农民委员会的委员……在

① 俞良早.列宁与苏俄三个时期的三种工农联盟[J].河南师范大学学报，2007,（5）：20-24.

② 俞良早.论列宁发展苏俄农村和农业的重要思想[J].马克思主义研究，2006,（8）：68-73.

无产阶级的贫苦农民委员会中不应当有富农和寄生虫的位置"[①]。另外，列宁对贫苦农民委员会的建设和改组问题提出了要求。他指出，要使贫苦农民委员会真正成为农村的苏维埃组织，必须进行改组和加强建设。"我们党的中央委员会拟定了一个贫苦农民委员会的改组计划，这个计划将提交苏维埃第六次代表大会批准。我们决定，在农村中贫苦农民委员会和苏维埃不应当并存。……我们要把贫苦农民委员会同苏维埃合并，使贫苦农民委员会成为苏维埃。"[②]后来，斯大林在领导苏俄社会主义建设实践中，较为彻底地贯彻落实了这一思想，取得了较好的效果。

① 列宁全集（第三十五卷）[M].北京：人民出版社，1985：175.

② 列宁全集（第三十五卷）[M].北京：人民出版社，1985：175.

第三章　中国城乡关系理论及其实践的历史渊源

在第二章里，我们梳理了马克思恩格斯、列宁斯大林城乡关系理论和思想，为研究中国城乡关系问题提供了重要的理论借鉴。但仅仅有理论的借鉴还是不够的，因为城乡关系的发展必须建立在对具体国情的把握之上。所以，坚持、丰富和发展马克思列宁主义城乡关系理论和思想，必须结合中国的国情。追溯、梳理中国古代、近现代城乡关系发展变化及其特征和影响，是马克思列宁主义城乡关系理论中国化的历史起点和逻辑起点。

一、中国古代城乡关系的基本特点及其影响

由于社会制度和人文观念的差异，中国古代城乡之间的地位及依存关系与欧洲历史上的城乡关系存在较大的差别。中国古代长达几千年的城乡关系的发展始终建立在“农本经济”和“大一统”王朝体制的基础之上，城乡关系发展十分缓慢，而且结构比较稳定。当然，在不同的发展时期，城乡关系的发展也会随国家政治与经济社会的变化而发生变化，呈现出不同的阶段性特征。

（一）城市的起源与早期的城乡关系

在原始社会后期，随着社会生产力发展，人们在满足基本生活需要的同时，出现了剩余产品。富有者为了保护自己的剩余产品，同时保护氏族和部落的安全，开始在聚居地的核心区域建筑“城”。以所建的“城”为中心，周围聚居着氏族和部落的大多数人口，形成一个人口居住稠密区域，人们的经济社会活动主要在“城”周围进行。人们“用

石墙、城楼、雉堞围绕着石造或砖造房屋的城市，已经成为了部落联盟的中心。”“只要它用壕沟和墙壁防守起来，乡村制度也就变成了城市制度。”[①] 正是从筑城开始，有别于原先聚落主体“乡村”的“城”出现了，城市从此产生了。据文献记载，“鲧作都城”[②]、“夏鲧作城”[③]、“鲧筑城以卫君，造郭以守民，此城郭之始也”[④]，都是早期城市出现的例证。以河南安阳殷墟商代都城的考古发现，商代的都城规模已经明显大于早期“城堡”，城内有成片的住宅区、手工作坊区、墓葬区等，这说明此时作为人们聚居地的“城”所容纳的人口更多，手工业有了较大发展。

从夏商早期都城的发展情况看，都城已经具备一般城市形成的基本要素，即具有了行政、防御、商业、手工作坊和集中居住区等五大基本要素，和最初纯粹的聚落形态——村落或者乡村已经完全不一样了。中心城市的建筑完成了从最初供奉祖宗的宗庙到君主居住的宫殿的转变；部族聚落中的城墙与城池完成了从分设到合二为一的转变；手工业作坊布局完成了从城郊到地缘的转变；商业交易完成了从分散到集中的转变，确定了城市作为居住区的“内城外郭”的地域结构。[⑤] 也就是说，在原始社会末期奴隶社会早期，在筑城的过程中，核心居住区从整个居住聚落区中脱颖而出，开始发挥行政中心和集市中心的作用，从而导致城与乡的分离和差别。

早期城市主要是政治中心和军事中心，其经济功能较弱。居民通常是住在城周边的乡村聚落之中，只有遇到战争或者需要特别交换时才会来到城中。此时城与乡的联系比较简单，乡村通过“贡”“助”“彻”等形式向城市君主缴纳或提供统治所需的物资和劳力，城市则为部落居民提供基本安全保障，两者形成一种相互依存的城乡共同体。

---

① 马克思恩格斯全集（第十九卷）[M].北京：人民出版社，1963.

② 参见《世本·作篇》。

③ 参见《吕氏春秋·君守》。

④ 参见《吴越春秋》。

⑤ 顾朝林，等.中国城市地理[M].北京：商务印书馆，2004.

（二）西周时期的城乡分立

周武王灭商后，实行“封邦建国”制度，把建城作为立国的根本途径。周王室积极进行都城建设，先后建有岐邑、丰京、镐京、洛邑等都城，推动了周代城市的发展。城市数量增加，城市分布范围广泛；形成了严格的城邑等级制度；城市建设规划性增强。与此同时，周代的手工业和商业随着经济社会进步也有较大发展，手工制品特别是青铜器制造发展达到顶峰。但总体而言，在周代“工商食官”管理体制下，工商业发展水平并不高。而且城市仍然是政治中心和军事中心，其基本职能并未发生本质变化，依然保持着夏商都城的基本特征。

然而，西周时期实施的田野制度相比夏商时期是一次巨大的进步，第一次将城市形成以来出现的城乡分离作了明确的确认，并且将“国”（城市）与“野”（乡村）的管理体制做出划分。《周礼》中把周天子直接统治的王畿划分为“国”和“野”两个部分。“国”包括王域及周边四邻之地，“野”则是指四邻之外的区域，王域之外、四邻之内，设六乡；此外的“野”再设六遂，所以国野之制又称“乡遂之制”。一般来说，公室、贵族及工商业者居住于“国”或者是城邑内，农民通常居于“野”或者说城邑周围的“乡”及“遂”之中，这种居住方式与后来的城乡聚落形态没有多大的差别。“周代的营国封国，无疑是历史上第一次城市和农村的真正分裂。”[①]

西周时期的城乡差别既带有地域色彩，即作为点的“国”或城邑与作为面的“野”或野外，也带有阶级色彩，即作为统治者的“国人”与作为被统治者的“野人”。据文献记载，西周时代已经形成了一定规模的城乡体系，存在着从上到下的中心聚落统辖小型聚落的等级治理制度。“在这一体制下，基本形成了全国以政治职能为主的三级城邑网络，即：王城居首，为全国宗法血缘政治中心；诸侯城（诸侯封国国都）列第二，是周王朝在一个地区的宗法血缘政治大据点；卿大夫都（采邑城）为第三级，是周王朝宗法血缘政治的基层据点。这种等级系列关

① 侯外庐.中国古代社会史论[M].北京：人民出版社，1955：180.

系，可视为我国从历史上一直延续下来的以政治为中心，从上而下的等级规模关系的张本。”①

作为我国城乡关系的萌芽时期，西周的城乡关系发展有其自身的一些特点。从政治上看，城乡之间即“国”“野”之间存在着对立关系。“国”通常指征服者的居住区，“野”是被征服者的居住区。“部落间的掠夺战争不断扩大，社会上俘虏或被征服者的数量也剧增起来。征服者以文明人自居，居于城邑之内，而将大批被征服的野蛮人置于野外，遂使原来自然意义上的内外之别，又加上了一层社会政治的含义；本来是只按自然条件划分的地域，发展成为居住者身份地位不同的政治性区域，从而逐渐产生国、野的对立。”② 关于西周时期城乡之间的对立关系，郭沫若有过深刻分析。他在《中国史稿》中指出：“周代的国和野、都和鄙的区别，鲜明地反映出当时城乡之间的对立……实质上反映了奴隶和奴隶主之间的矛盾。”③ “乡与遂不仅是两个不同的行政区域，而且是两个不同阶级的人的居住地区。”④ 从经济上看，城乡之间经济是单向流动，缺乏平等互利的交换关系。“周代的‘国’和后来的商业城市不同，它对‘野’没有调节生产的功能，其生计一般都要依赖对‘野’的剥削。”⑤

需要强调的是，西周时期虽然城乡出现了分立，也出现了一定程度的对立，但从根本上讲，城乡之间的差距并不大，他们共处于一个“交相生养”的城乡共同体之中。“城堡的生活、生产状况与乡村无大差别，边长一二百米的城堡，规模小，人口少……都鄙、国野的对立——城和乡村，只是一郊之隔，这样，在地域和经济关系上不可能不处在一个某种程度上的浑然一体的状态”，⑥ 社会上虽有都鄙的分别，这种分别在经济上却形成“不可分裂的统一”。⑦ 西周时期的都、城、邑通常是没

① 顾朝林.中国城镇体系——历史·现状·展望[M].北京：商务印书馆，1992：20.

② 胡新生.西周春秋时期的田野制与部族国家形态[J].文史哲，1985,（3）.

③ 郭沫若.中国史稿（第一册）[M].北京：人民出版社，1976.

④ 杨宽.古史新探[M].北京：中华书局，1965：135.

⑤ 徐喜晨.论田野、乡里与郡县的出现[J].社会科学战线，1987,（3）.

⑥ 张鸿雁.春秋战国城市经济发展史论[M].沈阳：辽宁大学出版社，1988：42.

⑦ 侯外庐.中国古代社会史论[M].北京：人民出版社，1955：189.

有城墙的，宫殿、宗庙、住宅、手工业作坊都是零散地分布着，没有作为“一种独立的有机体”而存在。另外，无论是“国”还是“野”抑或城市与乡村，都在宗法血缘关系的笼罩之下，宗族是最重要最基本的社会组织。“在这样一个连续体中，虽然有城乡的区分，但无论是从经济关系还是政治关系、社会关系上，都无法真正将这两者分清；虽然有了各种地缘行政组织，但也无法将它与宗法血缘组织区分。”① “都邑作为与乡村分离的一种形式，而不是有本质差异的对立形式。”② “分封到各处的卿大夫往往是以采邑为中心，统辖若干村落，形成一个城乡共同体。”③

（三）春秋战国时期的城乡分离

春秋战国时期，由于生产力的进步和生产关系的调整，城市性质和城乡关系发生了巨大变化。铁制生产工具的使用和牛耕的推广，促进了社会生产力的巨大进步；“工商食官”体制的废除和封建制度的兴起，促进了民间工商业的较大发展，进而促进了综合城市和工商业城市的发展，城乡关系发生了一些新的变化。

首先，春秋战国时期城市数量显著增加。春秋时期，各诸侯国之间的纷争不断，为抵御外敌和保护封地内的安全，各诸侯国纷纷开展“大规模的筑城运动”。④ 据《春秋左传》记载，春秋时期筑城活动达68次，除5次重修外，共筑城63座。据统计春秋战国时各种城邑数目已接近千余。⑤ 到战国时期，城市数量进一步增加，人口也在迅速增长。“古者四海之内，分为万国，城虽大，无过三百丈者；人虽众，无过千家者。”“今千丈之城，万家之邑相望也。”⑥ 城市规模已经远远超过了夏商西周时期。

其次，城市工商业迅速发展，专业化程度进一步提高，出现了“百

① 马新.乡遂之制与西周春秋之乡村形态[J].文史哲，2010，(3).
② 张鸿雁.春秋战国城市经济发展史论[M].沈阳：辽宁大学出版社，1988：59.
③ 马新.乡遂之制与西周春秋之乡村形态[J].文史哲，2010，(3).
④ 马世之.关于春秋战国城市的探讨[J].考古与文物，1982，(4).
⑤ 张鸿雁.春秋战国城市经济发展史论[M].沈阳：辽宁大学出版社，1988：59.
⑥ 参见《战国策·赵策》。

工居肆，以成其事”的盛况。城市中盐铁业、铸铜业、制陶业、制骨业等手工业生产制造出大量的手工业产品，满足城乡居民的生产和生活的需要。城市手工业的快速发展大大促进了城乡之间的物资交流。城乡居民之间“以粟易械器”，“陶冶亦以械器易粟”。有些重要产品如粮食、牲畜，经过商人之手被贩运到城市中去，城乡之间的商品流通有了进一步发展。《周礼·地官·遗人》记述：“凡国野之道，十里有庐，庐有饮食，三十里有宿，宿有路室，路室有委。五十里有市，市有候馆，候馆有积。二市之间有三庐一宿；候馆是楼可观望者。”《战国策·齐策五》也有记述：“通都小县置社，有市之邑，莫不止（正）事而奉王。”

春秋战国之前，城市与乡村的分离已经出现了，但在春秋战国时期，随着城市及其工商业的快速发展，城市与乡村的分离进程加速了。城市作为“一种独立的有机体”的特征更加明显，城市对乡村在政治上的统治和经济上的剥削更加严重。但这时的城乡关系依然像从前一样建立在一元化的社会体系之上，城市与乡村之间相互依存、交相生养。因为这时的城市具有很强的消费性和经济上的脆弱性，根本无法摆脱对乡村和农业的依赖。当时城乡之间的唇齿关系就是孟子所描述的那样，“无君子莫治野人，无野人莫养君子”。

还需要指出的是，春秋战国时期，虽然工商业发展水平较夏商时期有了较大程度的提高，但从根本上讲，它仍然建立在自然经济基础之上，各个城市和周边乡村的经济活动的进行是以自给自足为主要目的，所以商品交换和流通总体发展水平还较低，人们通过各自小地域内的直接交换，就能实现生产、生活资料的自给。由此可见，春秋战国时期的城乡体系从本质上讲还是一个典型的封闭系统。城乡体系的这种封闭性还表现在各区域间各自城乡体系的相互独立上面。春秋战国时期，每个封建领主的城邑都是一个“独立王国”，他们往往闭关自守，不愿意与外界发生联系，加上各封建国家之间货币不同，度量衡不一，严重限制了地区与地区、城市与城市之间的物资交流和商品流通，导致国家之间城乡体系的封闭性。

（四）秦汉魏晋南北朝至隋唐时期的城乡分化

秦汉是我国封建社会初步确立和发展的时期。在这个时期，国家政治上实行中央集权和郡县制度，行政上郡下设县，县下设乡、亭、里等，构成了全国自上而下的行政中心体系网络，其基本特征就是纵向的城市等级序列和横向的区域城市体系。这种管理体制对中国传统城乡关系影响巨大。

首先，城市数量不断增多，城市化水平进一步提高。随着郡县制的实行，城市的数量不断增多。据统计，西汉时以行政中心为主的城市达到1600多个，到东汉时，虽然数量有所减少，但仍维持在1000多个以上的规模。《汉书》记载："平帝元始二年（2年），（长安）有户口八万八百，人口二十四万六千二百。"如果加上皇室、贵族、奴仆、军队，长安城的人口超过四五十万。东汉王符说"洛阳，资末者什于农夫，虚伪游手者什于末业"，表明洛阳城市人口的大幅增长，并且认为，"天下百郡千县，市邑万数，类皆如此"①。秦汉时期，在全国范围内形成了国都—郡所—县域三级城市管理体系，城市规模和人口规模与其政治地位高低相匹配。同时，封建中央集权国家的建立，统一了货币、度量衡、车轨和文字，促进了地区之间的交流和商品经济的发展。一批具有行政、商业职能的城市随之兴起。《史记·货殖列传》记载："汉兴，海内为一，开关梁，驰山泽之禁，是以富商大贾周流天下，交易之物莫不通，其所欲。"这些富商大贾或经营盐铁，或从事贸易，"若至力农畜、工虞、商贾，……大者倾郡，中者倾县，下者倾乡里者不可胜数"②。

其次，城市分布区域进一步扩大。随着郡县制的实施，城市分布范围进一步扩大，至东汉时全国城市网络基本形成。"从城市分布的地域空间结构看，主要集中在黄河中、下游地区（包括今河南、河北、山东、山西和陕西五省区），其城市数约占全国城市总数的2/5；其次为淮

① 参见《潜夫论·浮奢篇》。

② 参见《史记·货殖列传》。

河流域（约占14%）；而东南沿海分布最少。”[①] 这些城乡网络经过发展大体上形成了“农工商贾畜长，固求富益货也”的十大城市经济区域，即关中地区、陇右地区、巴蜀地区、三河地区、燕赵地区、齐鲁地区、梁宋地区、颍川地区、三楚地区、南越地区等。[②]

魏晋南北朝是我国封建社会中的一个大动乱时代，南北分裂、战争频发、民族冲突不断。由于受战火的影响，城市人口锐减，城市衰败，社会经济发展停滞，以自给自足的小农经济为主体的自然经济重新恢复生机，工商业经济发展陷入低谷。这样，自秦汉以来城市与乡村进一步分化的趋势发生改变，重新回到了城乡不分的自然经济状态之中。商品交易由秦汉时的货币交换重新又回到以货币和布帛、粮食等并用的交易阶段，大量的坞、堡、壁、垒广泛发展起来。每一个坞堡壁垒都是一个独立王国，人们的生产生活完全在坞堡周边内进行，实行自给自足。此时自秦汉以来城与乡的逐步分离趋势中断了，城乡基本还原为一体了。

在隋统一全国后，社会经济有所恢复和发展。特别是在唐代以后，随着人口的大规模南移，长江流域和珠江流域经济得到了较大发展。商品性农业和手工业的发展，形成了一批工业性质的城市。这一时期形成的工业城市主要有：纺织中心有定州（河北定州，主产绫）、宋州（河南商丘，主产绢）、益州（四川成都，主产棉、麻、纸）等；陶瓷中心有越州（绍兴一带，青瓷）、邢州（河北内丘，白瓷）、婺州、岳州、寿州以及洪州昌南镇（景德镇）等；制茶中心有安徽祁门、四川剑南等；其他手工业中心，如扬州（铜镜）、宣州（宣纸）、襄阳（漆器）、徽州（墨）、潮州（笔）以及长安（刻板印刷）等。

（五）宋元明清时期的城乡一体

宋代是中国古代商品经济发展的一大高峰时期，也是传统社会的变革时期。宋代经济社会长足发展，农业、手工业生产力进步明显，商品

---

① 顾朝林.中国城镇体系——历史·现状·展望[M].北京：商务印书馆，1992：39.
② 顾朝林.中国城镇体系——历史·现状·展望[M].北京：商务印书馆，1992：41.

流通活跃，市场关系及其影响扩大，商人和商人资本崛起，城市、中小型市镇经济异常繁荣。[①] 由于农村商品经济和城市经济的发展，经济职能有了进一步加强，这一时期原来以政治职能为主的城市已逐步演变为政治、经济职能并重的城市。城市与乡村之间在经济上的联系和协作不断加强，形成了城市与乡村之间“交相生养”的新型经济关系。

首先，宋代的城乡关系呈现出既相互分离又相互联系的特点。一方面，宋代城市与乡村的分离在唐代的基础上有了进一步的发展，宋代将城市与乡村作为对应概念描述的记载大量增加，且范围越来越广，不再局限于对居住区域百姓的管理，已经扩大到更深更广的社会、经济、文化诸多层面，宋代城市与乡村的分化程度更加深刻和严重；另一方面，由于宋代城市化的水平仍然不高，城市化的范围和水平有限，在城乡互相分离的同时，城乡经济联系和合作日益加强，出现了“交相生养”的新型城乡关系。宋代城乡关系呈现出既相互分离又相互联系的特点。

其次，宋代的城乡市场经济获得了较大发展。宋代以来，随着城市化进程推进，随着市场体系不断完善，城乡市场获得了较大发展。从纵向来看，连接城乡的市场等级体系已经形成。宋代形成了村落小市场—县镇市场—中心市场这样的“以州府城市、县镇、草市各级中心地为序列的‘中心市场’等级网络”。[②]

最后，宋代的城市与乡村之间的互动加强。在城市化和市场体系发展的基础上，宋代城市与乡村之间的经济互动逐渐频繁起来，城市对乡村的辐射功能日益加强，乡村对城市的影响也渐趋突出，城乡关系发生了较大变化。宋哲宗时殿中侍御史孙升曾经说过：“货殖百物，产于山泽田野，售之于城郭，而聚于仓库，而流通之以钱……城郭乡村之民交相生养，城郭财有余则百货有所售，乡村力有余则百货无所乏……城郭之人，日夜经营不息，流通财货，以售百物，以养乡村。”[③]

元明清三代，基本上是按照宋代城乡发展模式向前发展的，随着经济社会的进一步发展，乡村人口源源不断流入城市，城市化过程持续发

① 漆侠.宋代经济史[M].北京：中华书局，2008.

② 龙登高.宋代东南市场研究[M].昆明：云南大学出版社，1994.

③ 李焘.续资治通鉴长编[M].北京：中华书局，1986，卷394，元祐二年正月辛巳.

展，市镇数量越来越多。市镇的壮大发展是明清时期经济社会繁荣的重要推动力。与此同时，随着经济的进一步发展，手工业分工不断深化，专业化生产水平迅速提高，出现了不同特色的城乡结合的生产方式。比如自给性农业与自给性手工业的结合、自给性农业与商业性手工业的结合以及商业性农业与商业性手工业的结合等。这些城乡结合的生产方式，将城市及其周围农村地区的生产有机地结合，在全国范围内形成了若干以某种产品生产、加工为主的手工业区。①

另外，明清时期中国的市场网络体系得到了进一步发展，特别是随着农业的商品性生产和农村家庭手工业的发展，农业经济与市场之间的联系日益密切，尤其是江南地区市场网络体系更加完整和发达。明清时期的城乡市场网络体系主要包括流通枢纽城市、中等商业城市和农村集市三个层次。流通枢纽城市主要是指作为全国性或大区域流通枢纽的城市，其贸易范围一般覆盖数十省，多为中央一级的税关所在地；中等商业市镇主要指作为地区性商业中心的市镇，一般覆盖一两个府、十来个县，在商品流通中发挥着承上启下的作用；农村集市作为市场体系最基本单元，遍布全国各个州县，与小农的关系最为密切，正是由于农村集市网络的形成，才使得城乡市场连接成一个整体。②

综上所述，可以较为清楚地看出，中国古代城乡关系虽然在不同时期有一定的差别，有时城乡分离的特征明显一些，有时城乡一体的特征明显一些。但总体上中国古代城乡关系发展变化呈现出两方面的基本特征：一方面它的历史进程符合经济社会演变的“自然顺序”，即斯密所说的顺序：“按照事物的自然趋势，每个处于发展中社会的大部分资本的投入顺序，首先是农业，其次是工业，最后是国际贸易。我相信，在所有拥有领土的社会，投资总是在某种程度上遵循这种极自然的顺序。总是先开垦了一些土地才能建立很多城镇；正是城镇里那些粗糙的制造业的持续经营，才使人们投身于国际贸易。”③ 这既是产业的发展顺

① 顾朝林.中国城镇体系——历史·现状·展望[M].北京：商务印书馆，1992：72.

② 许檀.明清时期城乡市场网络体系的形成及意义[J].中国社会科学，2000,（3）.

③ 叶超，曹志冬.城乡关系的自然顺序及其演变——亚当·斯密的城乡关系理论解析[J].经济地理，2008,（1）.

序，同时也是城乡关系发展的顺序，中国古代城乡关系的发展基本遵循了这种自然顺序，即从城邦建立的国野分立到工商业发展的城乡分离再到贸易网络建立后的城乡一体，这种自然顺序的递进式发展，保证了古代几千年城乡关系之间的良性循环。

另一方面中国古代城乡关系发展呈现出一元化和稳定性的特征。从政治上讲，城市是各级地方政权的中心所在地，是整个封建统治体系的一个重要据点，对乡村及其整个社会实行统治，乡村的运行也要受城市权力系统的约束。从经济上讲，城市依附于乡村，作为农业经济的附庸，对社会经济活动起着调剂和补充作用，农村作为基本的生产部门，为城市提供生活需要的物品，城市对乡村实行剥削。在这种统治与剥削、依附与补充的关系中，城乡之间维持着无差别的统一。正如马克思所说："亚细亚的历史是城市和农村无差别的统一。"① 另外，中国古代城市总体上以服务王权统治和国家管理的需要作为重要任务，历朝历代的皇城都是国家的政治中枢，不同于世界其他国家的城市一般都是行政管理枢纽的情况。旅美地理学家在研究中国宋代的商业发展和城市变迁时指出，与西方不同的是，"政治，而不是商业，决定着中国城市的命运。"② 对城市政治地位和政治功能的过分强调，加之受"重农轻商"和"官本位"思想的长期影响，不仅使商人阶层在中国社会中始终难以成为主流，而且使中国社会的城乡关系呈现异乎寻常的稳定性。斯密在谈到中国时曾经讲到，尽管"中国一向是世界上最富的国家"，但政府采取的法律制度（也就是政治因素）极大地限制了经济发展，使其处于"静止状态"。③

① 马克思恩格斯全集（第46卷，上）[M].北京：人民出版社，1965：480.

② Laurence J. C. Ma. *Commercial Developmentand Urban Changein Sung Chine*（960—1279）[J]. *Sung Studies Newsletter*，1972（5）.

③（英）亚当·斯密著，郭大力等译.国民财富的性质和原因研究[M].北京：商务印书馆，1981：88.

二、中国近代城乡关系发展及其特点

1840年的鸦片战争是中国近代史的开端，鸦片战争加速了封建帝制的解体过程，中国一步一步走向半殖民地半封建的社会。此时以自给自足耕织结合为主要特征的自然经济基础虽然已经动摇，资本主义也得到了一定程度的发展，但封建社会的制度基础仍然存在，城市在政治上统治乡村、在经济上依赖和剥削乡村的基本特征并没有得到根本改善。但在近代，城乡关系还是发生了较大的变化，呈现出一些新的特征，城乡之间的联系进一步增强，但城乡之间的对立性同时也在加剧。

（一）城乡之间的联系进一步增强

1.城市数量增加和发展促进了农业专业化发展，提升了农业和手工业的商品化水平

鸦片战争打开了中国的国门，促进了中国通商口岸工商贸易的兴起和发展，加速了中国城市化的进程。外国资本进入中国后，在乡村地区开矿设厂、开埠通商、修路建港等，乡村城镇化步伐加快，城镇数量和人口快速增加。1843年中国（东北和台湾地区除外）有大小城镇1653个，1893年增至1779个；[①] 1925年东北地区10万人口以上的城市从20世纪前的2个增加到3个，5万—10万人口的城市由1904年的4个增加到9个，1万—3万人口城镇由24个增加到51个。[②] 1843年我国城镇人口2072万，占总人口的5.1%；1893年城镇人口2351万，占总人口的6%；1949年城镇人口5765万，占总人口的比重上升至10.6%。[③]

在城镇数量和人口增加的同时，城市的经济功能有所增强。随着通商口岸城市的增多及其工商贸易活动的开展，城市工商业有了较大的进步，“因商而兴”的城市逐渐增多。主要类型包括：殖民地型港口贸

① 胡焕庸.中国人口地理（上）[M].上海：华东师范大学出版社，1984：261.

② 中国社会科学院经济研究所编.中国社会科学院经济研究所集刊（第11卷）[M].北京：中国社会科学出版社，1988：49.

③ 胡焕庸.中国人口地理（上）[M].上海：华东师范大学出版社，1984：261.

易城市，如香港、青岛、大连、哈尔滨等；新辟为商埠的老城市，如上海、天津、广州、汕头、营口、南通、镇江、南京、芜湖、安庆、九江、武汉、岳阳、沙市、宜昌、万县、重庆、泸县、宜宾等；新兴工矿城市，如唐山、抚顺、本溪、鞍山、焦作、萍乡等；新兴铁路枢纽城市，如蚌埠、石家庄；新型贸易口岸城市，如安东（今丹东）、秦皇岛、龙口、烟台、威海、海州（今连云港）、杭州、宁波、温州、厦门、汕头、赤坎、淡水、苏州、张家口、库仑（今乌兰巴托）、嘉峪关、喀什、伊犁、塔城、河口、思茅、蒙自、龙州、亚东、江孜、噶大克等。[①] 在城市数量增加和城市规模扩大的同时，城市从业人口的职业结构也在发生着较大的变化。“伴随着城市人口职业构成中农业人口比重下降，非农业人口比重上升，封建性军政人口逐渐让位于商业、工业等经济活动人口，城市人口构成中，出现了一批新式人口群，如资本家、产业工人、新式知识分子等”[②]，传统城市的“政治性”由于近代“经济性”的增强而相对减弱。

城市化水平的提升和城市经济功能的加强，有力地促进了农业经济的专业化和农业生产的商品化，加快了手工业的发展。“工业中心的形成、其数目的增加、以及它们对人口的吸引，不能不对整个农村结构产生极深远影响，不能不引起商业型农业和资本主义农业的发展。”[③] 比如，上海辟为租界地后，中外互市，人口陡增，需要大量蔬菜，为了满足城市的需要，有些农村地区就削减棉花稻谷的种植，大量种植蔬菜，实行专业化生产，生产效率大大提高。重庆城市发展中对鸡肉、鸭肉、猪肉产生了大量需求，农民就增加对鸡、鸭、猪等家禽的饲养量，以满足城市生活的需要。又比如，江苏1915年以前，由于工业用棉有限，农民种植棉花主要满足自身需要，后来由于城市棉纺织业的迅速发展，对棉花的需求量大增，于是农民就减少稻谷、豆类的种植，专门从事棉

① 顾朝林.中国城镇体系——历史·现状·展望[M].北京：商务印书馆，1992：144-145.

② 宫玉松.中国近代城乡关系简论[J].文史哲，1994，(6)：31-36.

③ 列宁全集（第三卷）[M].北京：人民出版社，1984：20.

花的种植，到1918年棉花产量“几倍于昔日”①。第一次世界大战后，日本在山东设立纱厂，山东农民棉花种植面积急剧扩大。其他行业如丝织业、面粉业、烟草业等产业的发展，也带动了桑蚕养殖、小麦和烟草种植的专业化发展。另外，国内外贸易的发展以及国内外市场联系的加强，也对农业生产和手工业生产起到了重要的促进作用。比如国际市场对桐油的大量需求促进了四川桐油的出口，到1917年，四川外运桐油量已达37700担，到抗日战争前夕增加到681451担，价值2735万元②。又比如，江苏吴县自通商以来，“丝茶为出口大宗，人人皆知其利，长洲县所辖之西北境，凡与无锡金匮接壤者，遍地植桑治蚕”③。其他如烟草、棉花、花生、皮毛等的种养殖面积或数量也因国际市场需求的激增而扩大。在手工业发展方面同样如此，比如由于国际市场对发网的需求量激增，山东烟台成为发网业最发达的地区，从事发网业的妇女数达10万人左右④。……“1915年发网还以10罗计算，至1921年便以数千罗计算，某行一天中寄出1万罗之多”⑤。

2.城乡社会分工进一步扩大，“农村农业、城市工业”的分工格局基本形成

城市工业的快速发展，一方面促进了农业专业化和商品化水平的提高，另一方面促进了城乡社会分工的深化。城市资本主义机器工业以其较高的生产效率，给家庭手工业的发展带来较大的威胁。在与机器工业竞争中，乡村手工业由于设备简陋，工艺水平较低，生产规模较小，生产效率较低，纷纷败下阵来。为了能生存下去，不得不改变原来自己生产的方式，转而为城市机器生产提供原料和半成品，或者只承担机器工业生产的某一个生产工序，与机器工业生产进行协作。比如城市生产火

① 章有义.中国近代史农业史资料（第二集）[M].北京：生活·读书·新知三联书店，1957：147.

② 彭通湖.四川近代经济史[M].成都：西南财经大学出版社，2000：194.

③ 吴县志·舆地考·风俗：卷五十二[M].苏州：文新公司，1933.

④ 彭泽益.中国近代手工业史资料1840—1849（第三卷）[M].北京：生活·读书·新知三联书店，1957：41.

⑤ 彭泽益.中国近代手工业史资料1840—1849（第三卷）[M].北京：生活·读书·新知三联书店，1957：658.

柴，乡村则分担糊火柴盒、贴标牌；乡村手工织袜，城市工厂完成漂染装潢；乡村完成茧丝烘烤，城市工厂加工；等等。这些生产工序间的相互联系是城乡社会分工的最显著的表现形式。① 由此可见，随着城市化进程的推进，城市机器工业生产逐步代替了农村手工业生产，农村手工业向城市机器工业集中，手工业与农业出现分离，城乡社会分工进一步扩大和细化。

3.城市工业的发展促进了乡村劳动力向城市的持续流入，同时加剧了城乡人口之间的流动

鸦片战争以后，城市及其工商贸易的发展增加了对劳动力的大量需求，乡村劳动力源源不断地流入城市，加入城市工业的劳动大军之中。据统计，1935年农民全家离村进城者占离村总数的59.1%，青年进城者占总数的65.5%。② 洋务运动时期，民用、军用工业发展就从农村中招募过很多工人，比如中国第一家棉纺织厂——上海机器织布局初创时的女工主要来自上海农村；1911年武汉100多家工厂的近6万工人，除部分来自武汉三镇的城市贫民外，其余主要来自江汉平原的汉阳、荆州各府各县的农民；民国初年南宁大布厂的工人大多数来自桂林和湖南乡村③。另外，由于农村手工业的不断萎缩，乡村农民有了更多的闲暇时间，他们在农闲季节，进城充当小商贩或卖苦力（人力车夫、搬运工等），既增加了经济收入，又改变了落后的理念，同时促进了城乡之间的人口流动。总之，随着城市及其工商贸易的发展，城市的经济功能不断增强，对乡村的经济社会发展产生了积极的促进作用。农业和手工业的专业化和商品化的水平不断提高，城乡之间的社会分工日益加深，城乡之间的关系更加密切。

① 陈炜.近代中国城乡关系的二重性：对立与统一[J].宁夏大学学报（人文社会科学版），2008，（1）：119–126.

② 国民党中央农业实验所编.农情报告（第四卷第七期）[J].1935：177.

③ 陈炜.近代中国城乡关系的二重性：对立与统一[J].宁夏大学学报（人文社会科学版），2008，（1）：119–126.

（二）城乡之间的差距和对立进一步扩大

1.城市对乡村的剥削进一步加深

城市对乡村的剥削主要包括通过地租、税赋等传统方式和工农业产品贸易之间的“剪刀差”进行剥削。据相关专家的研究，实物地租一般不超过25%、货币地租率不超过6%，才是适当的。[①] 但1934年实际的实物地租已经大大超出25%的水平，全国中等水田的平均实物地租率达到42.49%，中等旱地的平均实物地租率达到44.71%；中等水田实物地租率最高的广西，高达56.99%，中等旱地实物地租率最高的河北，高达53.74%。[②] 1930年货币地租率，除了辽宁省中等旱地及热河省中等水、旱田地低于6%的水平外，其余各省的中等水、旱田地均超过了6%；全国中等水田的平均货币地租率高达11.3%，中等旱地的货币地租率高达11%；水田货币地租率最高的福建高达25%，旱地货币地租率最高的云南甚至高达27.5%。[③] 大斛收租、预租、押租等征租方式和劳役地租也是剥削农民的常用手段。地租、税赋加重了对乡村的剥削，加速了家庭经济的破产，导致农村的萧条和衰败。

城市对乡村的剥削除了地租、税赋外，还通过工农业产品贸易之间的“剪刀差”剥削乡村。鸦片战争以后，“外国资本主义和中国的城市买办阶级组成了一个以通商都市为基地向内地和广大农村进行不等价交换的半殖民地半封建性质的剥削关系，通过抬高工业品销售价格、压低农产品收购价格，从而形成日益扩大的工农产品价格剪刀差”[④]。在这个剪刀差体系中，工业品的价格水平是在通商都市决定的，在批发、中转、零售等环节中，环环加上商业利润、利息、捐税等以后再销往内地和农村，因而逐级加价。而农产品往往要经过比工业品更多的流通环节才能流向通商都市，但由于其价格（基准价）也是由通商都市这一头决定的，所以在流通中被级级压价。级级加价和压价进一步扩大了工农业

① 陈正谟.中国各省的地租[M].北京：商务印书馆，1936：42.

② 陈正谟.中国各省的地租[M].北京：商务印书馆，1936：66–67，82–93.

③ 严中平，等.中国近代经济史统计资料选辑[M].北京：科学出版社，1955：307.

④ 宫玉松.中国近代城乡关系简论[J].文史哲，1994，(6)：31–36.

产品价格差，加重了对乡村的剥削。[①] 工农产品之间“剪刀差”式的剥削加剧了乡村农民的贫困程度和农村市场的萎缩，阻断了城乡之间的物资交流和互动，加剧了城乡之间的不平等关系和对立。

2.城乡之间的差距和对立进一步扩大

近代资本主义工商业的发展，使城市和乡村之间的差距越来越大。机器大工业和现代商业聚集于城市，使城市拥有先进的生产方式，代表先进科技的电话、电报、汽车、轮船、飞机、铁路、商业大楼等在城市的广泛使用，使城市充满现代化的气息。而在广大的乡村，却仍然使用落后的生产方式，过着较为贫困的生活。如汉口周边农村“农具是非常简陋的：一个铁锄，几个竹耙或者是做得很粗造的铁耙”[②]，“上海市场出售之农具，式样虽多，但皆旧式，故百四十农家，所用为耕种收获之农具，皆属历代相传之旧物，即一锄一铲，亦绝无新式品”[③]。城乡之间不仅生产方式差距较大，而且居民生活差别也很大。卢作孚在《中国人的生活是这样的》中写道：“在四川农村7000万人，平均每年每人穿的面纱不过值银六七角，贫穷的农人以甘薯、玉米为主食，三餐以腌菜为主，几户人家合住一屋，人们的活动范围近则房屋周围的耕地，远则几里十几里外的市场，用品除了最简单廉价的铁器和木器买一次可用多年外，很多竹制草制的用品都是自己制造。而在城市则是穿洋服吃大菜，住大洋房，乘1934年式的汽车，剃胡刀到抽水马桶都是非常漂亮的人群。”[④] 有人评论当时的城乡差别时说：“文明机关的建设，多半集中在都市里，田园生活的乡下佬，无从瞧见文明之光。”[⑤]“都市酒肉臭，农村饥寒迫。”[⑥]

3.城乡之间的发展缺乏良性互动

城市和乡村本应该是一个良性互动的整体，并在良性的交流和沟

① 吴承明.中国资本主义与国内市场[M].北京：中国社会科学出版社，1985：280.

② 章有义.中国近代史农业史资料（第二集）[M].北京：生活·读书·新知三联书店，1957：396.

③ 冯和法.中国农村经济资料[M].上海：黎明书局，1935：266.

④ 张守广.卢作孚年谱[M].南京：江苏古籍出版社，2002：128.

⑤ 筑山.乡下佬和文明[J].农民，1930，（26）.

⑥ 蓝梦九.都市与农村的根本关系[J].中国经济，1933，（2）：2.

通中共同进步。然而，近代以来，虽然城市资本主义的发展对乡村的发展和进步起到了一定的促进作用，但农村自给自足的自然经济仍然在相当大范围存在，现代工业在整个国民经济中的地位并不突出。在生产方面，“直到20世纪初，黄河上游和华北地区的农村也仅有少数的农业专业化区域，其他边远的山区农村，自然经济的破坏程度微乎其微，中国农业的大部分仍然是传统的生存型农业”①。据统计，到20世纪20年代，中国农业占工农业生产总值的86%，近代工业仅占14%；到1936年，工业产值仍仅占工农业生产总值的38%，并且这38%的产值中工场手工业就占到了67.54%；而到了1949年，农业产值占工农业生产总值的比例反而上升到79%左右②。由此可见，此时的中国产业结构中农业占据绝对地位。在消费方面，“20世纪20年代日本学者对嘉陵江流域的一个农户的调查表明，该农户支出中的饭食、地租及捐税、燃料等基本与市场无关，仅这三项就占了74.11%，即使把剩下购买衣服、农具、种子、肥料、饲料和杂费全算为农民在市场上的购买部分，也只有25.89%。另一外国学者1926年对成都平原50个农户进行的调查显示，在食料和租税上的支出大约占到了77.5%～78.2%，能用在市场上购买商品的部分仅占22%～23%。”③ 由于农村购买力有限，农村市场狭小，所以对城市及其工商业的进一步发展形成较大的制约。由于城市及其工商业发展受阻，反过来又削弱了城市对乡村的辐射带动作用，乡村经济社会发展缓慢，形成了“乡村发展滞后，制约城市发展；城市发展受阻，对乡村的带动作用减弱”的恶性循环，城乡发展均受到阻碍。

综上所述，可以清晰地看到我国近代城乡关系发展呈现出两方面的典型特征：一方面随着外国资本主义的侵入和本国资本主义的兴起，城市及其工商业得到了较快发展，对乡村经济社会产生了一定的辐射带动作用，城乡之间的联系有所加强，动摇了农村自然经济的基础，具有历史进步性；另一方面，城市在政治上对农村的统治和经济上对农村

① 蔡云辉.城乡关系与中国的城市化问题[J].西南师范大学学报（人文社会科学版），2003，（5）：117-121.

② 许涤新，等.中国资本主义发展史（第三卷）[M].北京：人民出版社，1993：739-744.

③ 隗瀛涛，田永秀.近代四川城乡关系析论[J].中华文化论坛，2003，（2）：30-36.

的剥削并未得到改变，甚至随着城市资本主义大工业的发展，城市对农村的统治和剥削程度更加严重，城乡之间的差别和对立更加尖锐，城乡之间的良性互动关系并没有建立起来，农村自然经济基础并未发生根本的动摇和改变。

三、马克思主义城乡关系理论中国化和中国道路的探索

鸦片战争以后，中国的城乡关系发展取得了一定的成效，但也存在着诸多问题。为了解决城乡关系发展中存在的问题，官方和民间都进行了深入的思考和探索。特别是新民主主义革命不仅为改善城乡之间的关系提供了重要的政治经济条件，同时又为城乡关系的改善提供了许多宝贵的经验。

（一）20世纪初民间和官方对城乡关系的思考和探索

如何改变鸦片战争以来城乡之间存在的严重差距和对立问题，民间和官方进行了深入的思考和艰苦的探索。20世纪二三十年代，由民间组织发起的“乡村建设运动”和政府推动的“农村复兴运动”，对改变当时农村的落后面貌，促进政治经济社会稳定和发展起到了重要的作用。“乡村建设运动”主要由一些进步知识分子团体来推动。这些团体如中华平民教育会、中华职业教育社、山东乡村建设研究院、山东齐鲁大学、南京金陵大学、江苏省立教育学院等，它们进行了广泛的调查研究，开展了切实的教育和改革实验。当时影响比较大的社会实验主要包括晏阳初的定县平民教育、陶行知的晓庄生活教育、梁漱溟的邹平村治、高阳和俞庆棠的无锡民众教育、黄炎培和江问渔的徐公桥的职业教育、雷沛鸿的广西国民基础教育、冯和法的“中国的社会主义”等。[①]这些实验为乡村的改造和复兴积累了丰富的经验，对改善城乡关系具有重要的作用。“农村复兴运动”主要由政府来推动，其主要目的是进行“民族再造”和“民族自救”。“农村复兴运动”过程中，政府也认真听

① 曹天忠.1930年代乡村建设派别之间的自发互动[J].学术研究，2006，（3）：96-102.

取专家们的意见，如1932年第二次全国内政会议就邀请李景汉、晏阳初、梁漱溟、高阳等人参加并听取他们的意见。会议决定在河北定县，山东邹平、菏泽，江苏江宁，浙江兰溪设立“五大宪政建设实验县”，在这些县开展了生产改良、整顿水利、救济农村金融、调查农村经济、修建铁路、建设县政等实验，这些乡村建设实践活动具有不可忽视的意义[①]。但这些实验及其实践活动，其性质都是改良主义的，并没有触动旧有的生产关系，没有动摇外国资本主义、封建主义和官僚资本主义的城市对乡村的残酷统治和剥削，没有缓和城乡之间的尖锐对立关系，因而无法从根本上改善城乡之间的关系，将城乡关系发展纳入到国家现代化发展的轨道，这些实践活动的效果也是有限的。

既然改良主义的道路无法从根本上改变和消除城乡之间的差距和对立，那么改变半殖民地半封建性质的城乡关系的重任只能落在“革命”的肩上。对此，马克思恩格斯、列宁斯大林曾经做过深刻的阐述。他们指出，只有通过革命根除旧的政治经济基础，才能为构建新型城乡关系奠定新的政治经济基础。

（二）城乡关系的特殊性决定了中国道路的不同选择

怎样通过革命的方式推翻旧的政治经济制度，为构建新型城乡关系建立新的政治经济基础？马克思主义经典作家的理论并没有提供现成的答案。马克思恩格斯运用历史唯物主义和辩证唯物主义方法，考察了主要资本主义国家早期的工业化和城市化进程，揭示了城乡关系发展变化的一般规律，提出了实现城乡融合的根本途径。马克思恩格斯认为，“城乡混沌一体—城乡分离对立—城乡对立加剧—城乡对立消灭—城乡差别消失至城乡融合”是城乡关系发展的一般规律。只有通过革命的道路消灭资本主义政治经济制度，才能为消灭城乡对立、实现城乡融合创造前提条件。他们指出，无产阶级的革命活动首先会在发达的资本主义国家取得胜利，并认为“共产主义革命……将在一切文明国家里，

① 郑大华.关于民国乡村建设运动的几个问题[J].史学月刊，2006，（2）：52-59.

即至少在英国、美国、法国、德国同时发生”[①]。列宁创造性地发展了马克思恩格斯的城乡关系理论和无产阶级革命理论，指出：“经济政治发展的不平衡性是资本主义的绝对规律。由此就应得出结论：社会主义可能首先在少数或者甚至在单独一个资本主义国家内获得胜利。”[②]列宁将“资本主义政治经济发展不平衡性”的原理运用于苏俄的革命道路选择之中，领导苏俄无产阶级在资本主义发展相对比较薄弱的地方，发动十月革命并取得了胜利，为苏俄建立新型城乡关系创造了新的政治经济条件。

无论是马克思、恩格斯，还是列宁，无论他们提出的革命理论抑或选择的革命道路，有一个隐含的前提，即认为城市是国家政治经济文化的中心，是代表先进生产力的工人阶级力量的集结地，是城市无产阶级进行革命斗争的主要场所，城市中蕴藏的政治经济力量能够战胜乡村。因此他们认为无产阶级的革命活动应以“城市”为中心，走“从城市到农村，最终夺取全国胜利”的革命道路。但是，中国的政治经济社会基础和历史条件与早期的资本主义国家和俄国的情况存在很大差别，所以中国的革命道路选择就会有所不同。正如列宁所说：“一切民族都将走到社会主义，这是不可避免的，但是一切民族的走法却不完全一样，……每个民族都会有自己的特点。”[③]

首先，近代中国的政治经济社会制度具有自己的特殊性。鸦片战争以后，外国资本主义和本国资本主义得到一定程度的发展，对乡村经济社会产生了一定的影响，但从根本上说传统的自然经济基础仍然没有发生动摇，尤其是民族资本主义，受帝国主义、封建主义和官僚资本主义的压制，其力量十分软弱，不可能领导中国人民取得反帝反封建反官僚主义的彻底胜利。中国工人阶级队伍虽然随着资本主义的发展逐渐壮大起来，但其人数仍然比较少，它所具有的先进性、革命性和斗争性使其可能成为革命的领导力量，但不可能成为革命的主力军。中国是个农业大国，农民人口众多，农民占全国人口的百分之八十以上，农民是无产

① 马克思恩格斯选集（第一卷）[M].北京：人民出版社，1995：241.
② 列宁全集（第二十六卷）[M].北京：人民出版社，1990：367.
③ 列宁全集（第二十三卷）[M].北京：人民出版社，1990：64-65.

阶级最可靠的同盟军和主力军。中国反帝反封建的资产阶级民主革命，实质上是无产阶级领导下的农民革命战争，这就决定了中国革命必须在农村建立根据地，发动农民，组织农民，武装农民，经过长期斗争，最后以农村包围城市夺取全国政权。周恩来曾经指出："先有农村红军，后有城市政权，这是中国革命的特征，这是中国经济基础的产物。"[①] 其次，中国政治经济发展的不平衡性决定了革命发展的不平衡性。由于统治中国的帝国主义和封建主义相勾结，结成强大的反革命力量，并长期占据中心城市，广大农村则是他们的薄弱环节，这就决定了中国革命的中心必须放在反革命统治薄弱的农村。同时，中国是一个落后的农业国，农业经济占主导地位，农村可以自给自足，可以不依赖城市而独立存在。中国是一个大国，革命力量有较大的回旋余地。各资本主义国家之间的相互争夺，导致了中国反革命堡垒内部的不统一和矛盾，有利于革命力量的发展。正如邓小平所说："列宁领导的布尔什维克党是在帝国主义世界的薄弱环节搞革命，我们也是在敌人控制薄弱的地区搞革命，这在原则上是相同的，但我们不是先搞城市，而是先搞农村，用农村包围城市。"[②] 再次，近代中国是一个半殖民地半封建的国家，内部没有民主制度，外部没有民族独立，因此，无议会可以利用，无组织工人罢工的合法权利，这就决定了中国革命必须采取武装斗争的形式，以武装的革命反对武装的反革命。

在新民主主义革命的30年中，中国共产党有22年的时间在农村不断发展革命力量，实行"工农武装割据"，在一块又一块的革命根据地内建立反帝反封建的人民政权，开展土地革命和武装斗争，进行政治、经济、文化建设，形成敌占城市、我占农村，我以农村包围城市最后夺取全国政权。实践证明，这是符合中国国情的唯一正确道路。"农村包围城市、最后夺取城市"的理论，揭示了中国革命发展的客观规律，发展了恩格斯关于资本主义发展水平较低的国家，革命将先夺取中小城市和广大农村，最后才攻克首都的设想。解决了在一个农民占绝大多数的

① 周恩来选集（上卷）[M].北京：人民出版社，1997：32.
② 邓小平文选（1975—1982年）[M].北京：人民出版社，1983：121–122.

半殖民地半封建落后国家无产阶级夺取政权的道路问题。这一理论创造性地发展了马克思列宁主义，为马克思列宁主义的理论宝库增添了新的内容。

（三）抗日战争和解放战争时期建设新型城乡关系的初步实践

在中国革命的实践中，中国共产党和中国人民逐步认识到，旧中国严重对立的城乡关系对经济社会发展造成了很大制约，要促进经济社会健康协调发展，就必须改革旧的不协调的城乡关系，建立新型的、和谐的城乡关系。为此，在抗日战争和解放战争时期，中国共产党在所控制的农村和城市地区开展了建设新型城乡关系的实践。建设新型城乡关系既包括发展城市和农村的生产力，也包括调整城市与农村之间及其各自内部的生产关系，为促进城乡关系和谐发展奠定良好的政治经济条件。建设新型城乡关系主要包括以下内容：

1.发展农业生产，调整农村封建生产关系

抗日战争和解放战争时期，为了改变旧的不合理的城乡关系，中国共产党一方面注重发展农业生产，另一方面注重调整农村封建生产关系。比如在抗日战争时期的陕甘宁边区，为了减轻农民的负担，采取了减租减息的政策，这一政策极大地调动了农民的生产积极性，农业种植面积和产量大幅度增加，耕地面积由1937年的862.6万亩，扩大到1945年的1425.6万亩，8年几乎翻了一番。粮食产量由1937年的126万担，提高到1944年160万担，[①] 增长了27%；其他农作物的种植，如棉花等，面积和产量均有较大提高[②]；牲畜如骆驼、驴、骡子、猪、羊、牛等的总数在1938年到1944年的7年间增长了大约160%[③]。另外，在解放区实施土地改革，农民获得大量的生产生活资料，如解放战争时期晋冀鲁豫边区的太行地区，从1946年6月到1947年4月不到1年的时间里，全

① 陕甘宁边区财政经济史编写组，陕西省档案馆.抗日战争时期陕甘宁边区财政经济史料摘编（第二编）[M].西安：陕西人民出版社，1981：85-86.

② 陕甘宁边区财政经济史编写组，陕西省档案馆.抗日战争时期陕甘宁边区财政经济史料摘编（第二编）[M].西安：陕西人民出版社，1981：87-90.

③ 陕甘宁边区财政经济史编写组，陕西省档案馆.抗日战争时期陕甘宁边区财政经济史料摘编（第二编）[M].西安：陕西人民出版社，1981：62-62，97-99.

区500万人口中，就有330万人从土地改革中分得土地376.3万亩，该区新解放的20个县市2959个村在与地主作清算的斗争中，获得牲口（19个县）37345头，房子（19个县）64108间，粮食（18个县）966253石，衣服（13个县）891885件，农具及家具（10个县）744469件，冀钞（18个县）78895700元，银元（11个县）1064833元，铜块（6个县）26482两。[①] 土地改革运动使农民得到了实惠，改善了农民的生产生活条件，调动了农民的生产积极性，促进了农业生产的发展。

2.发展工业，积累工业生产经验

在抗日战争和解放战争期间，为了解决资源贫乏与满足战争的需要，同时为未来发展工业积累经验，中国共产党领导人民在边区大力发展工业，建立工业体系。如抗日战争期间在陕甘宁边区，建立了门类比较齐全的工业部门，主要包括纺织、制药、造纸、制革、印刷、冶炼、石油、煤炭、玻璃、陶瓷、军工制造、机械修造等。1944年布匹产量为147389匹，自给率达47.5%；纸张15308令，自给率达89.6%；1939—1945年共生产肥皂2111292条；1944—1945年生产火柴2003箱，实行自给；1942年全年生产注射剂1万盒，中药2万磅，其他酊剂、散剂50磅，脱脂棉花2000磅；1944年陶瓷和玻璃制品全部实现自给；1940—1945年年均产盐40万驮（1驮等于150斤）；从1939年到1945年，原油产量由3550桶增加至116920桶；1944年冶铁产量实现自给；1943年煤炭每月出炭7600吨；1938年开始有机械工业，到1944年机械与军事工业职工总数973人，能生产步枪子弹、无烟火药、掷弹筒、手榴弹、织机、弹毛机、弹花机、榨花机等军用、民用机械。[②] 其他革命根据地的工业行业如纺织业、日用化学品工业、机械制造和修理、煤铁冶炼工业在抗日战争和解放战争时期也都有不同程度的发展。[③]

---

① 齐武.一个革命根据地的成长：抗日战争和解放战争时期的晋冀鲁豫边区概况[M].北京：人民出版社，1957：278.

② 陕甘宁边区财政经济史编写组，陕西省档案馆.抗日战争时期陕甘宁边区财政经济史料摘编（第二编）[M].西安：陕西人民出版社，1981：133、214、155、257、279、552、292、322、333、348.

③ 晋察冀边区财政经济史编写组，河北省档案馆，山西省档案馆.晋察冀边区财政经济史料选编（第一编）[M].天津：南开大学出版社，1984：588-591.

3.促进商业发展，繁荣市场经济

中国共产党领导人民在边区推动农业生产和工业生产发展的同时，积极发展商业，活跃市场经济。以陕甘宁边区的延安为例，1936年私营商户有123家，1944年增加到473家，增长285%；资本由300万元增加到16亿元，增加将近500倍；拥有5万元以上资本的商户由2家增加到32家，增长15倍。[①] 公营商业从1940年开始发展，至1944年，延安已有公营商户67家，虽然只占商户总数的12.4%，但是资本规模较大，仅边区贸易公司所属的8家商户，总资本就达到36亿元。[②] 随着工农业生产的发展、人口的增加和购买力的增强，边区还新设了不少集市，乡村市场较之以前有了很大程度的发展，促进了农副产品和工业品之间的交换，方便了人民群众的生产生活。

4.推进政治进步，发展社会文教事业

抗日战争时期和解放战争时期，中国共产党除了带领人民群众发展工农业生产以及商业之外，还积极推进政治进步，发展社会文教事业。不管是抗日战争时期"三三制"政权里，还是解放战争时期的民主政权中，解放区人民有了选举的自由，他们用"划圈""投豆"的方式行使自己的民主权利，彻底摆脱了被压迫被剥削的地位，成为了国家的主人翁。有人这样描述当年的情形："许多解放区的城市里，城市人民很容易感觉到，'乡下人和从前不一样了'，他们再不是过去那种'土里土气'，到处被鄙弃、被敲诈的乡下佬，而是有高度政治认识、觉醒人民的自尊和对社会国家的主人翁感。从传统的城乡关系来看，也是一种伟大的变革。"[③] 在发展社会文教事业方面，针对当时文盲率极高的情况，各解放区政府开展了大规模的群众文教卫生运动。首先，大力培养优秀的文教工作者，创造了许多适合群众需要的文教方法，通过读报组、黑板报、农村冬学、成人识字班、工农通讯员、文化货郎担、群众秧歌队

① 陕甘宁边区财政经济史编写组，陕西省档案馆.抗日战争时期陕甘宁边区财政经济史料摘编（第四编）[M].西安：陕西人民出版社，1981：20–25.

② 陕甘宁边区财政经济史编写组，陕西省档案馆.抗日战争时期陕甘宁边区财政经济史料摘编（第四编）[M].西安：陕西人民出版社，1981：21–36.

③ 卢蕻.论城乡合作[M].北平（北京）：生活·读书·新知三联书店，1949：28.

等多种多样的形式扫除文盲，提高人民群众的文化知识水平。其次，发展学校教育，为工农业生产和国家建设培养合格人才。在陕甘宁边区先后创建了中共中央党校、中国人民抗日军政大学等高等干部学校12所，鲁迅艺术学院、八路军医科大学等国民教育高等学校6所，鲁迅师范、边区中学等中等教育学校13所[①]。小学数和在校学生数由1937年的545所和10396人，增加至1945年的1377所和34004人[②]；在冀鲁豫边区的太行地区，小学数和入学儿童数也由1942年的1237所和52885人，增加至1946年6月的4684所和239170人[③]。另外，针对人们的不卫生习惯、医生和医药匮乏的情况，强调“救命第一”，生命至上，开展了广泛的群众卫生运动，培养了大批为群众服务的合格医生。

5.稳妥地接收和管理城市，保护和发展城市生产力

随着解放战争进入战略进攻阶段，收复的城市越来越多，如何接收和管理城市，保护和发展城市生产力，对促进城市健康发展和构建新型城乡关系至关重要。由于人民军队长期战斗和生活在农村地区，多数党员主要来自于农村，缺乏管理城市和企业的经验，所以如何稳妥地接收和管理城市、保护和发展城市生产力是中国面临的一个新课题。面对新形势，以毛泽东为核心的党中央审时度势，从容应对，提出了一系列切实可行的政策措施，保证了接收和管理城市工作的顺利进行。首先，统一思想，充分认识接管城市的重要性。1948年8月，在东北城市工作会议上张闻天指出：“城市代表更高的生产力，代表工业、技术、科学与文化，城市代表最先进的工人阶级”，“在胜利的条件下，城乡关系的性质已经由城市剥削乡村和城乡对立变为城乡互助；要正确认识城市地位，应强调城市对乡村的领导作用；城市领导乡村的实质，就是工业与农业并重，工业领导农业，工农联盟，工人阶级领导农民”。[④]1948年9月，毛泽东指出要加强城市和工业的管理工作，使党的工作重心逐

① 刘宪曾，等.陕甘宁边区教育史[M].西安：陕西人民出版社，1994：612-618.

② 齐心，张馨主编.陕甘宁边区政府成立五十周年论文选编[M].西安：三秦出版社，1988：178.

③ 齐武.一个革命根据地的成长：抗日战争和解放战争时期的晋冀鲁豫边区概况[M].北京：人民出版社，1957：221.

④ 张闻天选集[M].北京：人民出版社，1985：389.

步由乡村转到城市，进一步强调接收和管理城市的重要性。[①] 在1949年2月的七届二中全会上，毛泽东再次强调指出："从现在起，开始了由乡村到城市并由城市领导乡村的时期。……党和军队的工作重心必须放在城市，必须用极大的努力去学会管理城市和建设城市"，并把接管城市工作提升到能不能实现由乡村到城市的转变、能不能解放全中国、建立和维持新政权的高度，要求全党全军统一思想认识，重视城市工作。[②]

其次，明确提出接收和管理城市的指导方针。针对当时各城市接管过程中出现的一些问题和教训，党中央明确指出接管城市一定要积极稳妥，注意保护和建设。刘少奇在指导石家庄接管工作时指出，对于接收的城市，应作长期打算，方针是建设而不是破坏；要注意保护和发展工商业，建立新秩序以便进行建设；在接收过程中，对于企业中的各种组织和制度，应照旧保持，不应任意改革及宣布废除，旧的实际工资标准和等级以及奖励制度、劳动保险制度等，亦应照旧，不得取消或任意改订；争取和改造企业原来的干部、技术人员，以为人民服务；原有税收，除少数需停止或改革外，一律照旧征收，待调查研究完成后再行改革；学校教育改革要待绝大多数学生和教员拥护后才能进行，如果缺乏改革的充分的群众基础，则宁愿推迟；对外资企业，不要向他们表示任何不成熟的意见。[③] 党的七届二中全会上，毛泽东重申接收和管理城市的方针："全心全意地依靠工人阶级，团结其他劳动群众，争取知识分子，争取尽可能多地能够同我们合作的民族资产阶级分子及其代表人物站在我们方面，或者使他们保持中立，以便向帝国主义者、国民党、官僚资产阶级作坚决的斗争，一步一步去战胜这些敌人，同时即开始着手我们的建设事业，一步一步地学会管理城市，恢复和发展城市中的生产事业。"[④]

再次，采取合适的接收和管理城市的办法。为避免接管出现混乱和

① 毛泽东选集（第四卷）[M].北京：人民出版社，1991：1347.

② 毛泽东选集（第四卷）[M].北京：人民出版社，1991：1427.

③ 中共中央文献研究室.刘少奇年谱（下卷）[M].北京：中央文献出版社，1996：133、144、176–179.

④ 毛泽东选集（第四卷）[M].北京：人民出版社，1991：1428.

大的波动，党中央采取了军事管理的制度。1848年6月10日中共中央在批转《东北局关于保护新收复城市的指示》中强调，在新占领的城市实行短期的军事管理制度：必须由攻城部队直接最高指挥机关担任该城的军事管理，所有入城工作的地方党政机关工作人员，一律听其指挥（可以组织军事管理委员会，吸收地方党政负责人参加）。[①] 接管城市最高权力机关——军事管制委员会下设经济、财政、铁路、政务、外交、军事、社会、文化等局处以及市政府、公安局、后勤、办公室、卫戍司令部等单位，以各自所属的系统进行接收，各部门只有接收权，无占有、支配权，各部门不对原上级负责，只对军事管制委员会负责，待全部接收完毕后，再统一分配工厂、房子等。军管制对城市的顺利平稳接管、保护城市生产条件、顺利恢复城市生活起到了重要的保护作用。

还有，严格强调接管纪律。陈云在《接管沈阳的经验》中指出："要保证接管得好，最重要的还必须入城部队有良好的纪律教育。"[②] 早在解放军开始攻占城市之前，中共中央及其领导人就注意强调纪律和加强纪律教育。1946年7月，毛泽东指出："任何部队，在每一次行动前，必须进行一次公开的全体的纪律教育，并以按照当前具体情况应当注意的具体事项在不泄露机密的条件下，明确地告诉一切指战员，方能于行动时使一切指战员遵守政治纪律，给人民以良好影响。"[③] 解放军在攻占和接管城市期间，中央发布的许多文件中，都对接管纪律提出了严格要求。严格的接管纪律，保护了城市生产力，树立了军队良好形象，赢得了人民群众的支持和拥护，为顺利接管城市、恢复城市生产奠定了良好的群众基础。

最后，把恢复经济和发展生产作为接管城市的重中之重。接收城市是为了管理和建设城市，所以接收城市之后的中心任务是尽快恢复城市经济和生产，这是巩固城市新政权、建立新型城乡关系的重要保证。在党的七届二中全会上，刘少奇指出："接收得好，还要管理得好"，"把城市建设起来，生产发展起来，就是管好了，就使工人和农民接近起来

① 中央档案馆.中共中央文件选集（第十四册）[M].北京：中共中央党校出版社，1987：170.
② 陈云文选（1926—1949年）[M].北京：人民出版社，1984：273.
③ 毛泽东军事文集（第三卷）[M].北京：军事科学出版社，中央文献出版社，1993：336.

了”。[①] 毛泽东在本次会议上也强调指出：“从我们接管城市的那一天起，我们的眼睛就要向着这个城市的生产事业的恢复和发展。”“务须避免盲目地乱抓乱碰，把中心任务忘记了，以至于占领一个城市好几个月，生产建设的工作还没有上轨道，甚至许多工业陷于停顿状态，引起工人失业，工人生活降低，不满共产党。这种状态是完全不容许的。”“只有将城市的生产恢复和发展起来了，将消费的城市变成生产的城市了，人民政权才能巩固起来，城市中的其他工作……，都是围绕生产建设这一中心工作并为这个中心工作服务的。”[②] 党的七届二中全会指出：在恢复经济和发展生产中，要全心全意依靠工人阶级，正确处理四面八方的关系，正确对待民族工商业。全心全意依靠工人阶级，就是要注意加强对工人的教育和组织，维护工人利益，调动工人工作积极性，发挥工人城市主人翁和城市建设主力军的作用。正确处理四面八方的关系就是要“从四面八方努力，四面八方照顾到，实现发展生产”，实现“公私兼顾、劳资两利、城乡互助、内外交流”。[③] 正确对待民族工商业，就是在没收官僚资本时仍然承认其中民族工商农牧业家私人股份的所有权；按照公私兼顾的原则调整公私营企业的关系，促进一切有利于国计民生的私营企业向前发展；按照劳资两利原则妥善处理私营企业中的劳资纠纷问题；制定合理的工商业税收征收比例和征收办法，确保私营工商业主税后仍有利可图；建立工商业者的商会或工商联合会，保护民族工商业资本家的合理利益等。由于采取了正确的接管政策，被接管的城市生产恢复和发展较为正常。据统计，到1949年东北私营工业企业开工28191家，废业12228家，净增15963家；商业共开业34847家，废业18944家，净增15903家；北京从1949年2月到1950年1月，私营工业的户数增加了51%，职工增加了47%；到1949年底，上海私营企业的开业户由6月的25%上升到61.7%，造船、碾米、医疗器械等行业全部开工。[④]

① 刘少奇选集（上卷）[M].北京：人民出版社，1981：420–421.

② 毛泽东选集（第四卷）[M].北京：人民出版社，1991：1428.

③ 中共中央文献研究室.毛泽东年谱（1893—1949）（下卷）[M].北京：人民出版社，1993：493.

④ 孙巧玲，闫家龙.中国共产党接管城市后恢复发展生产的政策[J].东岳论丛，2003（4）：99–100.

6.实施经济纲领，为构建新型城乡关系创造政治经济条件

为构建新型城乡关系，实现新民主主义向社会主义的顺利过渡，中国共产党提出了新民主主义的经济纲领，即没收封建地主阶级的土地归农民所有，没收官僚资产阶级的垄断资本归新民主主义的国家所有，保护民族工商业。[①]“没收封建地主阶级的土地归农民所有”是新民主主义革命的主要内容。旧中国土地的占有非常不平等，占乡村人口不到10%的地主、富农，占有70%～80%的土地；占乡村人口90%的贫困中农却只占有20%～30%的土地。农民终年劳动，却无法满足温饱，解放前全国农民每年要向地主缴纳300～500亿公斤地租的粮食，农民还被迫借高利贷和进行无偿劳役为地主阶级供奉自己的血汗。[②]可见封建土地制度是旧社会农民贫穷困苦的根源，是制约农业生产力发展的巨大障碍，为了解放广大农民，促进农业生产力发展，就必须改革农村土地制度。至1952年土地改革运动基本完成，除一部分少数民族地区外，全国新老解放区3亿多无地少地的农民无偿分得了约7.5亿亩耕地和大量生产资料，免交了高达350亿公斤粮食的地租和沉重的高利贷的剥削和压迫。新民主主义革命经济纲领的实施，调动了农民的积极性，促进了农业生产力发展，改善了旧式城乡关系，为巩固工农联盟和新生政权创造了有利条件。

“没收官僚资产阶级的垄断资本归新民主主义的国家所有”是新民主主义经济纲领的又一重要内容。官僚资本是靠买办起家、由帝国主义扶植起来并为之服务的资本，是反动政权统治的经济基础。抗日战争胜利后，官僚资本“集中了价值达一百万万至二百万万美元的巨大资产，垄断了全国的经济命脉”[③]。全国解放前夕，官僚资本约占全国工业资本的66%，占全国工矿、交通运输业固定资产的80%。在旧中国工业品产量的最高年份，国民党政府资源委员会所属的工矿企业，掌握着钢铁产量的90%，煤炭产量的33%，发电量的67%，水泥产量的45%，以及全部石油和有色金属的生产，官僚资本控制着全国的金融机

① 毛泽东选集（第四卷）[M].北京：人民出版社，1991：1253.

② 何沁.中国人民共和国史（第二版）[M].北京：高等教育出版社，1990：40.

③ 毛泽东选集（第四卷）[M].北京：人民出版社，1991：1253.

构和铁路、公路、邮电、航空运输以及44%的轮船吨位，还拥有十几个垄断性的贸易公司。[①] 为了摧毁官僚资本对国民经济的统治地位，迅速壮大公有经济，国家没收了官僚资本主义掌控的产业和企业。据统计，到1949年底，国家收购的官僚资本主义企业和银行共2400多家、铁路2.18万公里、机车4000多台、客车4000辆、火车47000辆、车辆船舶修造厂30多个，船舶20万吨；十几家垄断性质的贸易公司，国民党政府资源委员会、中国纺织建设公司、兵工后勤系统等所属工矿企业2858个。[②] 没收官僚资产阶级的垄断资本快速壮大了公有经济，国家在极短的时间内掌握了经济命脉，为建立新型的城乡关系奠定了良好的经济政治条件。

“保护民族工商业”也是新民主主义革命经济纲领的重要内容。在新民主主义革命时期，中共中央严格区分民族资本主义和官僚资本主义，对民族资本主义工商业进行保护和支持，帮助他们复工复业；同时保护私营工商业者的财产所有权、经营自由权及合理的经营利润；允许民族工商业者根据自己的实际情况，保持工资制度、分红制度、学徒制度等方面的差别。[③] 毛泽东在党的七届二中全会上指出：“在革命胜利以后一个相当长的时期内，还需要尽可能地利用城乡私人资本主义的积极性，以利于国民经济的向前发展。在这个时期内，一切不是于国民经济有害而是于国民经济有利的城乡资本主义成分，都应当允许其存在和发展。”[④]

综上所述，在新民主主义时期，中国国共产党领导人民大力发展工农业生产，积极活跃市场，推进政治进步，发展社会文教事业，稳妥接收和管理城市，颁布并实施新的经济纲领，为社会主义经济政治建设和构建社会主义新型城乡关系创造了良好的条件，积累了丰富的经验。

① 邓力群，等.当代的经济体制改革[M].北京：中国社会科学出版社，1984：5.
② 何沁.中国人民共和国史（第二版）[M].北京：高等教育出版社，1990：22.
③ 王金艳.陈云对解放战争时期接管城市工作的贡献[J].高校理论战线，2005，（6）：37–40.
④ 毛泽东选集（第四卷）[M].北京：人民出版社，1991：1431.

第四章　社会主义建设时期中国城乡关系理论及其实践

社会主义建设时期，中国围绕社会主义经济政治建设，不断推进城乡关系的改善。从1949年新中国成立到1978年改革开放之前，中国围绕“巩固新的无产阶级政权、恢复和发展国民经济、推进社会主义工业化”等战略任务，出台了一系列促进城乡关系改善的政策举措，城乡关系不断得到改善。当然，在社会主义建设时期的不同发展阶段，由于目标任务的不尽相同，表现在具体的城乡关系政策上也会有所不同，甚至有时出现一定的偏差。为了体现分析的历史脉络，我们将社会主义建设时期分成三个阶段，即1949—1952年、1953—1957年和1958—1978年。下面就每一个阶段城乡关系发展理论观点及政策举措作以梳理与分析。

一、从1949到1952年城乡关系理论与实践演变

1949年中华人民共和国正式成立。在新中国成立之际，如何更好地巩固新生的人民民主专政的政权，尽快恢复和发展国民经济是摆在中国共产党面前的重要任务。配合新中国成立之初的战略任务，中国共产党领导全国人民制定了许多行之有效的巩固新政权和恢复发展国民经济以及改善城乡关系的政策举措，主要包括：进一步推进和规范土地制度改革，实施农业合作社制度，进一步发展和建设城市，推进城市与乡村、农业与工业之间的协调发展。

（一）推进土地改革和农业互助合作制，促进农业经济健康发展

新中国成立时，还有占全国人口一半以上人口的解放区尚未完成土

地改革，严重阻碍了农村社会生产力的发展和城乡关系的改善。首先，从1950年至1952年，党中央领导解放区进一步进行了废除封建土地制度的改革，同时认真总结过去土地改革的经验和教训，根据新中国成立后新形势的要求，制定了新的土地改革方针和政策。中央人民政府于1950年6月30日公布施行《中华人民共和国土地改革法》，该法的出台对分化地主阶级、减少土地改革的阻力、促进农业生产的恢复和发展起到了重要的作用。到1952年底，除极少部分少数民族地区外，全国的土地改革任务基本完成，全国约3亿无地少地的农民无偿获得了约7亿亩土地。土地改革的完成，消灭了几千年来的封建土地制度，广大农民阶级真正拥有了属于自己的土地，成为了土地的主人，解放了农村生产力，激发了农民的政治热情和生产积极性，促进了农业经济的迅速恢复和发展。据统计，贫雇农耕地占有比重由土地改革前的14.28%增加到土地改革后的47.1%，增长了2.3%；中农耕地占有比重由土地改革前的30.94%增加到土地改革后的44.3%，增长了43%；富农耕地占有比重由土地改革前的13.66%减少到土地改革后的6.4%，减少了53%；地主耕地占有比重由土地改革前的38.26%减少到土地改革后的2.2%，减少了94%。①

在通过土地改革调动农民生产积极性的同时，针对农民负担仍然较重的问题，党中央及时调整农业税收政策，减轻农民的税收负担。1949年年底，首次全国税务工作会议指出，农民目前的税收负担比较重，应当予以降低，今后主要应该在城市工商业税收上多想办法。1950年5月30日政务院公布的《关于新解放区土地改革及征收公粮的指示》对向农民征收公粮的办法作了重大调整，主要内容包括：公粮征收总额由之前的17%降至13%；烈士家属、军人家属、供给制工作人员家属中贫苦者、孤寡老弱及夏收后灾区中仍无力负担者，夏季均可免征或减征公粮；同时按阶级成分下调夏粮征收累进率：贫农最高不得超过10%，中农不得超过15%，富农不得超过25%，地主不得超过50%；只对农

① 黄道霞，余展，等.建国以来农业合作所史料汇编[M].北京：中央党史出版社，1992：1352.

业正产物征税，副业免税。[①] 1952年6月，政务院发出《关于1952年农业税收工作的指示》，提出了农业税收工作的方针，即“查田定产，以率计征，依法减免，逐步实现统一累进，并取消一切附加”，规定由中央统一一次性征收农业税，取消地方农业税附加，地方财政的来源由中央统一调配和平衡。11月中共中央针对各地农业税征收过程中存在的问题，又发出了《关于农业税收问题的指示》，重申农业税征收过程中的要求和纪律。经过艰苦细致的工作，农业税减征工作顺利推进，取得了良好的效果，农业税在整个税收中的比例有所下降。据统计，1952年，各种农业税占总税收的比重由1950年的39%下降到了28%，[②] 降低了28.2%。缩小农业税的征收范围，降低农业税率的政策举措，减轻了农民的负担，调动了农民的生产积极性，促进了农业经济发展，改善了城市和乡村之间的关系。

其次，推行农业生产互助合作制，促进农村经济健康发展。广大农村在经过土地改革以后，出现了一些新的情况。一方面一些由于各种原因致贫的农户开始卖地、借债和受雇于人，另一些农户为了摆脱困难和预防自然灾害，在自愿的基础上结成了互助组，少数农户还加入了农业生产合作社。针对发展中出现的新情况和新问题，党中央积极应对，适时推出农业生产互助合作。开展农业生产互助合作是中国结合当时的实际情况做出的理性选择。毛泽东曾经指出，农村合作社作为农村5亿多农民参加的“社会化革命运动，带有极其伟大的世界意义”，[③] 走区别于苏联集体农庄的、体现中国国情的农业合作化道路是实施工业化战略、提高农业生产力、增加粮食产量的有效途径之一。刘少奇也非常重视农村合作社的发展，他在《关于合作社的若干问题》中指出，“合作社和国营经济机关就能把大量的农产品控制在自己的手中，大量供给工厂原料和城市的需要，又能为国家推销大量的工业品；就能使合作社成为国营经济机关与广大农民小生产者密切结合的纽带，使合作社和农民成为国营经济的同盟军，使农民和国营经济都避免商人的中间剥削；最

① 关于1950年新解放区夏征公粮的决定[N].人民日报，1950–3–1.
② 陈锡文，赵阳，等.中国农村制度变迁60年[M].北京：人民出版社，2009：229.
③ 毛泽东文集（第六卷）[M].北京：人民出版社，1999：427.

后，还能使合作社中的共产党员和先进分子用集体主义的精神去教育广大的农民群众，使他们了解并接受社会主义的原则”。[①] 可见，通过合作社的方式把农民组织起来，并发挥合作社“桥梁”和“中转站”的作用，是当时党中央解决城乡交流和互通问题的重要途径。1951年9月9日，中共中央召开全国第一次农业互助合作会议，并于12月15日颁布了《中共中央关于农业生产互助合作的决议（草案）》，转发中央各分局、省市区党委执行。决议对实行农业生产互助合作的重要性作了全面阐述，并对做好农业生产互助合作工作提出了具体要求。强调互助合作运动要根据生产发展的需要和可能，采取稳步前进的方针，贯彻自愿和互利的原则，采取典型示范、逐步推广的方法，引导农民走互助合作的道路。在党中央的正确领导下，农村互助合作运动迅速发展，到1952年全国参加互助合作的农户达4536.4万户，互助组数为802.6万个，互助组个数和农户参加数都是1951年的两倍左右。[②] 农业互助合作制的推行，对帮助农民战胜自然灾害、促进农业生产、防止农村产生新的两极分化，进而向着社会主义方向前进具有重要的意义。

总之，从1950年到1952年新中国成立后的前三年里，中国在农村地区所采取的土地改革、农业税减免、农业生产互助合作等政策举措，极大地调动了农民的积极性，促进了农业生产的发展和粮食产量的增加。据统计，1952年粮食总产量比1949年增加了44.8%，棉花产量增加了1.94倍，油料增加了63.5%，甘蔗增加了95.4%，甜菜增加了1.51倍，烟叶增加了32.6%，蚕茧增加了1.86倍，茶叶增加了100%，水果增加了1.04倍。[③] 大牲畜增加了45.9%。[④]

（二）整顿经济秩序，合理调整工商业结构，恢复和发展城市经济

为了医治战争给城市带来的创伤，迅速恢复和发展城市经济，巩固

① 刘少奇选集（下卷）[M].北京：人民出版社，1985：101–102.

② 陈锡文，赵阳，等.中国农村制度变迁60年[M].北京：人民出版社，2009：12.

③ 陈东琪，邹德文主编.共和国经济60年[M].北京：人民出版社，2009：98，100.

④ 陈东琪，邹德文主编.共和国经济60年[M].北京：人民出版社，2009：101.

新生政权，党和政府采取了一系列行之有效的政策措施。首先，整顿经济秩序，稳定物价，统一财政经济。新中国成立之际，财政经济极为困难。旧社会留下来的畸形发展的投机资本在新解放城市兴风作浪，加剧了物价上涨。有人甚至扬言：解放军进得了上海，人民币进不了上海。加之自然灾害导致生产下降和物资匮乏，军费、救济费、生产恢复费等费用的大量支出，造成巨大的财政赤字。面对极其困难的财政经济状况，党中央采取必要的行政手段和有力的经济措施，成功组织了打击投机资本的“银元之战”和“米粮之战”。1949年6月上海市军管会查封了金融投机的大本营证券大楼。武汉、广州等城市解放后也相继查封了地下钱庄，沉重打击了投机商的非法活动，确保了人民币的法定地位。针对投机资本家囤积粮食、棉纱、棉布、煤炭，再次掀起物价风潮，中财委部署在全国集中调运物资，在涨价最猛的11月25日，收紧银根，使投机商因资金周转失灵而纷纷破产。经过不懈的斗争，严重打击了投机资本，国营经济取得了稳定市场和经济的主动权。但要从根本上稳定物价，就必须做到国家财政收支平衡和市场物资供求平衡。为此，就必须实行全国财政经济工作的统一管理和统一领导。1950年3月，政务院发出《关于统一国家财政经济工作的决定》，决定统一全国财政收入、物资调度、现金管理，这个决定在全国实施后，取得了明显成效，当年国家财政收支已接近平衡。同时，随着整顿税收、出售国债等措施的实施，全国物价进一步回落并趋于平稳。稳定物价和统一财政经济的工作，为安定人民生活、恢复和发展工农业生产创造了有利条件，结束了自抗战以来人民深受国民党统治下的恶性通货膨胀和物价飞涨的状况。为全面部署恢复国民经济阶段的各项工作，1950年6月，中国共产党召开七届三中全会。会议指出，要取得财政经济状况的根本好转，争取用三年左右的时间，彻底完成土地改革的任务，对工商业进行合理调整，大量节减国家机构的经费开支，为国家的社会主义建设创造良好条件。

其次，推行国营企业的民主改革和生产改革，团结和依靠工人阶级发展生产。许多国营企业原来都是官僚资本主义企业，接收后需要通过民主改革，进一步发展社会主义新型生产关系。在党中央领导下，全国各地清除了隐藏在企业内部的残余反革命势力，废除了旧社会遗留的官僚管理机构和封建把头制、搜身制等，建立工厂管理委员会，并通过工会委员会、职工代表会议，发动和组织职工参加企业管理，初步建立起适合生产需要的民主管理制度。[①] 在生产改革方面，国营企业管理上注重建立严格的经济核算制度，生产上注重推广和应用新技术。国营企业的民主改革和生产改革，调动了广大工人群众当家作主、发展生产的积极性，使工业生产的恢复取得了显著成效。

再次，合理调整工商业结构，帮助和扶持有利于国计民生的私营工商业的发展。新中国成立之初，私营工商业在国民经济中占有相当的比重，私营工商业的正常生产和发展对于整个国民经济的恢复和发展具有重要作用。国家实行稳定物价和统一财经政策以后，一些私营工商业企业出现生产萎缩、商品滞销、市场萧条等现象，工人失业人数增多，劳资关系也变得紧张。针对这种情况，1950年4月，中央人民政府委员会第七次会议专题研究了如何帮助和扶持私有工商业发展以及正确处理国营工商业与私营工商业之间的关系问题。会议确定通过在“经营范围、原料供给、销售市场、劳动条件、技术设备、财政政策、金融政策等方面”调剂各种经济成分，使之在国营经济的领导之下，分工合作，各得其所。针对私营企业生产无原料、销售无市场的情况，国家要求国营商业部门向私营工厂提供原料，并通过委托加工、计划订货、收购产品等形式开展加工订货业务。同时国家也加大对私营工商业的加工订货和产品收购，并在范围和价格上适当放宽，使私营工商业获取合理的经营利润。大幅度缩减工商税种，鼓励私营工商业恢复和发展生产。另外，国营企业和私营企业相互协商，制定行业产销计划，调配生产任务，克服产销上的无政府状态，使产销趋于平衡。这些政策措施帮助和扶持了私营工商业的发展，也巩固了国营经济的领导地位，使私营经济和国营经济相互促进，共同发展。

综上所述，由于国家采取正确的政策措施，城市生产的恢复和发展取得了明显成效。至1952年，工业总产值达到349亿元，比1949年增长了145.1%，年均递增14.1%；主要工业品产量超过新中国成立前的

① 何沁.中华人民共和国史（第二版）[M].北京：高等教育出版社，1999：48.

最高水平；钢产量135万吨，比历史最高水平增长46.3%，是1949年的7.54倍；发电量73亿度，增长21.7%；原煤6600万吨，增长6.5%，三年内，工业平均增长速度达34.5%，是我国工业发展历史上未曾有过的，在世界工业发展史上也是罕见的。[①]

（三）改善市场条件，促进城乡之间的物资交流和商品流通

党和国家在领导全国人民恢复和发展工农业生产的同时，不断改善市场运行的各种条件，促进城乡之间的物资交流，活跃城乡市场和经济。首先，打通国内土产市场，促进城乡之间的物资交流。在畅通国内市场方面，针对国内土产市场相互封闭的情况，1951年3月22日，中共中央作出《关于召开土产会议加强推销土产的指示》，要求各大行政区，各省、市，各专区，各县和各区、乡，在两个月内召开一次土产会议，指出有计划地召开土产会议，组织城市与乡村、地区与地区间物资交流，打开国内市场，活跃城乡经济，是解决各地农村日益恢复和发展的农副土特产销售问题的关键。按照中央的部署，各地陆续召开土产产销会议，同时支持私营商业主和小商贩从事城乡物资收购和贩运。私营商业主和小商贩一方面积极将乡村农产品收购起来，负责供应城市生产所需的生产资料和生活所需的生活资料，另一方面又负责将工业品销售到乡村中去，满足乡村的生产生活需求。仅1951年全国就签订了额度约1210亿元的合同和协议，打通城乡之间的市场分割，畅通城乡之间的市场渠道，对于沟通城乡物资交流，活跃国内城乡市场，恢复和发展工农业生产，改善人民生活，增加国家收入，平衡国家财政收入起到了积极的促进作用。[②]

其次，合理调整工农业产品价格，缩小工农业产品的价格“剪刀差”。工农业产品之间的“剪刀差”是新中国成立初期存在的一个突出

---

① 中国社会科学院，中央档案馆编.中华人民共和国经济档案资料选编（工业卷）[M].北京：中国物资出版社，1995：前言，3；何沁.中华人民共和国史（第二版）[M].北京：高等教育出版社，1999：54.

② 曾壁钧，林木西主编.新中国经济史（1949—1989）[M].北京：经济日报出版社，1990：29.

问题，“剪刀差”问题严重影响了农民生产积极性，严重影响了农业生产的健康发展，严重影响了城乡关系的和谐，因此非常需要对工农业产品的价格进行合理调整。党中央针对存在的“剪刀差”问题，积极做出调整。一方面适当降低工业品价格，特别是农用生产资料如农业用电、柴油等产品价格；另一方面又适当提高农产品的收购价格，充分调动了农民生产积极性，促进了农业生产的较快发展，改善了城乡之间的关系。据统计，与1930—1936年的工农业产品比价相比，1950年工农业产品比价平均扩大了31.8%，而通过对工农业产品价格的合理调整，1950—1952年，工农业产品比价逐年下降，1952年比1950年的比价缩小了近10个百分点。①

再次，加强城乡之间的交通设施建设，为便利城乡之间的物资交流提供基础性条件。为了保障城乡之间物资交流的畅通，国家在新中国成立初期财政极为困难的情况下，积极开展交通设施建设。从1949年年底至1952年，国家用于交通建设的投资高达17.7亿元，占国家基建投资总额的26.7%；修复原有铁路9991公里，新建铁路1473公里；修复原有公路近14000公里，改建8000余公里，新建1700余公里，勘测23000余公里。至1952年底全国铁路通车里程达24232公里；公路通车里程已达13万余公里，② 大量交通设施的建设对于保证城乡往来与交流的畅通起到了重要的保障作用。

最后，实行相对宽松的人口流动政策，便利城乡之间人口的自由流动。1951年7月政务院批准公安部颁布实施《城市户口管理暂行条例》，这个条例具体规定了城市户口及其流动人口的管理问题。但该条例中对流动人口的管理只是一般性的规定，并未对城乡人口的自由流动做任何限制，并且强调条例的宗旨是为了“保障人民之安全及居住，迁徙自由”。新中国成立后，随着城市经济的恢复和发展，城市吸纳人口的能力不断增强，战乱期间外流人员返城以及部分农村人口的流入，城市人口得到较快增长。据统计，1950—1952年三年中城镇人口增加约1394

① 苏星.我国农业的社会主义改造[M].北京：人民出版社，1980：16、18.

② 中国社会科学院，中央档案馆，编.中华人民共和国经济档案资料选编（交通通讯卷）[M].北京：中国物资出版社，1996：前言，2–3.

万人，占总人口比重为12.5%，年均提高0.63个百分点，比城镇人口年均增长率高出2%，高于同期乡村人口1.3%的年均增长率。[①] 农村人口向城市的大量流入，促进了城市工业的迅速发展，加快了我国的工业化进程。同时也加强了城乡之间、工农之间的互动交流，促进了城市和乡村的共同进步和繁荣。"农村为城市提供充裕的粮食和工业原料，且以丰富的产品换取外汇和机器，并释放出劳动力；作为回报，城市生产工业产品满足农村生产和生活需要，同时对粮食、棉花等工业原料的需求刺激了农业的发展。" [②]

（四）城乡兼顾、工农并举，正确处理工业与农业之间的关系

在新中国成立前夕，中国共产党七届二中全会就城乡关系的发展作出安排部署，一是实现党的工作重心由乡村转移至城市，二是把"城乡兼顾"确定为新中国发展城乡关系的核心原则。毛泽东认为，中国是一个农业大国，农业人口占全国人口的百分之八十以上，发展工业必须和发展农业同时并举，绝不可以把工业和农业、社会主义的工业化和社会主义农业改造分割和互相孤立起来，不能只强调一方面而减弱另一方面，必须实行工农业同时并举。在一定意义上"农业就是工业"，农业和工业都在国家建设中发挥重要作用，缺一不可。他指出："城乡必须兼顾，必须使城市工作和乡村工作，使工人和农民，使工业和农业，紧密地联系起来。决不可以丢掉乡村，仅顾城市，如果这样想，那是完全错误的。" [③] 周恩来在1950年也指出："城市对粮食和工业原料的需要刺激乡村的农业生产，城市以消费品和生产资料的供应保证和促进乡村的农业生产。城市离不开乡村而且要依靠乡村，工业离不开农业而且要以农业为基础" [④]，"必须在发展农业的基础上发展工业，在工业的领导下提高农业生产的水平。没有农业基础，工业不能前进；没有工业领导，

---

① 浦善新.走向城镇化——新农村建设的时代背景[M].北京：中国社会科学出版社，2006：72.

② 杨丽蛟，齐鹏.新中国城乡关系演变的考量与启示[J].石家庄经济学院学报，2010（1）：35–38.

③ 毛泽东选集（第四卷）[M].北京：人民出版社，1991：1427.

④ 周恩来选集（下卷）[M].北京：人民出版社，1984：8–9.

农业就无法发展。”[①] 由此可见，工业的发展和农业的发展是相互联系、不可分割的，需要正确处理二者之间的关系，保持它们之间的综合平衡。工农并举、城乡兼顾是国民经济发展的正确路径，它能保证城市与乡村在经济上相互联系，共同进步。新中国成立后的1949—1952年短短三年里，在以毛泽东为代表的中国共产党领导下，在工农业共同发展的思想指导下，中国农业总产值平均每年增长48.59%，工业总产值平均每年增长145.1%。工农并举、城乡兼顾是新中国成立初期发展国民经济的宝贵经验。

二、从1953到1957年城乡关系理论与实践演变

1952年底，土地改革基本完成，恢复国民经济的任务顺利实现，我国已具备了有计划地进行大规模经济建设的条件。党中央及时决定从1953年开始实行发展国民经济的第一个五年计划。计划的根本任务是推进国家工业化建设。同时，考虑到国民经济恢复之后，我国国民经济发展面临的新形势和新问题，党中央又提出对农业、手工业、资本主义工商业社会主义改造的任务。基于这样的历史背景，党中央经过反复酝酿，形成和提出了党在过渡时期的总路线，即“从中华人民共和国成立，到社会主义改造基本完成，这是一个过渡时期。党在这个过渡时期的总路线和总任务，是要在一个相当长的时期内，逐步实现国家的社会主义工业化，并逐步实现国家对农业、对手工业和对资本主义工商业的社会主义改造”[②]。过渡时期总路线提出了建设社会主义的伟大任务，这是党在历史的关键时刻采取的一个重大战略步骤。

(一) 社会主义工业化的起步

实现国家工业化，是中国共产党领导全国人民实现国家独立和富强，使中国能够自立于世界民族之林的必由之路。毛泽东指出：“没有

① 周恩来选集（下卷）[M].北京：人民出版社，1984：10.

②《中国共产党简史》编写组.中国共产党简史[M].北京：人民出版社，中共党史出版社，2021：172.

工业，便没有巩固的国防，便没有人民的福利，便没有国家的富强。”[①]然而实际情况是，直到1952年，我国工业发展还停留在低水平之上。现代工业产值在工农业总产值中的比重只占43.1%，重工业在工业生产总值中只占35.5%。许多重要工业产品的人均产量，不仅远远落后于工业发达国家，也低于印度等新兴独立国家。1954年，毛泽东再次讲道：“现在我们能造什么？能造桌子椅子，能造茶碗茶壶，能种粮食，还能磨成面粉，还能造纸，但是，一辆汽车、一架飞机、一辆坦克、一辆拖拉机都不能造。”[②]因此，党中央做出优先发展重工业的决策，要求首先保证重工业和国防工业的工程和项目建设，特别是确保那些对国家起决定作用的、能迅速增强国家工业基础与国防力量的主要工程的建设与竣工。

为顺利推进工业化的进程，国家制定了国民经济第一个五年发展规划。规划提出集中力量发展重工业，同时考虑农业、轻工业，统筹兼顾国民经济其他部门；科学进行工业布局，改善全国范围内工业分布不合理状况；将发展生产同改善人民生活有机结合起来；坚持以自力更生为主，适当争取外援。从1953年开始，大规模的工业建设在全国展开。据统计，“一五”计划期间，428亿元基本建设投资总额中的58.2%即249亿元用于工业基本建设，其中重工业建设投资占88.8%即221亿元。[③]1953年12月，鞍山钢铁公司、包头钢铁公司和武汉钢铁公司相继进行施工。限额以上的较大项目，平均每天都有一个开工或者竣工，工业建设战线喜报频传。一大批旧中国没有的基础工业部门不断地被建立起来，一大批工矿企业在内地兴办。旧中国重工业过分落后的面貌和不合理布局大大改观。五年间工业生产取得的成就，远远超过了旧中国的一百年。新中国迅速从废墟上站起，为我国建立独立完整的工业体系奠定了基础，为社会主义建设积累了宝贵经验。

---

① 《中国共产党简史》编写组.中国共产党简史[M].北京：人民出版社，中共党史出版社，2021：173.

② 《中国共产党简史》编写组.中国共产党简史[M].北京：人民出版社，中共党史出版社，2021：174.

③ 何沁.中华人民共和国史（第二版）[M].北京：高等教育出版社，1999：72.

（二）对农业、手工业和资本主义工商业的社会主义改造

随着第一个五年建设计划的实施和社会主义工业化的起步，对农业、手工业和资本主义工商业的社会主义改造，也在有步骤地向前推进。

农业的社会主义改造，实际上在过渡时期总路线提出前就已启动，至过渡时期总路线提出，已经取得了一定的成效，积累了一定的经验。1953年12月，党中央在原有农业生产互助合作运动发展的基础上，又颁布了《中共中央关于发展农业生产合作社的决议》，进一步促进农村互助合作运动向前发展。农业合作化运动初期主要是发展农业生产互助组。1953年9月以后，进入以发展农业生产合作社为主的阶段。1955年7月以后，农业合作化形成高潮。到1956年底，农业合作化基本完成，总体成效比较明显。统计资料显示，合作社80%以上都增产增收，并且一般都是互助组优于单干，合作社又优于互助组。互助合作运动得到了广大贫苦农民的欢迎，促进了农业生产的发展和农村面貌的改善。在肯定农业合作化成绩的同时，也要看到农村合作化推进过程中存在的问题，认真总结历史教训。1955年冬季，农业合作化运动超高速发展，由于要求过急、工作过粗、改变过快、形式过于简单化等偏差，违背了农民意愿，损害了农民利益。毛泽东曾担心的“农民杀猪宰羊的生产力起来暴动”现象再次发生，有些地方出现了农民退社的风潮。但国家当时并没有根据“生产关系一定要适应生产力发展”的原理去调整错误的做法，而是试图在农村开展大规模的社会主义教育运动去化解矛盾，以致集体化运动高速发展的势头并未得到抑制，长期遗留了一些问题。

对个体手工业的社会主义改造，一般都经过手工业生产合作小组、手工业供销生产合作所和手工业生产合作所三个阶段，因地制宜，按照不同手工业者容易接受的形式，由低级到高级、由大到小、由简单到复杂地进行。国家坚持贯彻自愿互利的原则，力求把合作社办得对生产者、国家和消费者三方面都有利。到1956年底，全国基本上实现了手工业合作化，完成了对手工业的社会主义改造任务。

对资本主义工商业的改造，是通过国家资本主义的途径实现的。在

1953年底之前，着重发展以加工订货为主的初级和中级资本主义形式。从1954年起，开始转入重点发展公私合营这种高级形式的国家资本主义。由于公私合营后企业生产迅速发展，私股分得的红利比私营时期的利润多，促使更多的资本家愿意参与公私合营。1954年底，国家针对资本主义工商业改造中存在的一些问题，提出“统筹兼顾、归口安排、按行业改造”的方针，进一步规范了对资本主义工商业的改造工作，加快了改造私营工商业的步伐。到1956年底，资本主义工商业社会主义改造基本完成。

在社会主义改造过程中，党和国家创造了一系列适合中国特点的由初级到高级逐步过渡的形式，使个体农民、手工业者和私营工商业者能够循序渐进地改变旧的生产方式。尤其是对资本主义工商业，创造了不由国家付出大批赎金，而是在相当一段时期让资本家继续从企业分得一部分红利和股息的“赎买”办法，不仅有利于资本家接受改造，而且能够继续发挥私营工商业在扩大生产、搞活流通、维持就业、增加税收等方面的积极作用，从而成功地实现了马克思、列宁曾经设想的对资产阶级的和平赎买。这是中国的一个独创性经验，丰富和发展了马克思主义的科学社会主义理论。社会主义改造作为一场前所未有的深刻的社会变革，是在保证经济发展、社会稳定、人民群众拥护的情况下完成的，其成就和影响是伟大而深远的。1956年随着社会主义改造的基本完成，我国社会主义政治制度和经济制度就建立起来了。

（三）实行农产品统购统销，限制农村人口向城市的流动

大规模的工业化建设和社会主义改造运动促进了工农业生产的快速发展，特别是城市工业的发展更为迅猛，城市和工矿厂区的人口大量增加。全国城市人口由1949年的5765万人增加到1953年的7826万人，城市人口比例由10.6%提高到13.3%[①]，城市人口的增多以及城乡居民收入增加引起的购买力的提高增加了对粮食的需求，国内粮食消费量由1952年的467.8亿斤猛增到1953年的613.2亿斤。城市人口增加带来

① 赵发生.当代中国的粮食工作[M].北京：中国社会科学出版社，1999：72.

的对粮食的巨大需求，给国家的粮食收购和粮食供应带来很大的压力。1951年收购的粮食占粮食总产量的28.2%，1952年降到25.7%。尽管1952年全国粮食总产量达到创纪录的3278亿斤，但1952年7月至1953年6月粮食收购年度，收购粮食仅547亿斤，而同期支出却达587亿斤，赤字 40亿斤；1953至1954年粮食年度，原计划收购340亿斤，到1954年9月底只收购100亿斤，而1954年的粮食销售量却达到567亿斤，比计划多销售87亿斤，粮食供应缺口进一步扩大。① 同时，在粮食市场上出现了私营商业在产量区通过变相提价、拦路收购等方式争购、抢购粮食，甚至到粮食供应点或国营售粮店抢购粮食的现象；有的地方出现成千上万人排队争购粮食的情况；缺量严重的灾区和个别城镇出现了社会秩序的不稳定。

面对这种严峻的形势，党和国家认真研究，采取两条政策措施解决城市工业化建设中的粮食短缺问题。一是实行粮食等主要农副产品的统购统销政策；二是限制农村人口向城市的流动，组织和动员入城农民返乡，缓解国家粮食供应的紧张状况。1952年10月，中共中央决定在全国实行“在农村收购、在城市配售”即“计划收购、计划供应”的粮食统购统销制度，颁布了《关于实行粮食的计划收购和计划供应的决议》，决议对粮食计划收购、计划供应、由国家严格控制粮食市场和中央对粮食实行统一管理的重要性和必要性进行了全面阐述。“只实行计划收购，不实行计划供应，就不能控制市场销量；只实行计划供应，不实行计划销售，就不能取得足够的商品粮食。而如果不由国家严格控制粮食市场，和由中央实行统一管理就不可能对付自由市场和投机商人，且将由于人为的粮食山头的互相对立，给投机商人以更多的捣乱机会，结果计划收购和计划供应就无法实现。”② 同时，政务院通过了《关于粮食的计划收购和计划供应的命令》，命令要求除西藏和台湾外，在全国逐步实行粮食统购统销。此后不久，中共中央又作出了《关于在全国计划收购油料作物的决定》，对粮油实行计划供应；1954年9月政务院又通过

① 许经勇.解析中国城乡二元结构体制的成因[J].调研世界，2009(9)：3-6，32.

② 中共中央文献研究室.建国以来重要文献选编(第四册)[M].北京：中央文献出版社，1993：477-478.

了《关于实行面粉计划收购和计划供应的命令》《关于棉花计划收购的命令》，开始在城乡实行棉布的凭票供应。至此，对粮、棉、油等主要农副产品实行计划收购和计划供应的统购统销制度得以形成和实施。

在实行对主要农副产品统购统销政策的同时，为了缓解城市粮食供应的压力，国家还采取了限制农村人口向城市流动的政策，组织和动员入城人员、工人家属等返乡，以缩减国家供应城市粮食的规模。1953年4月，政务院发布了《关于阻止农民盲目流入城市的指示》，以劝止农民流入城市，并规定，“未经劳动部门许可或介绍者，不能擅自在农村招收工人”。然而这个指示，各地落实起来难度很大。因为城市对农民的就业和生活是有吸引力的，农村剩余劳动力向城市的流动是经济发展的一般规律。由于限制农村劳动力流动实施效果不理想，国家不断地采取各种办法来强化这项政策的落实。1954年3月，内务部和劳动部再次提醒，要求全国各地继续劝止农民盲目流入，动员已流入城市的农民返乡。此后的1956年至1957年，中共中央和国务院多次发文劝止农民盲目流入城市，并全方位地开展相应的动员、劝止甚至制止的工作。首先，要求全国各地加强对农民群众的思想教育，讲述盲目外流对本人、对农业生产、对国家建设的危害性；其次，对流动途中的人员，要求劝阻机构在铁路沿线或交通要道对试图乘船乘车的农村人口进行劝阻、收容并送回原籍；再次，要求各企业、事业部门和机关、部队、团体、学校和工矿企业等一切用人单位，一律不得擅自招用工人或临时工。同时，对于农村与农村之间的流动人口，也要动员他们回原籍，强调要应用一次遣返到家的办法，防止途中溜回城市；要求各部门之间密切配合，组成以民政部门为主、有公安、铁道、劳动、交通、商业、粮食、监察等部门参加的专门机构专司其职，同时要求共青团、妇联和工会组织也要协助动员盲目流入城市的青年、妇女农民返回原籍。①

应该说，1953年至1957年国家采取的对粮食等农副产品实行的统购统销和加强对农民流入城市的限制的政策措施，对保证国家的工业化的顺利推进具有重要的历史贡献。一是缓解了粮食等重要物资的供需矛

① 中华人民共和国法规汇编（1957年7月—12月）[M].北京：法律出版社，1958：229–232.

盾，保证了城镇居民生活资料的低价稳定供应，有利于大规模工业化建设的顺利推进，“一五”计划提前完成并取得重大成就。二是为农业和资本主义工商业的社会主义改造作出了贡献。粮食等主要农副产品的统购统销实际上隔断了城市工商资产阶级与农民的经济联系，使农业合作所和国家统购成为相互联系的、促进小农改造的重要推动力；同时国家计划和统一购销的农产品不准进入自由市场，实际上又推动了私营工商业者的改造。

在看到粮食统购统销和限制农民进城政策历史贡献的同时，也要看到它对我国经济社会发展以及城乡关系发展带来的巨大的长期的负面影响。首先，这两项政策隔断了农民与市场的联系，隔断了城乡联系最重要的市场纽带。农业合作所或个体农民生产的粮食，只有在完成国家的统购任务之后，才能预留给自己消费或出售，可供出售的数量很少。粮食统购统销政策施行以后，私营商户严格禁止收购粮食等农副产品，合作社也不能自行在外地收购，所以农业合作社和个体农民只能向国营粮食公司出售。私营粮食店在社会主义改造后成为国营粮食公司的代销店，并按国家计划销售粮食。这样，在粮食统购统销背景下，原有粮商自行采购供应、合作所购销和国营粮食公司并存的局面已不复存在，变成了国营粮食公司独家垄断经营的局面，国家全面掌控了粮食的采、供、销诸环节，粮食等农副产品的市场流通被彻底禁止。有的学者把我国的统购统销解读为新中国实行计划化、建立计划体制的第一道门槛，是使城乡二元化运行的第一个制度安排。①

其次，这两项政策的实施，将城乡居民的身份人为地区分开来，损害了农民应有的权益。从法理上讲，城市居民和农村居民只有从事非农职业和农业职业的差别，但实行粮食的国家计划供应以后，有无城市户口成为能否获得国家粮食供应的重要标准。在国家统一供应粮食制度中，供应证加粮票的管理办法，使得城市居民拥有了一张有别于农村居民的特殊身份证。凭借这张特殊的身份证，城市居民被纳入到粮食保

① 汤水清.论新中国城乡二元社会制度的形成——从粮食计划供应制度的视角[J].江西社会科学，2007,（1）：97–104.

障的计划之内，而农村居民则被排除在粮食保障之外，从而有了“商品粮”和“农村粮”之分，“商品粮”也成了城镇居民的代名词。这样广大农民就被拒之于现代化的城市之外，无法参与城市工业化建设，一定程度上限制了农民的人身自由，损害了农民的正当权益，形成了城乡之间新的矛盾，影响了城乡关系的协调发展。

再次，限制农村剩余劳动力流入城市以及动员城市剩余人口流入城市的政策，加重了农业和农村的负担，影响了农业的扩大再生产。我国在城市工业化建设过程中，为了减轻人口的压力，不仅严格限制农村剩余劳动力流入城市，而且将城市大量自然增长的劳动力安排到农村。当时国家要求，对于中学生除少部分人招考升学外，剩下的人一部分去从事工业生产，大部分去从事农业生产。毛泽东在《中国农村的社会主义高潮》一书中指出：“一切可以到农村中去工作的这样的知识分子，应当高兴地到那里去。农村是一个广阔的天地，在那里是可以大有作为的。”[①] 1956年国家选择了几个城市作为动员知识青年下乡的试点。此后，国家号召中小学生到农村去干一番事业，1957年4月8日人民日报发表了《关于中小毕业生参加农业生产问题》的文章，动员城市剩余劳动力到农村去。将无法在城市就业的劳动力动员到农村去，实质上是把城市无法解决的吃饭问题抛给了农村，加重了农村的负担。与此同时，被动员到农村来的城市剩余劳动力加上农村自身的剩余劳动力构成了庞大的剩余劳动力队伍，给农村经济社会的发展带来巨大的影响和压力，严重制约了农业劳动生产率的提高和农业的扩大再生产。

最后，由于国家重点扶持城市工业发展的有关政策，造成了工农业比例严重失调，农业农村发展滞后，导致城乡之间的差距和对立扩大。“一五”计划时期，国家大规模的基本建设投资主要放在工业特别是重工业上面，用于农业上的投资较少。“一五”时期国家财政支农资金为81.05亿元，仅占财政总支出的5.92%[②]，而同期国家从农业上取得的税收却达150.68亿元[③]，两者相抵，农业实际为国家净贡献70多亿元。尽

① 建国以来毛泽东文稿（第五册）[M].北京：中央文献出版社，1991：527.

② 陈锡文.中国政府支农资金使用与管理体制改革研究[M].山西经济出版社，2004：2.

③ 张晓山，李周主编.新中国农村60年的发展与变迁[M].北京：人民出版社，2009：356.

管工农业都在发展，但工业的发展速度远远快于农业。“一五”期间工业总产值年均增长18%，而农业总产值年均增长仅为4.5%；工业劳动生产率年均提高9.9%，而农业劳动生产率由于大量劳动力滞留在农村提高甚微。从结构上看，作为主要工业原料的农产品如棉花、油料、甜菜、甘蔗等的发展速度也远远赶不上工业的发展速度，导致工业特别是轻工业原料供应紧张的局面。与此同时，城乡居民的消费水平也存在较大差距。“一五”期间尽管城乡居民消费水平都有较大程度地提高，但农村居民消费水平提高的速度远低于城市居民。据统计，全国居民消费水平1957年达到102元，比1952年提高33%，其中城市职工平均消费水平达205元，提高38.5%，农民达79元，提高27.4%[①]。工农业发展比例失调的问题，引起了党和国家注意和重视。毛泽东在《论十大关系》、《在省市自治区党委书记会议上的讲话》和《关于正确处理人民内部矛盾》中指出，需要协调工农业发展，需要正确处理国家、集体和农民的关系。应该说党和国家的愿望是好的，解决问题的思路也是正确的，但是在优先发展重工业的工业化战略牵引下，工农业之间的关系和国家与农民之间的关系始终没有得到很好地解决。

还有，统购统销以及限制劳动力流动等相关政策为后来城乡二元分割体制的形成作了铺垫，作了前期的尝试。实施粮食等主要农副产品统购统销的政策、运用行政指令限制农村劳动力向城市流动和向农村输送城市剩余劳动力的办法，人为割裂了农民与市场、城市与乡村之间的联系，城乡关系从原来的开放走向了封闭。这些做法和尝试将我国城乡关系的发展引入到一个比较畸形的发展轨道，在这些做法的基础上，我国进一步向前推进，逐步形成了更为刚性的，以城乡二元户籍制度为核心，以粮食等主要农副产品的统购统销制度、人民公社制度、社会福利保障制度等为主要内容的城乡二元分割体制。城乡二元分割体制的形成，对我国经济社会发展造成了巨大影响，对我国城乡关系的发展造成了巨大制约。

① 何沁.中华人民共和国史（第二版）[M].北京：高等教育出版社，1999：99–100.

三、从1958到1978年城乡关系理论与实践演变

为了尽快改变中国贫穷落后的面貌，加快社会主义建设步伐，党和国家认为经济建设应该搞得更快一些，人民群众建设社会主义的积极性空前高涨。1957年冬季，全国掀起兴修水利、养猪积肥和改良土壤为中心的农业生产高潮，拉开了“大跃进”的序幕。1958年5月，党的八届二次会议通过“鼓足干劲，力争上游，多快好省地建设社会主义”的总路线。会后，“大跃进”运动在全国范围内开展起来。在“大跃进”发展过程中，农村掀起人民公社化运动高潮。与此同时，实行更加严格的城乡户籍管理制度和统购统销政策，从而固化了城乡二元分割体制，进一步加深了城乡之间的二元鸿沟。

（一）实行严格的城乡二元户籍管理制度，从法律上限制农民向城市的流动

如上所述，虽然1953年至1957年对农民向城市流动的限制越来越严格，但部分城市企业出于用工的需要仍然从乡村招用了不少劳动力，加上城镇人口年均7%的自然增长率，城市人口增长的压力并没有因国家的政治动员和行政命令有所减缓，反而急剧增加。针对这种情况，国家此后采取了更为严格的管理办法。1958年1月，《中华人民共和国户口登记条例》（以下简称“《条例》”）经全国人大常委会通过并颁布实施，《条例》对农村人口流入城市作了更为严格的限制。《条例》规定：“公民由农村迁往城市，必须持有城市劳动部门的录用证明，学校的录取证明，或者城市户口登记机关准予迁入的证明，向常住地户口登记机关申请办理迁出手续。”①《条例》的出台标志着我国城乡二元户籍制度的正式确立，从此农民向城市的流动被国家以明确的法律予以规范和限制。

《条例》颁布之后，国家始料不及的是，由于“大跃进”运动带来的城市工业的迅猛发展，短期产生了对劳动力的大量需求。为了满足工

① 公安部.公安法规汇编（1950—1979）[M].北京：群众出版社，1980：145-146.

业化进程的需要，国家又不得不将劳动管理权限暂时下放给各地政府，各地为了满足当地工业发展需要，大量从农村进行招工，这种做法实际上与《条例》的精神是相悖的。1958—1960年三年间就从农村招收职工2500万人，城镇人口猛增到3124万，达到1.3亿，增加了近1/3，城镇人口比重达到19.3%，而与此同时乡村人口却两年连续出现负增长，严重影响了农业生产发展，粮食供应紧张的局面再度出现。为了缓解城市粮食、副食品供应压力，迅速恢复农业生产，党和国家再次压缩城镇人口，从1961年开始陆续将从农村新招进的职工下放回农村，同时再次动员部分原城镇职工及其家属返乡务农，开启了新中国历史上由城到乡的第一次大规模倒流。1961—1963年，全国共精简城镇职工1887万人，压缩城镇人口2600万，城镇人口净迁出率达30%。[①] 吸取“大跃进”时期管理流动人口的经验教训，此后对农村人口流入城市的管理更加慎重、也更加严格。不断强化城市户籍管理、限制农村居民进城的相关政策，公安部把是否吃国家计划供应的商品粮作为划分农业户口和非农业户口的标准；1964年8月出台的《公安部关于处理户口迁移的规定（草案）》要求对从农村迁往城市、城镇的，对从集镇迁往城市的要严加限制；1977年11月《公安部关于处理户口迁移的规定》指出，“从农村迁往市、镇（含矿区、区等），由农业人口转为非农业人口，从其他市迁往北京、上海、天津三市的，要严格控制。从镇迁往市，从小市迁往大市，从一般农村迁往市郊、镇郊农村或国营农场、蔬菜队、经济作物区的，应适当控制”[②] 等等。城镇干部、职工及其家属、政治上“有问题”的人及其子女，被强制性迁往农村。[③] 另外，党和国家的城市知识青年“上山下乡运动”也给农村输送了大量的城市人口。据统计，1966—1978年期间，全国累计“上山下乡”的城镇知识青年有3000万人。大量无法在城镇就业的城市人口倒流到农村，加重了农村的社会经济负

① 浦善新.走向城镇化——新农村建设的时代背景[M].北京：中国社会科学出版社，2006：72-73.

② 张英红.户籍制度的历史回溯与改革前瞻[J].宁夏社会科学，2002，（3）：103-107.

③ 浦善新.走向城镇化——新农村建设的时代背景[M].北京：中国社会科学出版社，2006：73.

担，影响了农业生产率的提高，也加大了城乡之间的差距和对立。

城乡二元户籍制度，不仅造成了城市居民和农村居民身份上的不同，而且造成了城市居民和农村居民在劳动就业和社会福利保障方面的巨大差别。在“非农业户口”身份的保护下，城镇居民再就业、生活资料供应、医疗保险、教育、社会保障、劳动保护、住房、征兵、婚育等方面都享有不同于农村居民的“特权”，国家每年为城镇居民支出巨额资金，用于粮油、副食品及燃料低价供应的资金补贴，住房建设及住房补贴，开展劳动就业培训、劳动保护和实施社会养老保险和医疗保险，投资提供交通、教育、文化体育等社会公共品。尽管保障水平不高，但基本上解决了城市居民的后顾之忧。占人口80%的农村居民却被排除在这个保障体系之外。除了极少数考取国家大中专院校、应征入伍并提拔为干部、农村非脱产干部转为脱产干部，以及国家因建设需要从农村招收的职工能够转为非农业户口并享受城镇居民的福利保障之外，绝大多数农村人口没有自由进城谋生、定居的权利，也享受不到城镇居民的福利待遇。与城镇居民相比，农村居民事实上成为被排除在国家社会福利保障之外的“二等公民”。

（二）人民公社体制的建立和实施，从制度上把农民束缚在农村土地上

如果说城乡二元户籍制度堵住了农民进入城市的“门”，那么农村人民公社制度则绑住了农民进入城市的“腿”，前者着眼于“堵”，后者着眼于“拽”，“堵”和“拽”两种力量的共同作用，将农民牢牢地固定在土地之上。人民公社相对于之前的农业合作社，它对农民的约束和管理更加严格，也更加制度化和法理化。自1958年建立起来的人民公社不单是经济核算单位，更是国家政权的基层组织，它集经济合作组织、政权组织和社会组织的功能于一身，以“三级所有，队为基础”为基本运行模式，实行“统一经营、集中劳动、评工记分，按工分分配”。作为公社成员的农民没有退出的自由，过着组织军事化、行动战斗化、生活集体化的日子，其衣、食、住、行、生、老、病、死、学、婚、育、乐等都由公社统一管理，农民生产、生活、流动、择业等方面也都要受

到公社的严格管束，比如公社对农民自留地经营品种和家庭副业收入的限定，对农民利用集体劳动之外的时间从事渔猎、采集、手工加工、贩运的限定，对请假、探亲访友的限定等。曾有人形象地描述人民公社时期农民的状态，“哪个农民能不是公社社员？哪个农民不靠工分过活？‘工分工分，社员命根’，你走到哪里，也逃不出‘如来佛的手心’”[①]。人民公社的管理不仅运用行政手段管理农村经济社会，而且运用阶级斗争等“超经济行政手段”管理农村经济社会，实现对农村社会的超强控制，把农民牢牢地控制在公社的土地上。

（三）人民公社体制和城乡二元户籍制度为统购统销政策的持续实施提供了保障

一方面国家通过直接与人民公社联系，避免了与众多小农发生联系的巨大交易成本，同时杜绝了个别农民“瞒产私分”的问题，以保证统购任务的顺利完成；另一方面国家通过严格的城乡二元户籍制度将广大农民排除在国家计划供应之外，大大缩减了计划供应对象的规模，缓解了消费资料紧缺情况下计划供应的压力。可以说，正是人民公社体制和城乡二元户籍制度的“双保险”，才使统购统销政策稳定地持续运行了30多年。另外，在统购统销过程中，国家通过国营商业和农村供销合作社人为抬高工业品价格，压低农产品价格，也就是通过工农业产品的价格“剪刀差”持续不断地索取农业剩余即所谓的“暗税”。据有关部门统计，1952—1986年我国“暗税”总额达到5823.74亿元，加上“明税”即农业税1044.38亿元，两者合计达到6868.12亿元，约占农民所创造总价值的18.5%[②]，由此可见，农村和农民为我国的工业化建设积累了大量资金，作出了巨大贡献。

（四）城乡二元分割体制的历史贡献

城乡二元分割体制虽然给农业生产和农村经济社会的发展带来了一

① 杜润生.中国农村改革决策记事[M].北京：中央文献出版社，1999：126.

② 郭书田.再论当今的中国农民问题[J].农业经济问题，1995，（10）：2-7.

定的影响，给城乡关系的发展带来一些限制，但是也要充分肯定它在我国工业化建设和社会主义经济建设中所起到的积极作用。首先，它对保证我国工业生产的优先发展、建立完整的工业体系起到了重要的作用。据统计，到1978年我国工业总产值达到3892.59亿元，比1949年增长了38.18倍，同时工业总产值在工农业总产值中的比重由1949年30%上升到1978年的72.2%；非农产业在全社会总产值中的比重由1949年的41.4%上升到77.1%；非农产业在国民收入构成中的比重也由1949年的31.6%上升到1978年的64.4%。[①] 电力、煤炭、钢铁、有色金属、石油加工、机械、建材、食品、轻纺、医药等工业部门不断发展壮大，汽车、电子、航空航天等一批新兴工业部门从无到有，迅速发展起来，在短短的30年时间里，建立了比较完整的工业体系，为我国进一步的工业化建设和社会主义经济建设奠定了良好的发展基础。这个成绩的取得与城乡二元体制的实施不无关系。如果没有农村农民为工业化的进程承担城乡剩余劳动力的压力，如果没有统购统销政策对工业劳动力生活资料的切实保障，如果没有农业为工业发展提供大量的资金积累，如果没有国家财政资金对工业的高比例投入，工业要高速发展并取得这样的发展成就几乎是不可能的。从这个意义上讲，城乡二元体制的实施是有它的历史功劳的。

其次，二元分割体制下，人民公社制凭借自己强大的组织功能和力量为农村经济社会发展起到了重要的促进作用。比如在农田水利建设方面，如果靠农民个体的力量是无法完成的，但依靠人民公社的力量则可以合理解决这方面的问题。人民公社依靠国家和集体的投入，修建了各种规模的水利工程，为提高农业生产水平和农业生产率打下了坚实基础。据统计，到1977年，全国建成大、中、小型水库8.1万座，塘坝710万处，全国农业灌溉面积由解放初期的2.4亿亩增加到7.2亿亩，水电装机容量达430万千瓦，农村用电量由解放初期的2000万度增加到248亿度。[②] 直到今天，当年兴建的许多水利设施仍然在农业的防洪抗

① 国家统计局.中国统计年鉴（1983）[M].北京：中国统计出版社，1983：20、22、216.

② 张雨林.我国城乡关系的历史考察（上）[J].中国农业经济，1989,（9）：4–10.

旱中发挥着重要作用。再比如，人民公社化时期，农村依靠集体的力量在农村社会建设方面做了大量卓有成效的工作。在文化教育方面，通过开展扫盲班、识字运动等提高农民文化水平，通过组织集体文化活动，宣传党和国家的政策，丰富农民的文化生活；在社会保障方面，通过建立五保、优抚和社会救助制度等，保障农村弱势群体的基本福利；在公共卫生方面，通过推行农村合作医疗制度，建立健全卫生防疫体系、开展爱国卫生运动等，提高了农民健康水平和人均寿命。① 此外，城乡二元分割体制通过限制人口的自由流动，避免了很多发展中国家工业化过程中的城市失业、居住和交通拥挤、贫民窟的问题，保证了我国快速工业化过程中的社会稳定。

（五）城乡二元分割体制的负面影响

在看到城乡二元体制的历史贡献时，更应该看到它给我国经济社会发展以及工农、城乡关系带来的负面影响，并努力加以克服和消除。城乡二元体制的负面影响归纳起来主要包括以下一些方面：首先，城乡二元分割体制，严重制约了城市化的正常发展。按照经济发展的一般规律，通常随着工业化水平的提高，城市化水平也会相应地提高。但我国由于采取严格限制人口特别是农村人口向城市的合理流动，加之又重点发展资本密集型的重工业，轻工业发展相对较慢，影响了工业发展对劳动力的吸收能力，这样在工业化率提高的同时，城市化率并未得到相应的提高。据统计，从1949年至1978年，工农业产值结构比重从30:70变成72:28，但到1978年，农业人口比例仍高达82.08%，近30年的时间里只降低了7.3个百分点。全国城市化水平在经过了1949年到1960年的缓慢增长之后，1961年到1978年增长几乎停滞，直到1978年仍然徘徊在17.92%的水平，比之前历史最高水平年份1961年的19.29%还要低1.37个百分点。另外，建制镇受发展政策限制而不断萎缩，由1954年的5400个，下降到1978年的2173个。② 城市化发展缓慢一方面

① 王习明.乡村治理中的老人福利[M].武汉：湖北人民出版社，2007：6–73.

② 陆大道，等.2006年中国区域发展报告——城镇化进程及空间扩张[M].北京：商务印书馆，2007：18.

减弱了对农业剩余劳动力的吸纳能力，影响了农业劳动生产率的提高；另一方面使得城市缺乏足够的发展活力，制约了城市带动辐射作用的发挥。

其次，城乡二元分割体制，影响了农业生产率的提高。尽管这一时期农业的生产条件比如农药、化肥、水利、机械等有了明显地改善，但由于二元分割体制使农村大量的剩余劳动力无法向城市转移，加上农村人口的不断增加，农业劳动生产率长期得不到提高，与工业劳动生产率的快速提高形成鲜明的对比。1952年每个农业劳动力平均创造的国民收入相当于每个工业劳动力平均创造的国民收入的21.2%，而这一比例1978年却下降到13%。[①] 1979年工业总产值指数是1952年的17.34倍；其中重工业总产值指数1979年是1952年的19.92倍；而农业总产值指数1979年只是1952年的2.49倍。工业生产指数是农业生产指数的6.96倍。

再次，城乡二元分割体制，造成了城乡居民生活水平的差距和发展机会的不平等。由于农业生产率较低，加之农民受政策限制无法加入到城市工业化过程之中，农民所需的生活资料又被排除在国家的计划供应之外，从而导致农村居民生活水平低下，缺乏平等的发展机会。据统计，1978年城镇居民人均可支配收入为343.4元，而农村居民人均支配收入仅为133.6元，前者是后者的2.57倍；1978年城镇居民消费水平是405元，而农村居民消费水平仅为138元，前者是后者的2.93倍。如果将城镇居民的非工资性收入（包括住房补贴、医疗补贴和其他补贴以及单位发放的实物）考虑进来，城乡居民的收入差距将会更大。1978年城市居民家庭恩格尔系数为57.5%，而农村居民的家庭恩格尔系数则为67.7%，两者之间相差10个百分点。[②]

另外，城乡二元分割体制固化了农村居民的身份，限制了农村居民的发展机会。城乡二元分割体制下的统购统销、户籍制度和人民公社制度等制度设定，将农村居民导入与城市居民完全不同的发展轨道。农村

① 张雨林.我国城乡关系的历史考察（上）[J].中国农业经济，1989,（9）：4-10.

② 相关数据，根据国家统计局《中国统计年鉴（2007）》相关资料整理计算。

居民失去了自由迁徙这一最基本的权利，缺少很多平等发展的机会。和城市居民相比，农村居民无法获得国家粮食、副食品及燃料等的低价供应，无法获得住房、医疗、劳动就业培训、社会养老保险和社会医疗保险等方面的补贴，无法享用城市交通、教育、文化体育等社会公共产品，农村居民享用的现代城市文明成果比城市居民要少很多。

综上所述，可以看出我国从1949—1978年城乡关系变迁既有成功的经验，也有深刻的教训。经验包括理论和实践两个维度，从理论维度看，新中国成立初期，以毛泽东为核心的中央领导集体提出了许多正确的处理城乡关系的思想和理论观点，比如城乡兼顾、重视农业在国民经济中的基础地位，正确处理农、轻、重的关系，促进城乡交流、实现城乡结合和互助、切实维护农民利益等。从实践维度看，1949年到1952年城乡关系发展良好，城乡之间互通开放，工农业产品之间的交流顺畅，农业税赋调整减轻了农民负担，农业互助合作和土地改革，调动了农民生产积极性，提高了农业生产效率。然而，从1953年开始一直到1978年，城乡之间逐渐由开放交流走向封闭隔离，特别是1958年以后实施的以统购统销、城乡户籍管理制度、人民公社等为主要内容的城乡二元体制，把城市和乡村割裂成两个相互独立的部分，城乡之间缺乏联系和沟通，城乡差别显著扩大，城乡之间的对立日益尖锐。

第五章　中国特色社会主义建设时期中国城乡关系理论及其实践

1978年12月，中国共产党十一届三中全会召开，将全党的工作重点和全国人民的注意力转移到社会主义现代化建设上来。全会提出了改革开放的任务。十一届三中全会的战略决策和部署，对改善我国不和谐的城乡关系提供了重要的发展契机。改革开放以来，以邓小平、江泽民、胡锦涛为核心的历届中央领导集体继承和发展马克思主义城乡关系思想，在总结我国社会主义建设经验教训的基础上，结合改革开放的生动实践，不断开拓社会主义城乡关系理论，进一步推动我国城乡关系的改善和发展。

一、中国特色社会主义理论开创和奠基时期城乡关系理论及其实践

党的十一届三中全会以后，以邓小平为核心的党中央在深刻总结我国社会主义经济建设经验教训的基础上，拨乱反正，重新确立社会主义经济建设路线，开创了中国特色社会主义建设新时期。党和国家积极推进经济体制改革，大力发展乡镇企业，重视科学技术在工农业生产中的运用，推动工农业的协调发展。这些政策举措对促进国民经济的较快发展和改善城乡之间的关系起到了重要作用。

（一）积极推进经济体制改革，消除城乡关系协调发展的体制障碍

针对我国长期以来存在的影响国民经济和城乡关系发展的严重的

体制问题，邓小平在党的十一届三中全会上，提出改革经济体制的战略任务。他说："如果现在不实行改革，我们的现代化事业和社会主义事业就会被葬送。"[①] 同时他对经济体制改革的重要意义作了深刻阐述，他指出，经济体制改革"是为下一个十年和下个世纪的前五十年奠定良好的持续发展的基础"[②]。1979年4月，党中央召开工作会议，正式确定对国民经济实行"调整、改革、整顿、提高"的新"八字方针"，将"改革"作为国民经济及发展中的重要任务之一。我国的经济体制改革首先从农村开始。1978年夏秋之际，安徽凤阳县梨园公社小岗村18户农民，冒着风险，在包干合同书上按下了手印。小岗村创造的包干到户，就是"保证国家的，留足集体的，剩下都是自己的"。这个办法简便易行，成效显著，受到农民的欢迎。四川、甘肃、云南、广东等省份的一些地方也放宽政策，采取了类似的做法。这种大胆尝试，揭开了农村经济体制改革的序幕。[③]

对于包产到户、包干到户等农业生产责任制形式，党和国家给予充分肯定。1980年5月，邓小平在一次谈话中肯定了农民的改革创举，他说："农村政策放宽以后，一些适宜搞包产到户的地方搞了包产到户，效果很好，变化很快。"[④] 针对有些人对包产到户的担心，他指出，影响集体经济的担心是不必要的，这些地方只要生产发展了，农村的社会分工和商品经济发展了，低水平的集体化就会发展到高水平的集体化，集体经济不巩固的也会巩固起来。1980年9月，中共中央印发《关于进一步加强和完善农业生产责任制的几个问题》，突破多年来把包产到户等同于分田单干和资本主义的观念，肯定了包产到户的做法。1982年，党中央发出"一号文件"，明确指出包产到户、包干到户等各种生产责任制，都是社会主义集体经济的性质，应该允许存在和发展。在党中央

① 《中国共产党简史》编写组.中国共产党简史[M].北京：人民出版社，中共党史出版社，2021：223.

② 邓小平文选（第三卷）[M].北京：人民出版社，1993：131.

③ 《中国共产党简史》编写组.中国共产党简史[M].北京：人民出版社，中共党史出版社，2021：232.

④ 《中国共产党简史》编写组.中国共产党简史[M].北京：人民出版社，中共党史出版社，2021：232.

的支持下，以包产到户、包干到户为主要形式的家庭联产承包责任制在全国迅速推开。在家庭联产承包责任制推进的同时，一些经济基础比较扎实的地方，继续实行集体统一经营，改革原来的平均主义分配办法，逐渐向高水平的集体化迈进。

农村经济体制的改革，除了实行家庭联产承包责任制这一基本经营制度改革外，还进行了其他多方面的改革。首先，对人民公社制度进行了改革。随着家庭联产承包责任制的实施，政社合一的人民公社制度逐渐失去了存续的基础。1982年新修订的宪法作出改变人民公社政社合一体制，设立乡政府作为基层政权，成立村民委员会作为群众性自治组织等规定，乡镇将成为我国农村基层的政权组织和行政区域。1993年10月中共中央、国务院发出《关于实行政社分开、建立乡政府的通知》，实施新的乡镇管理体制，至此实行了20多年的人民公社制度不复存在。这是农村经济和政治体制的重大改革。其次，国家出台政策鼓励农村开展多种经营，搞活农村商品生产和经营。1979年9月，党中央充分肯定了“多种经营、自留地、自留畜、家庭副业、集市贸易”等在社会主义经济中的作用，允许农民进入种地以外的其他经济领域。1981年3月，中共中央、国务院转发国家农委《关于积极发展农村多种经营的报告》，鼓励和支持社员个人或合伙经营从事商业、手工业、养殖业、运输业等。1982年党的十二大进一步明确个体经济在国民经济中的地位和作用，将之作为公有制经济的必要的、有益的补充。1983年中央一号文件允许农民从事长途贩运经商、购置大型车船机器从事经营活动。1984年中央一号文件中明确规定农民可以进城开店设坊、兴办服务业。1985年中央一号文件又进一步指出，在各级政府统一领导下，允许农民进城开店设坊、兴办服务业、提供各种劳务，城市要在用地和服务设施方面提供便利条件。国家对农民经营活动领域和空间的放宽，打开了农村内部和城乡之间的封闭关系。再次，实行商品流通及价格方面的改革。1979年国家提高了18类大宗农副产品的收购价格，同时开放城乡农副产品贸易市场。从1981—1985年，国家相继出台了许多规定，不断调整农副产品的价格，鼓励城乡自由贸易，促进城乡之间的商品流通。1981年8月，国务院批转《农副产品议购议销价格暂行管理办法

（草案）》；1982年6月，国务院作出《关于疏通城乡商品流通渠道扩大工业品下乡的决定》；1983年2月，国务院批转《关于改革农村商业流通体制若干问题的试行规定》；1984年7月，国务院批转《关于进一步做好农村商品流通工作的报告》；1985年，中央一号文件《关于进一步活跃农村经济的十项政策》特别规定："除个别品种外，国家不再向农民下达农产品统购派购任务，按照不同情况，分别实行合同订购和市场收购。"[①] 农民在完成国家规定的统购任务之后，可以将剩余的农副产品拿到市场上随行就市。同时，国家放开了肉、菜、蛋等主要副食品的销售价格，活跃了城市集市，促进了城乡之间的商品流通。农产品价格的改革和农副产品市场的开放，改变了实行30多年的农产品统购统销制度及其政策规定，把农村经济纳入了有计划的商品经济的轨道。还有，放松对劳动力流动的限制。随着农村多种经营的发展和城乡市场的放开搞活，城乡之间劳动力的流动开始频繁起来。适应形势发展的需要，党和国家适时调整对劳动力流动的管理办法，逐渐放松对劳动力流动的限制。1984年中央一号文件提出，要选择若干集镇进行"务工、经商、办服务业的农民自理口粮到集镇落户"的试点，同年2月国务院发布《关于农村个体工商业的若干规定》和10月发出的《关于农民进入集镇落户问题的通知》中，明确指出允许农民外出务工和经商，放松农民落户集镇的限制，一定程度上松动了我国长期固化了的二元户籍制度。

农村经营制度、人民公社制度、农产品流通和价格制度、劳动流动和户籍制度等在内的城乡二元体制改革，取得了显著的成效。主要表现在：第一，农业生产高速发展。到1985年，农业总产值增加到3619亿元，年均增长7.1%。改革开放以前每增产1亿吨粮食平均需要15年，改革开放仅仅7年时间粮食的增产速度就达到了这一水平。棉花、油料等农产品产量增加更快。1984年，农民卖粮难、卖棉难的局面在中国历史上第一次出现。[②] 第二，农村居民收入大幅增加，城乡收入差距显著缩小。农村居民家庭人均纯收入由1978年的133.6元，提高到

① 中共中央、国务院关于进一步活跃农村经济的十项政策[N].人民日报，1985-03-25.

② 张晓山，李周主编.新中国农村60年的发展与变迁[M].北京：人民出版社，2009：80.

1985年的397.6元，增长近3倍，而同期城镇居民家庭人均可支配收入由1978年的343.4元，提高到1985年的739.1元，增长2.15倍，农村居民家庭收入增长速度高于城镇居民收入增长速度。城乡居民收入差距也相应由1978年的2.57∶1下降到1985年的1.86∶1。[①] 第三，农业产业结构优化，农村非农产业在国民经济中的地位提升。1978年传统种植业、林业、牧业和渔业在农业总产值中的比重分别为80%、3.4%、15%和1.6%，到1989年，种植业的比重下降到62.8%，而林业、牧业、渔业的比重均得到不同程度的提升，分别达到4.4%、27.5%和5.3%。[②] "农村经济开始由单干农户单一农业经济基础上发展起来的集体经济，转变为以合作经济为主导，乡、村、组、户联合体相结合，农林牧副渔全面发展，工商建运服综合经营的多成分、多层次的综合经济。"[③]

（二）大力发展乡镇企业，促进农村经济向多成分、多层次的综合经济发展

随着农业联产承包制在广大农村的推行，农民群众有了更大的生产和经营自主权，可以利用剩余劳力和资金发展多种经营。各地农村涌现出一大批乡镇工业企业，也涌现出一大批生产和经营专业户。乡镇企业作为我国农村改革中出现的新生事物，是我国农业发展的伟大创造。[④] 邓小平曾经指出："农村的改革中，我们完全没有预料到的最大收获就是乡镇企业发展起来了。"[⑤] 在党中央的引导和支持下，乡镇企业得到了快速发展。乡镇企业增加值由1978年的209亿元，增加到1989年的2083亿元，增长近10倍，年均增长率在两位数以上，其中增长最快的1984年和1987年分别高达55.15%和62.2%。[⑥] 随着农村的不断改革搞活，农村非农产业在农村发展、整个国民经济和社会发展中的作用明显增强。到1988年，农村非农产业占农村和全国GDP的比重分别

① 根据国家统计局网站数据库数据整理计算.
② 张晓山，李周主编.新中国农村60年的发展与变迁[M].北京：人民出版社，2009：85–86.
③ 方明，叶克林.改革与新型城乡关系模式的建立[J].社会学研究，1986，(1)：22–32.
④ 邓小平文选（第三卷）[M].北京：人民出版社，1993：238.
⑤ 邓小平文选（第三卷）[M].北京：人民出版社，1993：238.
⑥ 张晓山，李周主编.新中国农村60年的发展与变迁[M].北京：人民出版社，2009：85–86.

达到43.8%和20%，对农村和全国GDP的贡献率分别达到了83.8%和32.9%。与此同时对劳动力的吸纳能力显著增强，1989年农村非农产业就业份额为22.9%，比1978年的9.2%增长了2.49倍；1989年农村非农与农业就业比例为29.7%，比1978年的10.2%增长了2.91倍。① 乡镇企业的发展解决了农民的就业问题，减少了城乡人口的无序流动，促进了社会稳定，实现了农村劳动力向非农产业的转移，推进了城乡一体化的进程。邓小平深入分析了乡镇企业发展对推进我国工业化和城市化的影响，他强调指出："乡镇企业很重要，要发展，要提高。"② 提出中国农村发展要坚持以乡镇企业为主体、小城市为载体的工业化、城镇化道路。乡镇企业的发展，推动了农业生产力发展，加速了农村现代化建设进程，推进了城乡和谐关系的形成。

（三）推进城市经济体制改革，促进多种经济形式共同发展

党的十一届三中全会以后，在借鉴农村经济体制改革经验的基础上，以扩大企业自主权为主要内容的城市经济体制改革逐步在全国推开。1979年5月，首都钢铁公司、天津自行车厂、上海柴油机厂等8家大型企业开始进行改革试点。到1980年6月，参与改革的企业增至6600多个。③ 扩大企业自主权改革，初步改变了过去只按国家指令性计划生产，不了解市场需求，不关心产品销路，不关心盈利亏损的状况，增强了企业的自主经营意识和市场意识。在扩大企业自主权的基础上，城市改革又在尝试经济责任制方面的改革。1981年，经济责任制的改革首先在山东省的企业中试行，此后很快推广到全国3.6万个工业企业。④ 实行经济责任制，把企业和职工的经济利益同他们所承担的责任与实现的经济效益联系起来，强化了职工的主人翁意识，提高了企业的

① 张晓山，李周主编.新中国农村60年的发展与变迁[M].北京：人民出版社，2009：50–51.

② 邓小平文选（第三卷）[M].北京：人民出版社，1993：355.

③《中国共产党简史》编写组.中国共产党简史[M].北京：人民出版社，中共党史出版社，2021：234.

④《中国共产党简史》编写组.中国共产党简史[M].北京：人民出版社，中共党史出版社，2021：235.

经济效益。同时，城乡商业流通体制改革也在积极推进，从1979年起，国家重新限定农副产品的统购和派购范围，放宽农副产品的购销政策，规定供销合作社基层社可以出县、出省购销，集体所有制商业、个体商贩和农民也可以长途贩运。这为加快城乡商品流通创造了有利条件。另外，所有制改革也在逐步推进。1979年，全国出现知青返城大潮。为了缓解与日俱增的就业压力，党中央、国务院果断采取支持城镇集体经济和个体经济发展的方针，开启了以公有制经济为主体、多种经济形式并存的改革。所有制改革中，出现了“个体户”的经济形式。1981年10月，党中央、国务院在《关于广开门路，搞活经济，解决城镇就业问题的若干决定》中指出：“在社会主义公有制经济占优势的根本前提下，实行多种经营形式和多种经营方式长期并存，是我党的一项战略决策，决不是一种权宜之计。”① 在新的政策指引下，集体经济、个体经济有了新的发展，形成了全民、集体和个体联营共同发展的新经济形式。

1984年10月，党的十二届三中全会通过《中共中央关于经济体制改革的决定》，提出我国社会主义经济是“公有制基础上的有计划的商品经济”；提出“所有权同经营权是可以适当分开的”。② 这是党在计划与市场关系问题上的重大突破。此后，以城市为重点的经济体制改革全面展开。改革的主要任务是增强全民所有制企业的活力，其中的重要改革是推行承包经营责任制，对责权和奖惩作出明确规定，增强企业经营者的责任感。到1987年，全国80%的国营企业实行了各种形式的承包经营责任制。有的企业还开始进行股份制改革尝试。股份制的推出，在我国城市经济体制改革史上具有标志性的意义，它表明股份制并不是资本主义所独有，社会主义也可以利用。

在国有企业改革的同时，不同所有制的多种经济成分得到发展。中外合资、中外合作、外商独资企业和国内劳动者的个体经济、私营经济等非公有制经济成分，在国家的允许和引导下，得到迅速发展。以公有

①《中国共产党简史》编写组.中国共产党简史[M].北京：人民出版社，中共党史出版社，2021：235.

②《中国共产党简史》编写组.中国共产党简史[M].北京：人民出版社，中共党史出版社，2021：244.

制为主体、多种经济成分并存的所有制结构的形成，开创了发展国民经济、方便人民生活和扩大就业的新局面。

（四）以农业为基础，正确处理工农业之间的关系

以农业为基础，这是马克思主义城乡关系理论中的重要内容，也是毛泽东城乡关系思想的重要内容。改革开放以来，以邓小平为核心的中央领导集体，继承和发展马克思主义城乡关系理论和毛泽东城乡关系思想，继续强调以农业为基础，把农业的基础地位提高到前所未有的高度。邓小平指出，农业是根本，“农业搞不好，工业就没有希望，吃、穿、用的问题也解决不了”，“工业越发展，越要把农业放在第一位”，农业如果有一个曲折，三五年转不过来，就会影响整个经济发展的速度。[①] 同时，邓小平深刻阐述了农村农民状况对整个社会稳定的重要作用。他指出：“中国有百分之八十的人口住在农村，中国稳定不稳定首先要看这百分之八十稳定不稳定。城市搞的再漂亮，没有农村这一稳定的基础是不行的。”[②]“中国社会是不是安定，中国经济能不能发展，首先要看农村能不能发展，农民生活是不是好起来”；农民不能摆脱贫困，整个国家就不能摆脱贫困；农民不富裕，就不会有城乡居民的共同富裕。[③] 中国作为农业大国，重视农业发展和农村发展是其应有之义，是被我国经济社会发展证明了的成功经验。

“城乡互动、工农并举”是马克思恩格斯提出的实现城乡融合的重要途径之一，也是毛泽东城乡关系思想的重要内容。以邓小平为核心的中央领导集体同样高度重视城乡之间的互动和工农业之间的有机结合问题。邓小平指出，工业要支援农业。支援农业的工业不仅不能减少，而且要搞好；工业支援农业要落实到具体的政策中去；促进农业的现代化，是工业的重大任务；工业区、工业城市要带动附近农村，帮助发

① 邓小平文选（第一卷）[M].北京：人民出版社，1994：322；邓小平文选（第二卷）[M].北京：人民出版社，1994：29；邓小平文选（第三卷）[M].北京：人民出版社，1994：355.

② 邓小平文选（第三卷）[M].北京：人民出版社，1993：65.

③ 邓小平文选（第三卷）[M].北京：人民出版社，1993：237，78.

展小型工业，搞好农业生产。[①] 同时，农业发展了反过来又要支援工业，农副产品的增加，农村市场的扩大，农村剩余劳动力的转移，会强有力的推动工业的发展。[②] “在实现四个现代化的过程中……农业要发展，离不开工业，而工业的稳步发展也不可能没有农业，农业不发展，工业就没有市场；工业不发展，农业也就不可能迅速发展。”[③]

（五）重视科学技术在城乡发展中的重要作用

重视科学技术在城乡发展中的巨大作用，是马克思主义经典作家反复强调的一个重要观点，以邓小平为核心的中央领导集体非常重视科学技术在工农业发展和缩小城乡差距上的作用。1978年3月，邓小平在全国科学技术大会上指出，独立自主不是闭关自守，自力更生不是盲目排外。“任何一个民族、一个国家，都需要学习别的民族、别的国家的长处，学习人家的先进科学技术。”[④] 1988年，邓小平提出了“科学技术是第一生产力”的著名论断，强调要充分认识科学技术的重要性。他指出，在社会主义建设过程中，城乡发展和城乡差距的缩小都离不开科学技术的助力，科学技术是国家建设的保障。[⑤] 邓小平在不同场合多次讲到科学技术对农业发展的促进作用。他说，“农业的发展一靠政策，二靠科学”，科学技术对农业发展的促进作用潜力巨大。在农业发展过程中，可以借助于科技的力量，改善农业生产环境，提高农业生产效率，用先进文化武装农业劳动者的头脑，“靠尖端技术寻找将来农业问题的出路。”[⑥] 在城市工业发展中，同样可以运用科技改造工业生产方式，推动城市生产力的更高效发展。针对我国科技力量比较薄弱、科学技术水

---

① 邓小平文选（第一卷）[M].北京：人民出版社，1994：326；邓小平文选（第二卷）[M].北京：人民出版社，1994：28；

② 邓小平文选（第三卷）[M].北京：人民出版社，1993：376.

③ 中共中央文献研究室.邓小平年谱（1975—1997）（上）[M].北京：中央文献出版社。2004：419.

④《中国共产党简史》编写组.中国共产党简史[M].北京：人民出版社，中央党史出版社，2021：221.

⑤ 邓小平文选（第二卷）[M].北京：人民出版社，1994：32.

⑥ 邓小平文选（第三卷）[M].北京：人民出版社，1994：275.

平比较落后、远远不能适应社会主义现代化建设的状况，邓小平提出，在社会主义现代化建设中，要注意加强科技人才的培养，应制定长远目标，从小抓起，从现在抓起，“五年小见成效，十年中见成效，十五年至二十年大见成效”[①]。尽快建成一支“宏大的又红又专的科学技术队伍”，为社会主义建设提供知识储备和人才支持。

二、中国特色社会主义理论体系推进和丰富时期城乡关系理论及其实践

1989年6月党的十三届四中全会以后，以江泽民为核心的中央领导集体，在加快改革开放步伐、加快社会主义现代化建设、建立和完善社会主义市场经济体制的进程中，进一步推进和丰富中国特色社会主义理论体系。继承和发展了马克思列宁主义、毛泽东思想和邓小平理论的城乡关系思想，逐步形成了以“城乡协调发展”为核心理念的城乡关系思想，丰富了中国特色社会主义城乡关系理论的内容。新的中央领导集体全面总结我国城乡经济社会建设和发展的经验教训，针对改革开放以来城乡关系中的问题和难题，进行了新的政策实践，有力指导了加速社会主义现代化建设、建立和完善社会主义市场经济体制进程中的城乡关系建设，为实施统筹城乡发展战略奠定了理论和实践基础。

（一）重视“三农”问题，促进城乡协调发展

以江泽民为核心的中央领导集体把解决“三农”问题作为解决城乡协调发展问题的基础，高度重视“三农”发展问题。早在20世纪90年代初，江泽民就指出，如果经济出问题，很可能出在农业上，如果农业出问题，经济社会发展的全局就会受到严重影响。[②]“没有农业的牢固地位，就不可能有我国的自立；没有农业的积累和支持，就不可能有我国工业的发展；没有农村的全面进步，就不可能有我国社会的全面进

① 邓小平文选（第三卷）[M].北京：人民出版社，1994：37.

② 江泽民文选（第一卷）[M].北京：人民出版社，2006：231.

步；没有农村的稳定，就不可能有我国整个社会的稳定；没有农民的小康，就不可能有全国人民的小康；没有农业的现代化，就不可能有整个国民经济的现代化。”[①] 从长远来看，实现我国经济和社会发展的战略目标，农业和农村始终处于举足轻重的地位。农业基础是否巩固，农村经济是否繁荣，农民生活是否富裕，关系农产品的有效供应，关系工业品的销售市场，关系国民经济发展全局。如果农业没有更大发展，农村经济不能登上新台阶，我国现代化建设第二步、第三步发展目标就不可能顺利实现。因而，“三农”问题是关系我们党和国家前途命运的根本性战略问题。[②] 对于我国这样一个拥有十一亿人口的农业大国来说，农村稳定才能保证全局稳定。[③]

高度重视“三农”问题，不能仅仅停留在党和国家领导人的讲话上，也不能仅仅止于党的文件上，而要付之于具体实践。为此，党和国家分别就农业、农村、农民发展问题出台了一系列政策举措。就农业的发展而言，首先强调要加强对农业的支持。“农业是社会效益大而比较效益低的产业，光靠市场调节不行，必须通过国家宏观调控加以扶持和保护……要制定引导资金等生产要素向农业流动，多方筹集农业发展资金的政策。合理调整工农、城乡利益关系，按价值规律同农民打交道。健全主要农产品风险基金和储备调节制度，减少农业的市场风险。引导二、三产业加强对农业的支持，逐步形成以工补农、以工建农、以工带农的机制。充分运用对外开放的有利条件……走贸工农一体化发展的路子，逐步实现从粗放经营向集约经营、从低效农业向高效农业的转变。”[④] 其次强调要加强对农业的投入和保护。“市场经济越发展，工业化程度越高，越需要加强对农业的保护和支持”；要“改革农村投融资体制，增加对农业的投入，完善粮食储备调节、风险基金和保护价

① 江泽民文选（第一卷）[M].北京：人民出版社，2006：259.

② 中共中央文献研究室.十四大以来重要文献选编（上）[M].北京：人民出版社，1996：423.

③ 中共中央文献研究室.十三大以来重要文献选编（中册）[M].北京：人民出版社，1991：1158.

④ 江泽民论由中国特色社会主义（专题摘编）[M].北京：中央文献出版社，2002：129–130.

收购制度，建立农业保险制度，加快对农业的支持和保护体系建设”。[①]再次强调要依靠科技振兴农业，要通过农业科技项目的研发保证农业和农村经济的发展后劲；要加强适用农业科技成果的推广应用；“要紧密结合农村改革开放和现代化建设的实际，通过多种形式，组织广大农民和基层干部学习先进适用的种植、养殖和农产品加工技术，商品生产、市场营销、经营管理以及卫生保健、计划生育、环境保护和法律等方面的基本知识，使他们牢固树立崇尚科学、破除迷信的思想观念，增加识别各种违反科学的歪理邪说的能力。”[②]

就保护农民利益而言，党和国家提出，要在扩大农民就业、增加农民收入上下功夫，采取多种政策措施增加农民收入，保护农民利益。“一是要继续发展乡镇企业，加快技术改造和结构调整。二是要发展小城镇。三是要引导农民有序流动，对进城务工农民要搞好管理和服务，不能搞歧视政策。四是要坚持社会生产力水平的多层次性和所有制结构的多样性，努力发展劳动密集型产业和中小企业，创造更多就业机会。五是要在宏观上完善政策，包括户籍制度、子女入学、住房制度和社会保障等方面的改革和完善。”[③]

就促进农村发展而言，党的十五届三中全会提出，要建设富裕民主文明的社会主义新农村。要从传统的救济式脱贫向开发式脱贫转变，充分发挥政府和社会力量，帮助农村地区解放和发展生产力，不断加强农村地区的自我发展能力，帮助农村大部分人口走上富裕之路。要扩大农村基层民主，保证农民直接行使民主权利，调动广大农民的积极性、主动性、创造性。要促进农村两个文明建设，确保农村的长治久安，促进城乡经济社会的协调发展。

另外，为了更好地促进农村集体经济的发展、调动农民家庭经营的积极性，调整农村经济体制与生产力发展不相适应的情况，党中央提出要健全统分结合的“双层经营体系”。2001年江泽民在考察安徽时

① 江泽民论有中国特色社会主义（专题摘编）[M].北京：中央文献出版社，2002：129；江泽民文选（第二卷）[M].北京：人民出版社，2006：214.

② 江泽民.论科学技术 [M].北京：中央文献出版社，2001：8、170.

③ 江泽民文选（第一卷）[M].北京：人民出版社，2006：263–273.

指出，在农业从传统向现代转变的过程中，为了兼顾农业生产力发展状况的差异性，应在坚持“家庭承包经营”的前提下，加入“社会化服务”，[①] 通过健全农村以统分结合为特征的双层经营体制促进“集体经济的优越性和农民家庭经营的积极性”的发挥。[②]

由于党和国家重视“三农”问题，极大地促进了农业和农村的发展，农民收入水平和消费水平普遍提高。2002年，农村居民人均纯收入为2475.6元，是1990年的3.6倍、1978年的18.5倍、1952年的50余倍。农村居民的消费品数量更加丰富，消费品质不断提高。

（二）走中国特色城镇化道路，促进城乡区域协调发展

我国农业人口多，是制约农业集约化经营、农民收入快速增长、城乡差距缩小的重要因素。所以，要破解“三农”难题，就必须减少农业人口。在城市人口容纳能力有限的情况下，推进小城镇建设就成为必然的战略选择。加快小城镇建设，一是可以实现农村剩余劳动力的就近转移，增加农民的收入，推进农业规模化经营，推进“三农”问题的有效解决；二是可以缓解城市人口和生态环境的压力，架起城市和乡村之间的桥梁，促进城乡融合发展；三是可以带动民间投资，扩大消费需求，为城乡经济社会发展提供市场空间和增长动力。对此，江泽民指出，“发展小城镇是一个大战略”，[③] 并强调要“搞好小城镇建设”。

就如何搞好小城镇建设，党和国家提出一系列政策举措。一是要加强政府引导，把小城镇建设纳入经济社会发展规划。以现有的县城和发展条件较好的建制镇为基础，科学规划，注重质量，推动小城镇建设的合理布局，规模适度，节约用地。加强小城镇基础设施建设，增强小城镇的公共服务能力，提高小城镇的经济聚集功能。二是要充分发挥市场机制的作用，把小城镇建设与发展乡镇企业、科技型农业、农业服务业

---

① 中共中央文献研究室.十四大以来重要文献选编（上）[M].北京：人民出版社，1996：175.

② 中共中央文献研究室.十四大以来重要文献选编（上）[M].北京：人民出版社，1996：285.

③ 中共中央文献研究室.十四大以来重要文献选编（下）[M].北京：人民出版社，1996：438.

结合起来。加大招商引资的力度，鼓励民间投资，搞活经营机制，促进非公有制经济的发展。引导私营企业从事农业科技的研究和推广、农业的规模化生产、农产品的深度加工。引导各种社会资源参与农村服务业经营，为农业生产提供生产资料、技术、销售、信息等方面的服务，为农民的生活提供文化休闲服务。引导乡镇企业向小城镇聚集，形成集群效应，促进小城镇成为区域经济中心。三是要消除妨碍城镇化发展的体制和政策障碍，加快小城镇户籍制度改革，引导农村富余劳动力合理有序流动，逐步提高城镇化水平，形成大中小城市和小城镇协调发展的新格局。"经过五年至十年的努力，把一批小城镇建设成为具有一定辐射和带动能力的农村区域经济文化中心，使全国的城镇化水平有明显提高。"①

小城镇发展战略及其政策措施，极大地推动了城镇化的进程。从1990—2002年，中国城镇人口由30191万人，增加至50212万人；人口城市化率由26.4%提升至39.09%，平均每年提高1个百分点；建制市由461个增加至660多个，平均每年增加15.5个，建制镇数量增长更快，到2002年已增加至19811个，平均每年增加600多个。② 城镇化的快速发展，进一步增强了城市对乡村的引领和带动能力。

(三)转变城乡发展思路，统筹城乡经济社会发展

改革开放以来，党和国家制定并实施了一系列解决"三农"问题的政策措施，但是从实践效果看并不特别理想。在既往的政策措施设计中，往往忽视了"三农"问题与其他经济社会单元之间的有机联系，对"三农"问题的研究和治理仅限于农村内部，就农业讲农业，就农村讲农村，极大束缚了农业农村发展的空间，致使"三农"问题愈加凸显和严峻，工农、城乡之间的差距不断扩大。

面对日益严重的"三农"问题，以江泽民为核心的中央领导集体努力探索，提出"跳出三农看三农"的思路，强调"三农"问题与其他经

---

① 江泽民文选（第三卷）[M].北京：人民出版社，2006：546.

② 资料来源于《中国统计年鉴2007》.

济社会方面的紧密联系，从更广阔的视野思考“三农”问题，明确提出城乡互动和统筹城乡发展的战略思想。江泽民指出，“建国初期依靠农业积累发展工业的战略是必要的。现在条件不同了，应该调整结构，包括调整基本建设投资、财政预算内资金、信贷资金结构。宁肯暂时少上几个工业项目，也要保证农业发展的紧迫需要。……在确保农业持续稳定发展的前提下，安排整个国民经济的发展规模和速度，安排工农业两大门类资金投放的比例。不仅中央要坚持这样做，各个地方也要坚持这样做。”[①] 从工业化发展阶段看，我国已经进入了非农产业占国民经济主导地位的工业化中期阶段，非农产业已经具备自我积累和发展的能力，不许再从农业中汲取资金。此时，农业应结束“反哺工业”的历史任务，获得与工业平等的发展机会与权利，并逐步发展成为被“反哺”的部门。调整资金投放结构，加大对农业的投入，优先保证农业的发展需要，符合工农关系发展规律，有利于改变农业在国民收入再分配和城乡资源配置中的弱势地位。

与此同时，党和国家还强调要“引导第二、第三产业加强对农业的支持，形成以工补农、以工建农、以工带农的机制”[②]。农业的弱质性和我国农业问题的复杂性决定了“三农”问题无法依靠自身解决，必须依靠其他部门的支持和带动。目前我国已经进入工业化的中期阶段，非农产业已经变成国民经济的主导部门，成为经济增长的主要驱动力，具备帮扶农业的能力和基础。因此，要加强非农产业对农业的支持和帮助。以工业企业为载体，把非农产业的资金、技术、组织方式、营销手段、管理方法引入农业的生产经营过程，促进农业生产经营的产业化和现代化，有效地解决“三农”问题。从强调“农业支持工业”到引导“工业支持、带动农业”，体现了党和国家处理工农关系思想的转变，引导我国工农、城乡关系发生历史性改变。党的十六大报告指出，“统筹城乡经济社会发展，建设现代农业，发展农村经济，增加农民收入，是全面

---

① 中共中央文献研究室.十四大以来重要文献选编（上）[M].北京：人民出版社，1996：425.

② 江泽民文选（第一卷）[M].北京：人民出版社，2006：465.

建设小康社会的重大任务”[①]。统筹推进城乡经济社会发展，就是要把农村和城市通盘起来考虑，通过实施工业支持农业、城市带动农村的发展政策，逐步缩小城乡差距，促进城乡协调发展。

三、中国特色社会主义理论体系发展和完善时期城乡关系理论及其实践

党的十六大以来，以胡锦涛为核心的中央领导集体结合我国经济发展新阶段的新要求，不断深化对统筹城乡发展的认识，进一步发展和完善中国特色社会主义理论体系，进一步发展和丰富中国共产党统筹城乡发展思想，推动了马克思主义城乡关系理论的发展。

（一）凸显统筹城乡发展的战略地位，促进“五个统筹”全面发展

党的十六大以来，以胡锦涛为核心的中央领导集体根据中国特色社会主义新阶段发展的新要求，进一步强化统筹城乡发展在国民经济发展全局中的战略地位。党的十六届三中全会上，提出了统筹城乡发展、统筹区域发展、统筹经济社会发展、统筹人与自然和谐发展、统筹国内发展与对外开放“五个统筹”发展战略，把统筹城乡发展列为“五个统筹”之首，凸显了统筹城乡发展的战略地位。从2004年开始，中央一号文件就明确把“统筹城乡经济社会发展”作为“三农”工作的总体指导方针，出台了许多政策措施予以落实。2010年的中央一号文件在十六大报告“统筹经济社会发展是全面建设小康社会的重大任务”提法的基础上，进一步提出“把统筹城乡发展作为全面建设小康社会的根本要求”[②]，进一步凸显了统筹城乡发展的战略地位和重大意义。

统筹城乡发展的基本思路就是把城市和农村发展结合起来，通盘考虑，统一筹划，依靠工业的带动和城市的辐射，实现城乡互动共融。一

① 江泽民文选（第三卷）[M].北京：人民出版社，2006：546.

② 中共中央 国务院.关于加大统筹城乡发展力度进一步夯实农业农村发展基础的若干意见[EB/OL].新华网，http://www.xinhuanet.com/politics/2010-01/31/content_12907829.htm.

是要统筹城乡产业发展，改变重工轻农的偏向，弥补农业发展的短板和不足，使农业与工业协调发展。加快工业结构的优化升级，促进二三产业向农村地区延伸，完善城乡产业结构和布局，实现城乡产业的互动发展。二是要统筹城乡资源配置，改变生产要素从农村流向城市的单向流动态势，建立健全农村要素市场体系，完善要素报酬机制，加强农村基础设施建设，引导和吸引资金、人才、技术等流向农业和农村，增强农业农村发展活力和后劲。三是要统筹城乡收入分配，改变国民收入分配中的城市偏向，加大公共财政对“三农”的支持力度和覆盖范围，实现对农业的“多予少取”，构建以工促农的长效机制。四是要改革和完善统筹城乡发展的体制机制，改革城乡二元分割体制，构建城乡统一的征地制度、户籍制度、就业制度、教育制度、社会保障制度，赋予农村居民平等的经济社会权利和发展机会，使广大农民共享经济发展成果。

（二）建立以工促农、以城带乡长效机制，促进工农城乡关系协调发展

马克思恩格斯的城乡关系理论深刻阐述了城乡关系的发展规律，即在工业化初期，乡村资源不断向城市集聚，支持城市发展；到了一定的发展阶段，乡村资源向城市聚集的态势会发生逆转，这时城市的先进生产要素会向农村扩散，带动农村发展，最终实现城乡融合。以胡锦涛为核心的党中央根据马克思恩格斯城乡关系发展规律理论，在借鉴国外城乡关系发展经验的基础上，结合我国经济社会发展阶段及其特征，提出了“两个趋向”的重要论断。即“纵观一些工业化国家发展的历程，在工业化初始阶段，农业支持工业、为工业提供积累是带有普遍性的趋向；但在工业化达到相当程度以后，工业反哺农业、城市支持农村，实现工业与农业、城市与农村协调发展，也是带有普遍性的趋向”[①]。改革开放以前，我国处于工业化的初始发展阶段，农业为工业的发展提供了大量的积累，推进了工业化的快速发展，迅速建立起独立的比较完整

① 中共中央文献研究室.十六大以来重要文献选编（中）[M].北京：人民出版社，2006：311.

的工业体系。改革开放以来，农村继续为工业和城市提供廉价的土地、劳动力、资金和农产品，为进一步推进工业化和城市化作出了巨大贡献。进入21世纪以来，随着我国工业化和城市化的进一步发展，第二、三产业等非农产业已经发展成为国民经济的主导部门，我国已经进入到工业化的中期阶段。工业的发展水平已经具备反哺农业的能力和条件。党中央明确指出，“我国现在总体上已到了以工促农、以城带乡的发展阶段。我们应当顺应这一趋势，更加自觉地调整国民收入分配格局，更加积极地支持‘三农’发展”①。这一科学论断明确了我国城乡关系所处的历史方位，为我国在新的历史阶段确立“工业反哺农业、城市支持农村”的政策取向奠定了基础，对我国工农城乡关系的发展有着积极而深远的影响。

为了落实“工业反哺农业、城市支持农村”的方针政策，党和国家进一步提出，要“加快建立以工促农、以城带乡的长效机制。……坚持‘多予少取放活’的方针，重点在‘多予’上下功夫”②。“多予”就是要改变城市偏向的国民收入分配格局，使新增的国家财政支出、固定资产投资、信贷资金投放重点向“三农”倾斜，加大对农业农村的投入力度，构建多元的不断增长的稳定的支农资金渠道；“少取”就是要加快农村税费改革和农村基层管理制度改革，切实减轻农民负担；“放活”就是要深化农村综合改革，消除体制机制障碍，加快构建城乡统一的要素市场，赋予农民更多的自主权利。“多予少取放活”政策的确立和实施，将会推动农业农村的优先发展，促进“三农”问题的有效解决，缩小城乡经济社会发展差距。

（三）深化认识，将“三农”问题作为全党工作的重中之重

以胡锦涛为核心的中央领导集体更加关注“三农”问题，在上一届中央领导集体提出“‘三农’问题是事关党和国家全局的根本性问题”

① 2004年中央经济工作会议[EB/OL].中央政府门户网站，http://www.gov.cn/test/2008-12/05/content_1168928_2.htm.

② 中共中央文献研究室.十六大以来重要文献选编（下）[M].北京：中央文献出版社，2008：141.

的基础上，进一步深化对“三农”问题的认识，把解决“三农”问题看作是“全党工作的重中之重”。胡锦涛指出：“农业基础仍然薄弱，最需要加强；农村发展仍然滞后，最需要扶持；农民增收仍然困难，最需要加快。”[①] 2004—2012年连续九年的中央一号文件全部聚焦“三农”。对“三农”政策的提法从以往的“支农”到“支农惠农”，再到“强农惠农”，再进一步提升到“强农惠农富农”。推动“三农”发展进入到了一个新的历史阶段。

促进“三农”发展，首先要促进农民增收。要坚持“以人为本”的发展理念，经济社会发展成果应该由人民共享、惠及城乡全体人民。促进农民增收是“三农”工作的牛鼻子，是事关经济社会发展的大事，要切实抓紧抓好。对此，党中央“要求各级党委和政府切实把增加农民收入作为农业和农村工作的中心任务”，“进一步增强做好农民增收工作紧迫感和主动性”。[②] 其次，强化农业基础。党中央指出，要从整个经济社会稳定和国家安全的全局认识农业的地位。农业作为解决所有居民吃饭问题这一基本生存需求的首要产业，其基础地位绝对不能发生动摇。我国人口总量占世界总人口的五分之一以上，粮食无法依赖进口，只能主要依靠自给。因此，必须高度重视并大力发展农业，才能在耕地等农业资源日益紧缺的情况下，实现粮食自给和供求平衡，保障社会安定和国家安全。

（四）建设社会主义新农村，实现全面建设小康社会的目标

在解决“三农”问题上，除了要增加农民收入和强化农业基础地位之外，党中央还紧紧围绕农村发展的主题，提出建设社会主义新农村的战略举措。针对农民负担重、收入水平低、农业规模化水平低、农村基础设施落后、农村社会事业发展缓慢等问题，党的十六届五中全会提出建设社会主义新农村的新方略，以此来统领“三农”工作全局。建设社

① 中共中央文献研究室.十七大以来重要文献选编（上）[M].北京：中央文献出版社，2009：671.

② 中共中央文献研究室.十六大以来重要文献选编（上）[M].北京：中央文献出版社，2005：671.

会主义新农村战略为农村未来的发展提出了明确的发展目标和要求，即“生产发展、生活宽裕、乡风文明、村容整洁、管理民主”。

推进建设社会主义新农村战略的实施，一是要按照统筹城乡发展的要求，改变以往片面强调城市优先发展的做法，将新农村建设与小城镇建设结合起来，提升农村在国民经济发展全局中的战略地位，促进农业农村的优先发展；二是要按照建设和谐社会的要求，改变过去片面追求经济增长的做法，促进农村经济、社会、文化、政治全面发展；三是要树立“大农业大农村”概念，改变过去主要从农村内部解决“三农”问题的做法，从农业与工业、农村与城市有机联系的方面，寻找解决“三农”问题的有效途径。在新农村建设过程中，把城市的产业组织、生产方式、基础设施、公共服务、生活方式等现代文明复制到农村，既可以使广大农民不进城就可以享受现代化成果，又可以促进农村现代化的进程，提升农村现代化水平。

第六章 新时代中国城乡关系理论及其实践

2012年11月，中国共产党第十八次全国代表大会召开，会议选举习近平为中央委员会总书记，实现了中央领导集体的新老交替。中国特色社会主义历史性地全面地跨入了改革发展“新时代”。以习近平为核心的中央领导集体从新时代城乡社会发展的主要矛盾出发，创造性地提出了“城乡融合发展”的战略思想，翻开了“马克思主义城乡关系思想中国化”在新时代的历史篇章，也为正确解决当前城乡关系不平衡问题提供了坚实的理论基础，指明了前进的方向。

一、城乡一体化发展理论的提出和发展

自党的十八大首次提出“城乡发展一体化”思想理念以来，以习近平为核心的中央领导集体，结合我国的实际情况，不断丰富和发展城乡一体化发展的内容。在城乡一体化发展理论的基础上，习近平结合十八大以来城乡一体化发展的伟大实践，在党的十九大报告中，首次提出“城乡融合发展”的战略思想，他指出：“城乡融合发展”的提出和不断发展，既是对马克思主义“城乡融合发展”理论的继承和发展，也是对我国经济社会发展阶段、发展趋势和发展需要的思考的结晶。

改革开放以来，党和国家积极推进农村改革，使农村发生了翻天覆地的变化，农村经济社会发展成就巨大。但是，城乡之间的二元结构仍然十分明显，城乡之间的差距仍然比较大，制约城乡关系协调发展的体制机制仍然未得到根本改变，“三农”问题仍然比较突出。这些问题严重影响了城乡经济社会的共同发展进步，有悖于社会主义共同富裕原则，是进行有中国特色社会主义现代化建设的重大障碍。

针对这些问题，习近平在党的第十九次全国代表大会上明确指出，要“建立健全城乡融合发展体制机制和政策体系”[①]，强调体制机制和政策体系对建立健全城乡融合发展的重要作用。习近平指出，推动城乡融合发展，是新时代全面深化改革、增加发展动力的重要内容。[②]此后，习近平又指出，推动城乡融合发展和实施乡村振兴战略在本质上是党推进社会主义事业在一个方向上的两个内容，其相互贯通，相辅相成。城乡融合发展是实现乡村振兴的必要途径，要把乡村振兴战略这篇大文章做好，必须走城乡融合发展之路。[③]十九大以来，以习近平为核心的中央领导集体把“城乡融合发展”战略作为处理城乡关系的重要抓手，不断充实完善这一战略思想。为深入贯彻习近平关于城乡融合发展思想，党和国家出台了许多促进城乡融合发展的政策举措。这些政策和举措比较集中地体现在每年的中央一号文件中。2018年中央一号文件指出，坚持城乡融合发展，坚决破除体制机制弊端，使市场在资源配置中起决定性作用，更好发挥政府作用，推动城乡要素自由流动、平等交换，推动新型工业化、信息化、城镇化、农业现代化同步发展，加快形成工农互促、城乡互补、全面融合、共同繁荣的新型工农城乡关系。[④]

2019年中央一号文件指出，要全面提升农村教育、医疗卫生、社会保障、养老、文化体育等公共服务水平，加快推进城乡基本公共服务均等化。[⑤]

2021年中央一号文件指出，提升农村基本公共服务水平。建立城乡公共资源配置机制，强化农村基本公共服务供给县乡村统筹，逐步实现标准统一，制度并轨。推进城乡公共文化体系一体建设，创新实施文

① 习近平.决胜全面建成小康社会 夺取新时代中国特色社会主义伟大胜利[N].人民日报，2017-11-05，01版.

② 习近平.习近平谈治国理政（第三卷）[M].北京：外文出版社，2020：260.

③ 习近平.习近平谈治国理政（第三卷）[M].北京：外文出版社，2020：259.

④ 中共中央、国务院关于实施乡村振兴战略的意见[EB/OL].（201-02-04）. https://baike.so.com/doc/27176255-28569819.html.

⑤ 中共中央、国务院关于坚持农业农村优先发展 做好“三农”工作的若干意见[EB/OL].（2019-01-03）. https://www.sohu.com/a/296027292_800084.

化惠民工程。[①]

2022年中央一号文件指出，加强基本公共服务县域统筹。加快推进以县域为重要载体的城镇化建设。加强普惠性、基础性、兜底性民生建设，推动基本公共服务供给由注重机构行政区域覆盖向注重常住人口服务覆盖转变。[②]

总之，自2018年党的十九大提出“城乡融合发展”理念以后，以习近平为核心的中央领导集体，不断加强理论创新和实践探索，进一步丰富和完善城乡融合发展战略的内容，实现了马克思主义城乡关系思想中国化在加快完善我国社会主义市场经济体制、推进中国特色社会主义现代化建设中的飞跃，丰富和发展了中国特色社会主义城乡关系理论，为我国构建社会主义和谐城乡关系，促进城乡经济社会全面协调可持续发展提供了强有力的理论指导。

二、提出“城乡融合发展”的背景和依据

马克思曾经指出：“理论在一个国家实现的程度，总是决定于满足这个国家的需要的程度”[③]，也就是说，任何理论的产生和发展都离不开一个国家的经济社会发展背景，国家经济社会背景是其理论产生和发展的重要依据。“城乡融合发展”理论的提出正是建立在我国独特的城乡经济社会发展实际基础之上的，同时也充分吸纳了其他国家的经验教训。

（一）实行“城乡融合发展”战略是解决城乡发展不平衡不协调问题的需要

新中国成立70多年、改革开放40多年，我国经济连续数十年中高

① 中共中央、国务院关于全面推进乡村振兴 加快农业农村现代化的意见[EB/OL].（2021-01-04）. http ://www.china-cer.com.cn/guwen/2021012811132.html.

② 中共中央、国务院关于全面推进乡村振兴重点工作的意见[EB/OL].（2022-01-04）. http ://news.sohu.com/a/524692868_121106902.

③ 马克思恩格斯选集（第一卷）[M].北京：人民出版社，1995：11.

速增长，经济规模跃升至世界第二位，社会发展水平也得到很大提升。但是，城乡之间的发展仍然不平衡不协调，城乡二元分割状况仍然十分突出，城乡之间的发展差距巨大。城乡之间的差距不仅表现在经济发展方面，而且表现在社会发展方面。从经济发展差距看，农村居民收入水平和消费水平远远低于城镇居民，农村农业生产力水平也低于城市第二、三产业的水平。从20世纪90年代以来，在国民经济较快发展的情况下，在人均收入水平已经接近于中等收入国家的情况下，城乡居民收入差距呈现出加速扩大之势。1980年至1985年，城乡居民收入比由2.5倍降为1.86倍，出现了短暂的降低，此后长期处于增长状态。至2002年上升至3.11倍以后，近十几年一直在3倍以上的高位徘徊。直到2014年才降到2.97倍，此后略有降低。城乡居民收入绝对差距改革开放以来从未缩小。1978年，城乡居民纯收入之间的绝对差距为209.8元，1990年扩大到823.9元，2000年扩大到4026.6元，2010年进一步扩大到13190.4元，2017年差距为22964元，两者之间存在着巨大差距。[①] 实际上，城镇居民的可支配收入并没有包括公积金、保险以及福利收入，如果把这些内容包括进来，那么中国城乡居民之间的收入差距会变得更大。2017年，城镇居民人均消费支出为24445元，农村居民人均消费支出为10955元，两者之间的差距为13490元，城乡居民人均消费支出比为2.23倍。[②] 从产业之间的比较劳动生产率来看，2016年，农业比较劳动生产率值为0.31，工业比较劳动生产率值为1.38，第三产业比较劳动生产率值为1.19。农业比较生产率与工业比较劳动生产率的比率为0.225，农业比较劳动生产率与第三产业的比率为0.261，[③] 较低的比值说明农业劳动生产率相对于工业和第三产业差距太大。从世界范围来看，发达国家农业比较劳动生产率与工业比较劳动生产率比值一般在0.52—0.86之间，发展中国家该比值一般为0.31—0.45，我国不管是与

① 1978年至2015年相关年份数据来源于《2017年中国统计年鉴（光盘版）》。2017年数据来源于国家统计局2018年1月公布的上一年度国民经济和社会发展统计公报。

② 2017年数据来源于国家统计局2018年1月公布的上一年度国民经济和社会发展统计公报。

③ 孙晴，韩平，丁莹莹.三次产业的就业弹性、结构偏离度与比较劳动生产率协同研究[J].统计与决策，（10）：132.

发达国家比还是与发展中国家比，我国农业比较劳动生产率与工业和第三产业之间都存在着巨大差别。从社会发展水平来看，同样存在巨大的差距。在教育方面，城乡教育硬件条件、城乡师生比、城乡教师素质水平、城乡生均教育经费差异非常明显。在医疗卫生方面，1991—2012年间，新生婴儿死亡率、婴儿死亡率、5岁以下儿童死亡率和孕产妇死亡率，农村比城市高出两倍以上；2008—2012年间，农村每千人医疗机构病床数与城市相比，差距在两倍以上，最高值达到四倍以上。[①] 在社会保障方面，城乡之间的差距同样比较明显。2010年至2011年，城乡基本养老基金人均支出平均值，城市是农村的28倍，最高差距达到73倍；2010年至2012年，城乡民政部门医疗救助人均支出平均值，城市是农村的1.75倍，而最高差距达到了4.28倍。[②]

城乡发展的不平衡不协调已经成为国民经济和社会发展的严重问题。第一，它严重影响了农业生产发展和农业现代化的进程。城乡发展的不平衡和不协调，使农业的投入减少，农业发展条件受限，农业自身发展能力降低，农业生产率提高缓慢，农业现代化的进程受到严重制约。“三农”问题也无法得到有效解决。第二，它阻碍了工业化和城镇化的进程。农业发展水平和现代化发展的弱化，制约了工业生产资料和原料的供给，影响了工业发展的正常发展；农业剩余劳动力不能正常向城镇转移，就会降低城镇化率，影响城镇化的水平和质量；农民收入水平和消费水平缓慢增长就会降低市场购买力，影响工业产品的市场需求。第三，它加剧了城乡社会的隔离。城乡发展不平衡不协调会造成城市与农村这两个阶层的冲突和矛盾，引起整个社会的分裂与隔绝，导致社会动荡与民心不安；使农村居民对政府公平正义原则产生怀疑，动摇对政府的依赖和信任；影响社会和谐和政治稳定。城乡发展长期不平衡，使农村居民无法真正融入到国家的现代化进程之中，他们虽然为中国的工业化和城市化做出了巨大贡献，但是由于不合理的城乡二元分割体制使他们的经济权益和政治权益受不到保护，他们成为一批城市

① 李平，等.城市化、财政支出与城乡公共服务差距[J].财经问题研究，2014,（9）：64-71.
② 李平，等.城市化、财政支出与城乡公共服务差距[J].财经问题研究，2014,（9）：64-71.

“边缘人”，处于一种“失序”状态。

针对城乡发展不平衡不协调问题，党和国家提出城乡发展融合战略，通过完善“城乡融合发展”的体制机制，坚持“以工促农、以城带乡、工农互惠、城乡一体”的工作方针，实施“工业反哺农业，城市支持农村”，克服了过去就“三农”论“三农”、就城镇发展论城镇发展的片面做法，从理论和实践上进行了突破和创新。“城乡融合发展”战略既能从根本上破解“三农”问题、缩小城乡差距，又能不断促进工业化和城镇化进程、提高工业化和城镇化水平，从而促进城乡交流与融通，实现国民经济和社会全面持续健康快速发展。

（二）实行“城乡融合发展”战略是全面建设社会主义现代化国家的需要

全面建设社会主义现代化国家是党和国家本世纪中叶的战略目标。党的二十大报告指出，“从现在起，中国共产党的中心任务就是团结带领全国各族人民全面建成社会主义现代化强国、实现第二个百年奋斗目标”，“全面建成社会主义现代化强国，总的战略安排是分两步走：从二〇二〇年到二〇三五年基本实现社会主义现代化；从二〇三五年到本世纪中叶把我国建成富强民主文明和谐美丽的社会主义现代化强国”。会议同时指出，“全面建设社会主义现代化国家，最艰巨最繁重的任务仍然在农村”[①]。也就是说，解决好“三农”问题，实现农业现代化、农村现代化和农民现代化是社会主义现代化的重要内容。实行“城乡融合发展”战略正是妥善解决“三农”问题的有效途径。习近平指出：“没有农业农村现代化，就没有整个国家现代化。在现代化过程中，如何处理好工农关系、城乡关系，在一定程度上决定着现代化的成败。”[②] 农业农村现代化是建设社会主义现代化强国的重要组成部分，在推动农业农村现代化的发展过程中，实现城乡融合发展起着重要的作用。首

① 习近平.高举中国特色社会主义伟大旗帜 为全面建设社会主义现代化国家而团结奋斗[EB/OL].（2022–10–16）http：//slt.nmg.gov.cn/sldt/slyw/202210/t20221026_2157459.html..

② 中共中央党史和文献研究室.习近平关于“三农”工作论述摘编[M].北京：中央文献出版社，2019：30.

先，实行城乡融合发展，可以推进农业现代化的进程。实行城乡融合发展战略，就是要坚持农业优先发展的原则，改变过去“以农补工、重工轻农”的做法，增加对农业的投入，强化科技和工业对农业的支持；发展设施农业；发展新型健全种粮农民收益保障机制和主产区利益补偿机制；发展新型农业经营主体和社会化服务，发展农业适度规模经营；深化农村土地制度改革，赋予农民更加充分的财产权益；完善农业支持保护制度，健全农业金融服务体系。这些支农的政策举措，会极大地促进农业生产发展，提高农业生产率，推进农业现代化的进程。其次，实行城乡融合发展，可以推进农村的现代化。实行城乡融合发展战略，就要改变过去“重城轻乡”和“农村支持城市”的发展理念，实行城乡共同进步和共同发展，坚持基本公共服务均等化原则，增加对农村基础设施和生活条件的改善，改变农村的人居环境，正确处理人和自然的关系，建立“宜居宜业和美乡村”，从而实现农村的现代化。再次，实行城乡发展一体化，可以推进农民的现代化。实行城乡融合发展，就是要坚持城乡融合发展，畅通城乡要素流动，拓展农村居民的发展空间，维护农民的合法权益，提高农村居民收入水平和生活水平，促进城乡居民在教育、卫生、社会保障等方面的均等化，实现城乡居民的全面发展和共同富裕，最终实现农民的现代化。总之，促进城乡融合发展既是建设社会主义现代化国家的重要内容，也是建设社会主义现代化国家的内在要求。

（三）实行“城乡融合发展”战略是我国进入工业化中期阶段经济社会发展的需要

从世界经济社会发展的规律看，一国经济社会发展进入工业化中期阶段，城乡、工农之间的关系较之前会发生显著变化。通常经济发展进入工业化中期阶段的主要标志是：人均GDP超过800美元；农业占GDP的比重降到20%以下；农业就业份额降到50%；城镇人口的比重上升到35%以上。按照一般理论模型的标准衡量，我国本世纪初就已经进入到工业化中期阶段。2002年，我国人均GDP达到1000美元，农业占GDP的比重下降到14.5%；2001年我国农业就业份额已下降至

50%以下，城镇人口比重达到37.7%。[①] 根据国际经验，进入工业化中期阶段之后，国民经济的主导产业已经由农业转为工业，工业对经济社会发展的影响作用增强，工业支持带动农业发展的物质基础和经济条件已经具备。这时就要改变工业化中期阶段之前的做法，农业不需要再为工业发展提供剩余积累，农村也不再成为城市汲取的对象，相反需要工业支持农业的发展、城市带动农村的发展，实行城市与农村一体化发展，谋求城市与农村的共同进步和繁荣。本世纪初特别是党的十八大以来，以习近平为核心的中央领导集体借鉴世界各国工业化发展经验，结合我国经济社会发展实际情况，提出城乡发展一体化和城乡融合战略部署，坚持“工业反哺农业、城市支持农村”的工作方针，加大强农惠农富农的政策力度，进一步深化城乡二元分割体制的改革，推动城市与农村在许多领域的双向交流，推进建设城乡均衡的基础设施、公共服务、社会保障等，构建和谐共生的城乡关系，推动城乡统筹协调和共同发展。十九大之后，习近平从中国特色社会主义现代化建设战略高度，提出扶贫攻坚和乡村振兴战略，开启了城乡一体化发展和城乡融合发展的新征程。中共中央、国务院在《关于建立健全城乡融合发展体制机制和政策体系的意见》中提出建立健全城乡融合发展的体制机制，并就城乡融合发展从城乡要素、公共服务、农村增收以及体制机制保障等方面进行了周密的部署和安排。总之，通过实施城乡发展一体化战略，对更好地完成我国工业化中期阶段的战略任务，推动我国社会主义现代化国家建设具有重要意义。

三、“城乡融合发展”理论及其实践的主要内容

“城乡融合发展”是一个系统工程，涉及到城乡发展过程中方方面面的问题，要把握好城乡融合发展过程中的系统性和整体性，既要在横向上加强城乡各方面和维度上的协调性，也要在纵向上推进城乡融合的深度。习近平强调指出，要将共同富裕作为城乡融合发展的落脚点，准

① 根据《中国统计年鉴（2003）》中有关资料计算。

确把握城乡融合发展的不同维度，在城乡要素融合、产业融合、市场融合、文化融合、生态融合的过程中推进农业农村的现代化进程，促进实现共同富裕。

（一）要素融合是实现城乡融合发展的重点

生产要素作为城乡经济活动进行交流的物资介质，在城乡关系发展过程中起着重要的作用。由于我国城乡关系发展长期受到城乡二元结构及其体制的影响，土地、技术、人才、资金等生产要素在城乡之间只能实现单向流动，从而导致城乡之间要素配置差异大，大量的生产要素流入城市，导致城乡之间的发展不平衡不协调。进入新世纪以来，以习近平为核心的中央领导集体提出走城乡融合发展道路，建立完善城乡要素流动的体制机制。习近平指出，“加强城乡基础设施互联互通，推动人才、土地、资本等要素在城乡间双向流动”[①]。

首先，要完善社会主义市场经济体制。针对目前我国经济体制机制对城乡要素流动的阻碍和限制，习近平强调要“使市场在资源配置中发挥决定性作用”，[②]“推进城乡要素平等交换和公共资源均衡配置”。[③]近年来，党和国家在市场经济体制改革过程中，积极促进城乡之间的资源要素主要通过市场来配置，提高资源要素的配置效率；同时支持引导资源要素向农村流动，改变城乡资源要素配置不平衡状况。“十四五”规划纲要指出，“建立健全城乡要素平等交换、双向流动政策体系，促进要素更多向农村流动增强农村发展活力”[④]。另外，发挥政府在资源要素配置中的作用，弥补市场调节的缺陷和不足，将市场调节和政府调控有机地结合起来，充分发挥市场和政府调节自身的优势，形成健康有序的城乡资源要素配置机制。

其次，促进城乡劳动力双向有序流动。劳动力要素在城乡要素中处

① 习近平.习近平谈治国理政（第三卷）[M].北京：外文出版社，2020：260.
② 习近平.习近平谈治国理政（第一卷）[M].北京：外文出版社，2018：95.
③ 习近平.习近平谈治国理政（第一卷）[M].北京：外文出版社，2018：81.
④ 中华人民共和国国民经济和社会发展第十四个五年规划和2035年远景目标纲要[N].人民日报，2021-03-13（01）.

于基础性地位，解决城乡融合背景下劳动力流动困境、促进城乡之间劳动力双向畅通流动，对于城乡融合具有重要作用。一是促进城乡劳动力要素的流动对经济增长具有重要的正向作用，二是城市劳动力向乡村流动，可以起到以城带乡的作用，促进城乡融合发展。城乡间劳动力之间的转移可以带动其他要素在城乡间的流动，盘活城市和乡村内部的各种生产要素，提升农村生产要素的融合能力，从而提高促进城乡之间要素的融合能力。改革开放以来，人民公社制度的废除和户籍制度的改革促进了劳动力城乡间的流动。[①] 当前我国开始实施乡村振兴战略，城乡融合发展进入加速期，加快劳动力在城乡间的流动更为重要。习近平强调指出，“乡村振兴也需要有生力军，要让精英人才到乡村的舞台上大施拳脚”。[②] 另外，目前我国由于受农业经营方式和农业现代化水平所限，大量的农村剩余劳动力被束缚在农业之中。而要实现城乡融合和农业现代化，就必须把农村劳动力从农业中解放出来，为此需要打开城乡要素融合的通道，同时推动农业大规模经营，推进农业现代化建设，促进农村劳动力进一步流向城市，加速劳动力从传统农业中解放出来的步伐，形成新的分工格局，以此带动城乡要素循环。

再次，开拓城乡投融资渠道。改革开放以来特别是党的十八大以来，党和国家出台了许多政策举措，不断开拓城乡投融资渠道。早年习近平在福建省工作期间，就对城乡投融资问题进行过深入考察和研究。他指出，“目前农村资金市场渠道比较单一，限制较多，已阻碍了农村经济的发展”，[③] 当前农村发展在资金方面是非常短缺的，城乡之间在资金融通上还存在一定的障碍，应该加快形成“建立财政对农业投入稳定增长机制，形成财政优先保障、金融重点支持、社会积极参与的多元投入格局”[④]。党和国家非常重视农村资金短缺方面的问题，强调要加强农村金融工作，建立现代化的金融服务体系，努力拓宽投融资渠道，支持

① 赵峰，星晓川，李慧璇.城乡劳动力流动研究综述：理论与中国实证[J].中国人口资源环境，2015（04）：163–170.

② 尚道文.脱贫攻坚与乡村振兴衔接：生态[M].北京：人民出版社，2020：4.

③ 习近平.福建农村市场化发展探索（下册）[M].福建：福建教育出版社，2002：453.

④ 中共中央关于制定国民经济和社会发展第十四个五年规划和二〇三五年远景目标的建议（辅导读本）[M].北京：人民出版社，2020：316.

农业农村的发展。另外，党和国家也鼓励和引导公共财政资金和社会资本向农村农业发展倾斜，加强财政资金和社会资本对农村农业发展的支持。通过多种方式扩展城乡融资渠道，促进城乡资本要素的双向流通。

最后，加快形成城乡统一的土地要素市场。城乡之间土地要素的合理流动对提高土地要素的利用效率具有重要的意义。然而，由于我国城乡土地市场长期处于分割状态，城乡之间土地流通不畅，相互分割，导致城乡土地要素的利用效率低下，为此，必须加快城乡土地制度的改革。近年来，党和国家就土地改革问题提出许多政策举措。习近平曾经指出："深化农村土地制度改革，完善承包地'三权'分置制度。"[①] 2019年中共中央、国务院提出我国土地市场改革目标，"2022年基本建成城乡统一建设用地市场，2035年全面建成统一的建设用地市场"[②]。国家要求建立城乡统一建设用地市场，需要按照"三权分置"思路的基本要求，用好用足农村宅基地和农民房屋使用权，建设城乡统一的土地交易平台，健全城乡土地要素交易机制，充分释放土地要素市场的改革红利，较好地维护农民的合法权益。2020年《中华人民共和国土地管理法》修正案明确指出，农村集体建设用地的入市流转和用途变更可以进行自主控制，允许集体经营性建设用地在符合规划、依法登记，并经本集体经济组织三分之二以上成员或者村民代表同意的条件下，通过出让、出租等方式交由"外村人"直接使用。这一重大的制度突破，结束了多年来集体建设用地不能与国有建设用地同权同价同等入市的二元体制，为推进城乡土地一体化发展扫清了制度障碍，对形成城乡统一的土地要素市场具有重大意义。

（二）产业融合是城乡融合的重要支撑

城乡间的产业关系是城乡关系的重要方面，决定着城乡关系发展的

---

① 习近平. 习近平谈治国理政（第三卷）[M]. 北京：外文出版社，2020：25.

② 中共中央国务院关于建立健全城乡融合发展体制机制和政策体系的意见[N]. 人民日报，2019–5–6（1）.

进程及质量。“乡村振兴，关键是产业要振兴。”[①] 产业是城乡发展的重要支柱，没有产业的发展和产业融合，城乡融合就缺乏坚实的基础。所以实现城乡融合首先必须实现产业融合。实现城乡产业融合需要不断推进农业现代化进程，建立现代产业结构和体系，完善促进城乡产业融合的体制机制和政策体系，创新和发展适合地区特点的城乡产业融合模式和方式。

首先，要不断推进农业现代化进程，为实现城乡产业融合奠定良好的基础。农业的发展关系到14亿人的吃饭问题，是国家经济社会发展的头等大事。习近平在2021年农村工作会议上指出，“中国人的饭碗任何时候都要牢牢地端在自己的手中，饭碗主要装中国粮”[②]。“农业基础稳固，农村和谐稳定，农民安居乐业，整个大局就有保障，各项工作都会比较主动。”[③] 保证农业发展，不仅是国家政治经济稳定的基础，也是推动城乡融合发展的基础。我国社会越发展，农业在国民经济发展中的基础地位就越突出，城镇化程度越是提高，就越需要现代化农业的坚强支撑。[④] 2013年召开的农村经济工作会议提出“以我为主、立足国内、确保产能、适度进口、科技支撑”的国家粮食安全战略。[⑤] 针对农村劳动力和耕地面积减少和农业现代化水平较低对农业发展的影响，党和国家出台许多政策举措，明确要求“稳住农业基本盘、做好‘三农’工作，措施要硬，执行力要强，确保稳产促供，确保农业农村稳定发展”[⑥]。促进农业发展，打好产业融合和城乡融合基础，需要多方面共同努力，主要包括：第一，要守住耕地总面积红线，保证耕地面积总量，正确处理农业发展用地和城市建设用地之间的关系，在人地矛盾越来越

① 中共中央党史和文献研究院.习近平关于“三农”工作论述摘编[M].北京：中央文献出版社，2019：45.

② 中央农村工作会议在京召开[N].人民日报，2021-12-27(1).

③ 中共中央党史和文献研究院.习近平关于“三农”工作论述摘编[M].北京：中央文献出版社，2019：35.

④ 杨小成.双循环格局下的县域经济发展：基于河南省的实证分析[J].南都学坛，2021,(6)：90-97.

⑤ 中共中央文献研究室.十八大以来重要文献选编(上)[M].北京：中央文献出版社，2014：660.

⑥ 中央农村工作会议在京召开[N].人民日报，2021-12-27(1).

突出的发展背景下，推进工业化和城镇化不能以牺牲农业发展为代价。第二，保证农业人才的供给和配置。能不能建成现代农业产业体系、实现城乡产业融合发展，关键在人才。一方面加大对农村劳动力的培养力度，提高农村劳动力的科学技术水平，发展壮大现代农业人才队伍；另一方面引导城市技术人才向农业和农村的“回流”，支持农业农村的发展。同时加强城市人才与农村人才的对接，共同助力于农业现代化建设。习近平早在福建工作期间就提出“使农业技术拔尖人才与乡土拔尖人才建立密切的对接关系”[①]，这个理论观点至今仍有很强的现实指导意义。第三，进一步完善充实农业生产激励机制和政策体系，“让农民种粮有利可图，让主产区抓粮有积极性”[②]。大力发展粮食产业经济，紧紧围绕“粮头食尾”“农头工尾”，充分发挥粮食加工转化的引擎作用，推动产、购、储、加、销各环节有机衔接，延伸粮食产业链，提升价值链，打造供应链，促进一二三产业融合发展，让种粮农民共享加工转化增值收益。另外大力发展农业专业化社会化服务，在强化农技支撑让农民种粮降成本、减劳作、增收益的同时，通过开展生产托管、订单农业、加工物流、产品营销等多种服务，提高种粮综合效益，让农民种粮能获利、多得利。

其次，优化城乡产业结构，实现城乡产业结构优化升级的一体化发展。优化城乡产业结构，是实现城乡产业融合的重要保证。习近平在浙江工作期间，就对城乡产业结构的优化问题进行过深入思考。他指出，“把城市产业结构优化升级与农村二三产业的发展紧密结合起来，充分发挥中心城市对乡村的带动和辐射作用”，[③] 也就是说，城市产业的优化升级不是一个独立的过程，不是城市产业发展的内部循环，而是要与农村二三产业的发展紧密结合，同时对农村及其产业发展发挥带动作用，实现城乡产业结构优化升级的一体化，推动城乡产业之间的融合。另外，习近平在党的十九大报告中还指出，“促进农村一二三产业融合发

① 习近平.福建农村市场化发展探索（下册）[M].福建：福建教育出版社，2002：296.

② 中共中央宣传部.习近平系列重要讲话读本[M].北京：人民出版社，2016：158.

③ 习近平.干在实处走在前列——推进浙江新发展的思考与实践[M].北京：中共中央党校出版社，2006：157.

展”[1]，也就是从农村自身的产业发展来说，也有一个产业结构的优化问题。目前我国农村的发展主要依赖于第一产业，第二产业和第三产业相对于城市来说发展还比较落后，产业发展基础比较薄弱，这种状况严重阻碍了农村产业内部之间的融合，进而影响整个城乡产业融合。因此加快农村第二产业和第三产业的发展是农村产业结构优化面临的重大问题。需要尽快提升农村第二三产业的规模化和集约化水平，提升它们在农村经济社会发展中的地位，壮大农村的经济实力，促进农村产业结构优化升级与城市产业结构优化升级的协调发展，为实现城乡产业融合发展提供保证。

再次，加快构建新型产业体系，推动城乡产业融合。加快构建新型产业体系，是推动城乡产业融合的必要途径。建立新型产业体系，第一，需要树立“大产业观”，把第一产业、第二产业和第三产业作为一个整体统筹谋划，注重城乡产业之间的联系，优化城乡产业间的组合，细化城乡产业之间的分工，实现城乡一二三产业的融合发展。第二，引导与农村联系紧密的城市产业到农村布局、发展，实现产业下乡式的城乡产业融合，既支持农村产业的快速发展，又为城市产业发展开辟新的市场，推动城乡互利，产业兴旺。第三，对农村传统产业部门进行改革，使其紧跟现代化产业发展的方向，不断延伸农村产业的价值链，提高农村产业的总体效益。第四，农村产业发展要与城镇化发展相结合，充分发挥县城和中心镇的作用，依托县城和中心镇以及当地的资源特色进行产业布局，引导乡镇企业“下乡”，吸纳更多的农村资源要素，促进乡村产业较快发展。

（三）市场融合是城乡融合发展的活力

市场作为要素流动和产业发展的载体，对要素融合和产业融合起着重要的促进作用。在社会主义市场经济条件下，城乡市场融合在促进经济社会发展中起着重要的作用。首先，在推进城乡市场融合过程中，要加快农村市场的建设，使农村市场的发展与城市市场的发展相协调，形

① 习近平.习近平谈治国理政（第三卷）[M].北京：外文出版社，2020：25.

成开放统一、竞争有序的城乡市场。长期以来，我国农村市场经济的发展要慢于城市市场经济的发展，农村市场的发育程度和发展水平也要低于城市市场。因此加快农村市场经济的发展以及农村市场的建设，是实现城乡市场融合的迫切任务。农村市场经济发展以及农村市场建设的滞后性，要求农村市场经济发展及其农村市场建设必须实现跳跃式发展，只有这样才能达到与城市市场经济及其城市市场建设的同步发展，实现城乡市场融合。要注意建立完善农村市场体系，充分借鉴城市市场经济发展的经验，增加农村市场的层次，强化农村市场的功能，扩大农村市场的覆盖面，形成完整统一的农村市场。要加强农村市场的开放性，扩大农村市场的规模，消除农村不同区域市场之间的封锁，推动生产要素和资源在农村不同区域间自由地流动，提高资源和生产要素配置效率。要提高农村市场与城市市场的同步性和同一性发展，使农村市场和城市市场运行处于一个统一的市场体系中，采取相同的市场规则和运行方式，城乡市场获得同样平等的竞争机会。

其次，在推进城乡市场融合过程中，要进一步完善农村土地制度。土地是农民最重要最基本的生产资料，农产品的加工、粮食安全的保证、农业衍生产业的发展等，都离不开土地。土地也是农民生产生活的基本保障，是农村社会保持长期稳定和发展的基础，也是建设农村市场进而促进城乡市场融合的基础。因此必须进一步完善农村土地制度。第一应该坚持我国既定的土地经营制度的正确方向不变，即“以农村土地集体所有、家庭经营基础性地位、现有土地的承包关系不变”[①]。第二做好土地的“三权分置”改革工作，“把握好农村经营权流转、集中、规模经营的度”[②]，统分结合的度，为农村土地经营和使用注入活力，推动农业经营制度的改革和完善。

再次，在推进城乡市场融合中，还要注意加强农业新型经营体系的建设。农业新型经营体系的建设，对于推进农业现代化的进程、提高农

---

① 中共中央文献研究室，习近平关于社会主义经济建设论述摘编[M].北京：中央文献出版社，2017：176.

② 中共中央文献研究室，习近平关于社会主义经济建设论述摘编[M].北京：中央文献出版社，2017：177.

业劳动生产率、促进农村劳动力转移等都具有重要的意义，从而为推动城乡市场融合奠定良好的基础。加强农业新型经营体系的建设，第一要创新农业经营体系和服务体系，按照现代化农业的发展方向，改变家庭小单位生产方式，推进农业机械化、信息化和现代化进程，不断提升农业发展现代化水平。第二要注意新型农业经营主体的培育，适应产业不断渗透和融合的发展方向，改变目前农业经营主体单一，培育跨越产业界限的复合型的经营主体，推动城乡市场和经济的有机融合。

特别需要强调的是，在促进农村市场经济发展以及农村市场建设中，一定要遵循市场经济发展的客观规律，适应工业化、城镇化发展的需要，而不能人为地拔苗助长。习近平曾经指出，“农村市场化建设需要以工业化、城市化为基础，伴随着工业化、城市化的发展而发展”[①]，“只能走农村市场化与工业化、城市化同步发展、互促共进、共同实现的发展道路”[②]。另外，要注意城乡市场融合的过程，不是农村市场对城市市场的简单模仿，也不是农村市场对城市市场的简单超越，农村市场和城市市场是一个有机联系的整体，它们之间相互联系和补充，各自发挥着不同的作用，城市市场在城乡市场融合中发挥着示范和引领作用，农村市场在城乡市场融合中发挥着补充和促进的作用，通过农村市场和城市市场的协调发展，提高城乡市场的契合度、深化城乡市场之间的有机联系，促进城乡市场深度融合。

（四）文化融合是城乡融合发展的灵魂

由于受生产方式、生活方式以及发展水平的影响，城乡文化之间存在较大的差别。农村文化以传统文化为其重要基础，城市文化以现代文明为主要特征，正确处理农村文化与城市文化之间的关系，对促进传统文化的转化与创新、提升城市现代文明、推动城乡文化融合发展具有重要的推动作用。推动城乡文化融合，第一，要注意挖掘和保护好传统文化。“我国农耕文化源远流长，博大精深，是中华优秀传统文化的

① 习近平.中国农村市场化建设研究[M].北京：人民出版社，2001：180.
② 习近平.中国农村市场化建设研究[M].北京：人民出版社，2001：182.

根。”[①]“农村是我国传统文明的发源地，乡土文化的根不能断，农村不能成为荒芜的农村，留守的农村，记忆的故园。”[②]农村文化比如农村建筑、民间表演艺术、传统手工技艺、农业文明及其文化等是长期历史发展过程中形成并沉淀下来的，是人类文明发展的结晶，具有重要的历史价值和艺术价值，它深深地印在中国人的心中，是我们共同认可的文化的根。另外，传统文化的厚重度远远超过城市文明产生的快餐式文化，能够弥补现代城市文化的某些缺陷，改善城市紧张的生活方式和精神的空虚。优秀的传统文化会在现代经济社会发展中起到越来越重要的作用。还有，传统文化的情感寄托作用，让农村成为人们寄托乡愁的故园，从情感上将城乡联系在一起，拉近人们与乡村的距离，从而实现真正的城乡融合。保护农村传统文化一定要与农村产业的发展关联起来，扩大传统文化的影响力和增值空间。要积极发展立足于传统文化基础上的文化旅游业，开展富有特色的文化旅游活动，使传统文化的保护与产业的发展有效衔接。同时注意吸收城市文化的合理成分，不断丰富农村传统文化的内容和形式，缩小城乡文化之间的差距。第二，保护农村传统文化要注意传承农村乡贤文化。乡贤文化生根于乡村这片土地，蕴含着优秀文化基因，传承乡贤文化对推动乡村文明和社会主义新农村建设具有重要的促进作用。习近平指出，“要培育富有地方特色和时代精神的新乡贤文化，发挥其在乡村治理中的积极作用”[③]。应充分发挥乡贤的示范作用，传承乡风文明 ，助力乡村文化振兴。第三，保护和传承传统文化，要注意完善乡村文化公共服务体系，改善乡村文化公共服务水平。习近平指出，“增加农村公共文化服务供给总量，缩小城乡公共文化服务差距”[④]。充分发挥政府在乡村公共文化服务供给上的主导作用，同时鼓励社会积极参与，加强农村图书馆、文化活动室、乡村文化舞台

---

① 中共中央党史和文献研究院.习近平关于“三农”工作论述摘编[M].北京：中央文献出版社，2019：120.

② 中共中央党史和文献研究院.习近平关于“三农”工作论述摘编[M].北京：中央文献出版社，2019：121.

③ 汪晓东，李翔，刘书文.谱写农业农村改革发展新的华彩乐章——习近平总书记关于“三农”工作重要论述综述[N].人民日报，2021-9-23（1）.

④ 习近平重要讲话单行本（2020年合订本）[M].北京：人民出版社，2021：141.

等农村基础文化设施的建设，开展形式多样丰富多彩的农村文化活动，活跃农村业余文化生活，促进农村文化和城市文化同步发展和谐发展。第四，要注意发挥教育在发展农村文化方面的重要作用。教育作为文化发展的重要方面，在促进城乡文化融合方面发挥着重要作用。习近平指出，“下一代要过上好生活，首先要有文化，这样他们将来的发展就完全不同。义务教育一定要搞好，让孩子们受到好的教育”[①]。教育本身就包含着城乡文化互动与传播，重视推动农村教育的发展，既是城乡文化交流的体现，也是城乡文化融合的重要内容。

另外，要加强城乡文化互动，推动城乡文化共融。城乡文化互动是城乡文化融合的前提。城乡文化互动过程中，一方面表现为城市现代文化与乡村传统文化的相互碰撞，另一方面表现为二者之间的相互渗透，城乡文化之间的碰撞、渗透和交流，进一步凸显中国文化的特征、产生适应中国人的文化，同时使中国文化更具时代气息，提升畅享文化的多样性，增强城乡文化的包容性，促进城乡文化的融合。

（五）生态融合是城乡融合发展的基础

城乡生态融合是指在遵循城乡生态自身发展规律的基础上，寻找城乡生态功能的互补点，本着城乡互利的基本原则，通过生态城乡共同治理的方式，实现城乡生态融合的目标。在城乡融合的发展背景下，要重新认识乡村的生态作用，突出乡村的生态涵养功能，构建城乡协调的生态治理体系，重塑城乡生态环境共生关系。

首先，要充分认识乡村生态的重要作用，发挥城乡生态融合中乡村生态涵养的功能。习近平非常重视乡村生态在国家经济社会发展中的重要作用，他指出，“乡村不再是单一从事农业的地方，还有重要的生态涵养功能”[②]。相对于城市而言，农村地区的植被覆盖率更高，农村人口密度低于城市，大工业的数量少于城市，生产和生活对环境的污染程度低于城市，乡村与自然的联系更为紧密和直接，生活和自然环境的融合

① 习近平.做焦裕禄式的县委书记[M].北京：中央文献出版社，2015：24.

② 中共中央党史和文献研究院.习近平关于“三农”工作论述摘编[M].北京：中央文献出版社，2019：125.

度较高。在生活和生产方式日益融合的背景下，农村与城市之间的联系越来越紧密，关系越来越密切，农村的生态功能已经超越乡村本身，农村也可以为城市提供更好的生态环境，农村良好的生态环境可以使城市获得巨大的生态效益，缓解城市的环境污染、热岛效应和局部环境恶化等问题。另外，乡村的生态涵养功能为城市提供生态消费和享受场所，使乡村成为城市人口享受自然的目的地，满足城市人口的生态体验需求，提高城市人口生活质量。

其次，要积极构建城乡协调的生态治理体系，重塑城乡生态环境共生关系。应将城市和乡村纳入同一个系统内，在共享共治中推动城乡生态融合发展。要增强城乡居民的环境保护意识，使城乡居民共同承担环境治理的责任。第一，要加大乡村的环境治理力度。我国不仅在城乡经济社会发展方面存在二元性，而且在生态环境治理方面也存在二元性。目前乡村生态环境治理方面，环境治理体系不健全，环境治理力量薄弱，环境治理水平较低，生态环境较差。习近平早年在浙江省工作期间就对乡村的环境治理问题提出明确要求。他指出，"各地从治理农村环境'脏乱差'、村庄布局'杂乱散'入手，按照布局优化、道路硬化、四旁绿化、路灯亮化、河道净化、环境美化的要求，全民推进村庄整治建设"[①]。对农村的环境卫生整治，习近平也提出了明确要求，农村要来一场"厕所革命"，[②] 做好农村厕所的下水道管理和污水处理，改善农村环境卫生，提高农村生活质量。另外，习近平强调在乡村环境治理中，要坚持以绿色发展引领生态振兴，重点治理乡村突出的环境问题，建立多元的生态治理补偿机制，改善乡村的生态环境，促进生态文明建设。第二，继续推进城市的环境治理工作。一方面要下功夫解决工业化发展带来的环境污染，改变粗放式耗能型的生产方式，坚持低碳、循环的发展路子，将生态环境保护与发展生产结合起来；另一方面要解决好城市生活带来的环境污染，提倡健康绿色的生活方式。习近平指出，"要坚定不移走绿色低碳循环发展之路，构建绿色产业体系和空间格局，引

① 习近平. 干在实处走在前列——推进浙江新发展的思考与实践[M]. 北京：中共中央党校出版社，2006：160.

② 习近平. 习近平谈治国理政（第三卷）[M]. 北京：外文出版社，2020：25.

导形成绿色生产方式和生活方式”[①]。为了更好地保护城市生态环境，习近平提出，“要加快建立分类投放、分类收集、分类运输、分类处理的垃圾处理系统”[②]。2019年7月上海市正式颁布《上海市生活垃圾管理条例》，上海市全面实施垃圾分类管理。2020年全国许多地方也都实施了垃圾分类管理。垃圾分类管理制度对改善城市的生态环境起到了积极的作用。

再次，要积极推进生态环境保护的法治体系建设。保护生态环境必须依靠制度、依靠法治。习近平指出，“用最严格的制度、最严密的法治保护生态环境”[③]。党的十八大以来，以习近平为核心的中央领导集体，开展了一系列推进生态文明建设的顶层设计和法治建设，《中华人民共和国环境保护法》《中华人民共和国土壤污染防治法》《中国落实2030年可持续发展议程国别方案》《国家应对气候变化规划（2014—2020年）》等法律制度陆续出台，生态环境保护逐步制度化和规范化，有力地促进了环境保护工作。

四、正确处理城乡融合发展的几大关系

城乡融合发展是一项系统工程，涉及到农村经济社会发展的各个方面，需要通盘考虑和统筹兼顾。在推进城乡融合发展过程中，要注意缩小城乡差距，实现共同富裕；要注意城乡之间的均衡发展，共享发展成果；要注意把握中国式现代化方向，推动农业农村现代化。

（一）正确处理城乡融合发展与共同富裕的关系

共同富裕是中国特色社会主义的本质要求，是需要经过长期努力达到的目标。早在改革开放之初，邓小平明确指出：“社会主义的本质，

① 中共中央文献研究室.习近平关于社会主义生态文明建设论述摘编[M].北京：中央文献出版社，2017：31.

② 中共中央文献研究室.习近平关于社会主义生态文明建设论述摘编[M].北京：中央文献出版社，2017：94.

③ 中共中央文献研究室.习近平关于社会主义生态文明建设论述摘编[M].北京：中央文献出版社，2017：97.

是解放生产力，发展生产力，消灭剥削，消除两极分化，最终达到共同富裕。”[①] 江泽民指出：“实现共同富裕是社会主义的根本原则和本质特征，绝不能动摇。”[②] 胡锦涛指出，要“走共同富裕道路，促进人的全面发展，做到发展为了人民、发展依靠人民、发展成果由人民共享”[③]。党的十八大以来，以习近平为核心的中央领导集体对实现城乡共同富裕更为重视，提出了更为明确的部署和安排。在党的十九大报告中明确提出，到2035年，“人民生活更为富裕，中等收入群体比例明显提高，城乡区域发展差距和居民生活水平差距显著缩小，基本公共服务均等化基本实现，全体人民共同富裕迈出坚实步伐”；到2050年，“全体人民共同富裕基本实现，我国人民将享有更加幸福安康的生活”。[④] 中共中央《关于制定国民经济和社会发展第十四个五年规划和二〇三五年远景目标的建议》中进一步指出要扎实推动共同富裕，并提出切实可行的政策举措。2021年6月，《中共中央 国务院关于支持浙江高质量发展建设共同富裕示范区的意见》发布，共同富裕示范区正式在浙江落地实施。2021年8月，习近平主持召开中央财经委员会第十次会议，专门研究扎实推进共同富裕问题。习近平指出，共同富裕是社会主义的本质要求，是中国式现代化的重要特征，要坚持以人民为中心的发展思想，在高质量发展中促进共同富裕。党的二十大报告对共同富裕作了更进一步的阐述。报告指出，“中国式现代化是全体人民共同富裕的现代化。共同富裕是中国特色社会主义的本质要求，也是一个长期的历史过程。我们坚持把实现人民对美好生活的向往作为现代化建设的出发点和落脚点，着力维护和促进社会公平正义，着力促进全体人民共同富裕，坚决防止两

① 邓小平文选（第三卷）[M].北京：人民出版社，1993：373.

② 江泽民文选（第一卷）[M].北京：人民出版社，2006：466.

③ 胡锦涛文选（第二卷）[M].北京：人民出版社，2016：624.

④ 习近平.决胜全面建成小康社会 夺取新时代中国特色社会主义伟大胜利——在中国共产党第十九次全国代表大会上的报告[EB/OL].（2017–10–27）https://www.gov.cn/zhuanti/2017-10/27/content_5234876.htm.

极分化”[①]。

共同富裕与城乡融合发展具有内在的逻辑关联。城乡融合发展是推动共同富裕的主要途径，共同富裕对推进城乡融合发展提出新的要求，两者之间相互影响、相得益彰。一方面，推进城乡融合发展是实现共同富裕目标的内在要求。城乡融合发展谋求城市与乡村的平等地位，推动城乡经济社会制度和体制的统一，促进城乡工农关系的互动融合，优化城乡生产要素和资源的配置，缩小城乡居民之间的收入差距以及城乡公共服务之间的差距，夯实城乡居民共同富裕的基础。另外，城乡融合发展是推动共同富裕的潜力之所在。目前，我国城乡发展过程中还存在诸多的问题，如城乡收入差距还比较大，城镇化以城带乡的作用发挥比较有限，城乡生产要素双向流动机制尚未健全，城乡土地市场还存在不同权、不同价现象，产业协同发展深度不够，二元分割特征明显，城乡公共资源配置机制不合理，公共服务均等化还有较大差距等，这些差距和问题既是推进共同富裕的难点，也是实现共同富裕的潜力。重视并解决好这些问题，一定会对实现共同富裕的目标起到重要的推动作用。另一方面，共同富裕是推进城乡融合发展的行动指南。共同富裕是衡量城乡融合发展质量和成色的标准，考察城乡融合发展成效，不仅要看在推进城乡要素自由流动、公共资源合理配置等方面的效果，更重要的落脚点是推进共同富裕的成效。因此推进城乡融合发展必须坚持共同富裕目标导向，其政策配备和路径选择必须与共同富裕的目标相匹配。

在深入理解城乡融合发展与共同富裕的本质内涵的基础上，贯通协同两者之间的逻辑和联系，从而为扎实推进城乡融合发展和共同富裕提供指导。具体讲，推进城乡融合发展和共同富裕，应从以下一些主要方面着手：一是需要以共同富裕为目标导向，将共同富裕有关要求融入城乡融合发展的相关政策，在推进城乡融合发展中促进共同富裕。二是综合考虑各地的发展基础和条件，将渐进梯度推进共同富裕与城乡融合

① 习近平.高举中国特色社会主义伟大旗帜 为全面建设社会主义现代化国家而团结奋斗——在中国共产党第二十次全国代表大会上的报告[EB/OL].（2022–10–16）https://www.toutiao.com/article/7158614982677004800/?log_from=6c05f8c23453f_1666745963722&wid=1679216957944.

发展结合，建立推进共同富裕分级分类的实现机制。三是进一步推动思想变革，将共同富裕和城乡深度融合、全面融合的改革发展相结合，推进城乡治理新变革。

在推进城乡融合发展过程中，要正确处理其与共同富裕的关系，牢牢把握共同富裕这个社会主义的本质特征，以共同富裕的价值取向为指导，抓住影响城乡共同富裕的主要矛盾和问题，予以重点突破。目前，我国城乡差距仍然很大，城乡发展的不平衡和农村发展的不充分是制约我国经济社会发展的突出矛盾和问题，因此，推进城乡融合发展、最终实现共同富裕，重点在农村。习近平指出，“促进共同富裕，最艰巨最繁重的任务仍然在农村”[①]，“从城乡关系层面看，解决发展不平衡不充分问题，要求我们更加重视乡村”[②]。也就是说，解决城乡问题首先应从农村本身着手，使农村内部产生城乡融合发展的动力和基础。将农业农村农民放在一起考虑，要搞清楚共同富裕的道路上培养怎样的农民，发展怎样的农业，建设怎样的农村，使农村得到整体的提升和发展。然而，仅仅考虑农村自身的发展是远远不够的，推进城乡融合发展必须把城乡作为一个统一体通盘考虑，充分发挥城乡在城乡融合发展中的不同功能和作用。习近平指出，“全体人民共同富裕是一个总体概念，是对全社会而言的，不是要分成城市一块、农村一块，或者东部、中部、西部地区各一块，各提各的指标，而是要从全局上来看”[③]。这就是说，仅仅有农村的发展而没有城乡融合发展，就不可能实现共同富裕，城乡共荣、工农互促的城乡关系也不可能建立。因此，要实现城乡共同富裕的目标，就必须同时推进城乡经济社会发展，正确处理农村发展与城市发展之间的关系，实现城乡融合发展。

（二）正确处理城乡融合发展与共享发展的关系

党的十八届五中全会提出“创新、协调、绿色、开放、共享”的五

① 习近平．扎实推进共同富裕[J].求实，2021，(10)：15.

② 中共中央党史和文献研究院．习近平关于“三农”工作论述摘编[M].北京：中央文献出版社，2019：9.

③ 全体人民共同富裕是一个总体概念[N].北京日报，2021-11-01(1).

大发展理念，其中“共享”是五大发展理念中的核心内容，也是中国特色社会主义的本质要求。《习近平总书记系列讲话读本（2016年版）》中指出，共享发展理念的内涵体现在全民共享、全面共享、共建共享和渐进共享四个方面。共享发展理念指明了当前以及未来我国经济社会发展所必须坚持的价值取向和目标定位，要始终坚持以人民为中心的发展思想，让全体人民在共建共享发展中有更多获得感。党的十九大提出要建立健全城乡融合发展体制机制和政策体系，打破制约城乡发展的瓶颈，构建新型城乡关系。共享发展理念下城乡融合发展更加强调城乡之间的共生共融共享，深刻理解共享发展和城乡融合发展的基本内涵，对明确未来我国城乡发展方向具有重大意义。

共享发展与城乡融合发展存在着紧密的内在关联性。一方面共享发展为实现城乡融合发展提供了价值引领，另一方面城乡融合发展是实现共享发展的重要途径。共享发展对城乡融合发展的价值引领主要体现在：一是共享发展的本质是强调发展的人民性。具体讲，在发展过程中，要充分保障人民的主体地位，凝聚人民的力量，增进人民的福祉。发展的人民性为城乡融合发展指明了前进的方向。实现城乡融合发展始终要坚持以人民为中心的价值导向，保证人民的参与权、发展权以及共享权，尤其是让广大农民平等地参与城乡融合的发展过程，共享经济社会的发展成果。二是共享发展着眼于公平、正义，重点强调要保障社会成员获得同等权利和利益的机会。在经济社会发展过程中，既要保证城乡人民平等参与，又要注意分配上的公平正义，共享经济社会发展成果。实现城乡融合发展，必须把维护城乡社会的公平正义放在突出位置，通过建立公平公正的制度和体制，保障城乡人民在政治、经济、社会等方面的利益和权利。三是共享发展追求共同富裕的价值取向。共同富裕是共享发展的最终目标，共享发展是共同富裕的必然要求。这就要求城乡融合发展首先要实现共享发展，在城乡融合发展的各个阶段努力做到共建共享，不断满足人民群众对物质和精神方面的需求。

城乡融合发展是实现共享发展的重要途径。首先，实现城乡融合发展必须对不合理的城乡二元体制进行改革，创新体制机制，促进城乡要素的自由流动、公共资源合理配置，让城市与乡村共同发展，共同繁荣，让城乡居民共享经济社会发展成果，实现共享发展的目标。城乡二元体制机制的改革，为共享发展奠定了良好的制度基础。其次，城乡融合发展能够加快补齐农村发展短板，更好地实现共享发展。城乡融合发展战略坚持农村农业优先发展，推动城乡公共资源均衡配置，完善乡村治理体系，提升乡村治理能力，促进以城带乡的进一步深化，强化城市对乡村的反哺作用，逐步缩小城乡之间的差距，使城乡人民共享经济社会发展成果。

（三）正确处理城乡融合发展与农业农村现代化的关系

习近平总书记多次指出，没有农业农村现代化，就没有整个国家现代化。党的十九大报告提出了实施乡村振兴战略，要求“坚持农业农村优先发展，建立健全城乡融合发展体制机制和政策体系，加快推进农业农村现代化”[①]。党的十九届五中全会指出，坚持把解决好“三农”问题作为全党工作重中之重，走中国特色社会主义乡村振兴道路，全面实施乡村振兴战略，强化以工补农、以城带乡，推动形成工农互促、城乡互补、协调发展、共同繁荣的新型工农城乡关系，加快农业农村现代化。[②]2021年2月21日，《中共中央 国务院关于全面推进乡村振兴加快农业农村现代化的意见》发布。文件指出，民族要复兴，乡村必振兴。要坚持把解决好“三农”问题作为全党工作重中之重，把全面推进乡村振兴作为实现中华民族伟大复兴的一项重大任务，举全党全社会之力加快农业农村现代化，让广大农民过上更加美好的生活。[③]加快农业农村现代化是我们党在现代化建设新阶段，对“三农”工作作出的重大部署，具有鲜明的时代特征和重大的实践意义。第一，加快农业农村现代化是形成新型工农城乡关系的客观要求。习近平总书记强调，在现代化

---

① 习近平.决胜全面建设小康社会 夺取新时代中国特色社会主义伟大胜利——在中国共产党第十九次全国代表大会上的报告[EB/OL].（2017–10–18）http：//www.china.com.cn/19da/2017-10/27/content_41805113.htm.

② 胡春华.加快农业农村现代化[EB/OL].（2020–12–01）https：//www.chinanews.com/gn/2020/12-01/9351310.shtml.

③ 中共中央 国务院关于全面推进乡村振兴加快农业农村现代化的意见[EB/OL].（2021–02–21）http：//www.lswz.gov.cn/html/xinwen/2021-02/21/content_264527.shtml.

进程中，正确处理工农关系、城乡关系，在很大程度上决定着现代化的成败。目前我国城乡发展不平衡、农村发展不充分，农业农村仍是社会主义现代化建设中的突出短板。与城市发展相比，农业农村发展步伐还比较慢，农村基础设施和公共服务水平较低，城乡之间“一条腿长、一条腿短”的问题比较突出。所以必须加快农业农村现代化。将更多的资源向农业农村倾斜，支持农业农村的优先发展，强化以工补农、以城带乡，确保在现代化进程中农业农村不掉队、同步赶上来，实现工业城市现代化与农业农村现代化同步发展。第二，加快农业农村现代化是社会主义现代化建设的重大任务。习近平强调，没有农业农村现代化，就没有整个国家现代化。农业农村现代化进程在很大程度上决定着社会主义现代化建设的进度、质量和成色。全面建设社会主义现代化国家，大头重头在“三农”，基础和潜力也在“三农”。因此要顺利推进社会主义现代化建设，把握发展主动权，就必须进一步巩固农业基础，把农业农村现代化摆到更加重要的位置，推动农业全面升级、农村全面进步、农民全面发展，为经济社会发展大局提供更加有力的支撑。第三，加快农业农村现代化是做好新时代“三农”工作的核心目标。党的十八大以来，以习近平为核心的党中央把解决好“三农”问题作为全党工作重中之重，部署实施乡村振兴战略，不断加大强农惠农富农政策力度，农业农村发展取得了历史性成就。农业综合生产能力进一步增强，农业现代化水平进一步提高，农民收入持续增长，脱贫攻坚取得决定性胜利。在肯定发展成就的同时，也要看到，“三农”发展面临不少新矛盾新挑战，农业结构性矛盾日益凸显，自然风险和市场风险的危害时有发生，农村基础设施和公共服务仍然薄弱，农民增收速度放缓。因此必须加快农业农村现代化的步伐，注意化解农业结构性矛盾和风险，加强农村基础设施和公共服务的建设，推动农业农村高质量发展。

农业农村现代化和城乡融合发展之间存在着紧密的联系，一方面农业农村现代化是城乡融合发展的重要目标，另一方面城乡融合发展是农业农村现代化的重要途径。农业农村现代化是城乡融合发展要达到的主要目标之一。首先，城乡融合发展就是要让城乡能够共荣共生、协调发展、共同进步。坚持以农业农村优先发展，资源和政策向农业农村倾斜，大力激发农村自身的发展潜力，弥补农业农村发展短板，缩小农村与城市之间的差距，实现农业农村现代的目标。其次，城乡融合发展是建设健康通畅的城乡要素的流通通道。通过完善融合发展政策制度，促进城乡之间基础设施建设以及公共服务均等化，推动城乡资源双向流动，从而为实现农业农村现代化积累发展的动能。

另外，城乡融合发展是农业农村现代化的重要途径。改革开放以前，由于受城乡二元体制的影响，城市和农村长期处于分割状态，工业及其城市在国家政策的大力支持下，发展迅速，而农业和农村却发展缓慢，城乡发展出现严重的不平衡状态。城乡发展的不平衡严重影响了农业农村的发展。改革开放以来，针对长期我国对农业农村发展不够重视的问题，调整经济发展战略和政策，突出农业农村在我国经济社会发展中的地位，不断加强对农业农村发展的投入。从城乡统筹发展到城乡一体化发展，一直在努力解决农村农业农民问题。完善城乡关系、实现城乡共同发展繁荣，将城乡之间单一浅层的互动转变到更深层次的融合发展，是推动农业农村现代化的重要保障。

第七章　中国城乡关系理论的实践成效及其经验启示

“以史为镜，可以知兴替”。纵观中国城乡关系的发展历史，先后大致经历了“城乡兼顾→城乡互动→城乡协调→城乡统筹→城乡融合”的发展过程。每一历史时期城乡关系发展与创新都不是偶然发生的，它与当时的历史情况紧密相连，是当时历史条件和社会现实的产物。站在历史发展的角度，考察中国城乡关系的发展，总结发展过程的经验，对当下和未来我国城乡关系融合发展实践具有重要的启示意义。

一、中国城乡关系理论的实践成效

近现代以来，无论是处于顺境还是逆境，中国共产党始终紧扣时代主题，把握时代脉搏，把马克思主义城乡关系理论同中国革命、建设和改革开放的具体实践紧密结合起来，形成了具有中国特色的城乡协调发展思想，推动中国城乡关系朝着城乡协调发展、融合发展的正确方向迈进，取得了辉煌的成就。

改革开放之前，由于长期受城乡二元分割体制的影响，工业城市发展较快，农业农村发展相对缓慢，城市发展水平和农村发展水平存在着巨大的差距。“城市像欧洲，农村像非洲”是人们对改革开放之前城乡面貌的形象描述。改革开放之后，随着社会主义市场经济的不断发展和完善，城乡之间劳动力、资金、土地、技术等生产要素的交流日益畅通和频繁，大大促进了城乡之间商品经济的发展，城乡之间的联系更加紧密，城乡一体化的水平不断提高，城乡之间的关系更加和谐。2019年5月，中共中央、国务院发布了《关于建立健全城乡融合发展体制机制和政策体系的意见》，对建立健全城乡融合发展体制机制和政策体系作了战略部署和安排，对推动城乡融合发展起到了重要的作用。城乡关系融合发展的进程加快，农业农村发展取得了显著成效。

首先，农业生产稳步推进，农业现代化水平不断提高。党的十八大以来，以习近平为核心的党中央坚持把解决好“三农”问题作为全党工作的重中之重，确立农业农村优先发展总方针，农业农村发展成效显著。“十三五”时期，我国粮食产量持续稳定在1.3万亿斤以上，水稻、小麦自给率保持在100%以上，玉米自给率超过95%，肉蛋奶、果菜茶品种丰富、供应充裕，有效满足了人民群众日益增长的消费需求，重要农产品供给水平明显提升。一方面农产品供应充足。党和国家始终把解决好吃饭问题作为首要任务，大力实施重要农产品保障战略，粮食生产不断迈上新台阶，棉油糖生产能力进一步提升，“菜篮子”产品丰产丰收、供应充足。另一方面农产品品质不断提升。党和国家坚持“产”和“管”两手抓，食用农产品生产标准体系基本建立，合格证制度全面推行，农产品质量安全监测合格率稳定在97%以上，认定绿色、有机和地理标志农产品超过4.92万个，越来越多绿色优质农产品摆上了超市货架和百姓餐桌。另外，农业现代化建设步伐加快。目前我国农业科技进步贡献率突破60%，农作物耕种收综合机械化率超过70%，主要农作物良种实现全覆盖。全国家庭农场超过100万家，农民合作社达到222.5万家，农业社会化服务组织达到89.3万个，成为引领现代农业发展的主力军，有力推动了小农户与现代农业有机衔接。化肥、农药施用量连续3年实现负增长，农产品质量安全监测合格率稳定在97%以上，质量兴农、绿色兴农成为现代农业主旋律。

其次，促进农业产业结构调整，优化农业产业结构。改革开放初期，我国农业发展以种植业为主，产品种类单一，发展不平衡。随着农业政策不断优化调整，农业综合生产能力稳步提高，现代农业体系初步建立和完善。农林牧渔业总产值中，传统农业比重不断下降，由1978年的80%降至2019年的53.3%；林、牧、渔业比重上升，分别由1978年的3.4%、15%和1.6%升至2019年的4.7%、26.7%和10.1%。绿色优质农产品供给明显增加，强筋、弱筋优质专用小麦占比提高到35.8%，优质稻谷面积进一步扩大，大豆面积连续5年增加，粮改饲面积超过1500万亩，粮经饲三元结构初步构建，畜牧业加快升级，生猪养殖规模化率达到53%，牛羊肉较快增长，满足了消费结构升级需要。

再次，生产要素市场化改革，促进了要素的自由流动，提高了要素生产率。一是城乡户籍制度的改革以及工业化、城市化进程的加快，农业剩余劳动力进城落户的门槛不断降低，城镇化速度明显加快。2014年公布的《国家新型城镇化规划（2014—2020年）》规划：2020年，常住人口城镇化率和户籍人口城镇化率达到60%左右和45%左右[①]。但发展的实际情况是，2018年末，我国常住人口城镇化率就达到59.58%，户籍人口城镇化率为43.37%，接近完成目标任务。同期，北京、上海、天津等城市常住人口城镇化率已达到发达国家水平，均在80%以上；广东、江苏、浙江、辽宁等地区的城镇化率在70%左右[②]。另外，社会主义新农村建设人才供给充足，农村实用人才、大学生村官、新型职业农民、科研杰出人才等数量不断增加，质量不断提高，对农村经济社会发展起到重要作用。二是农村土地制度的进一步改革，促进了土地要素的流动，提高了土地要素的利用效率。第二轮土地承包到期后再延长三十年政策出台，农村承包地所有权、承包权、经营权“三权分置”取得重大进展，新一轮农村宅基地改革试点启动实施。农村集体资产清产核资基本完成，6亿多人集体成员身份得到确认。农村集体经营性建设用地入市与国有土地同价同权，维护进城落户农民土地承包权、宅基地使用权和保障自愿退出有补偿，维护了农民的利益和权益，最大限度地盘活了土地资源。三是涉农资金数量逐年增加，农村金融服务体系不断完善。截至2022年末，我国涉农贷款余额49.25万亿元，同比增加14%。农村（县及县以下）贷款余额41.02万亿元，同比增长13.5%。农户贷款余额14.98万亿元，同比增长11.2%。农业贷款余额5.06万亿元，同比增长10.7%。2022年，我国农业保险为1.67亿户次农户提供风险保障5.46万亿元，农业保险支农、惠农、富农作用进一步发挥。

① 中国政府网.推动1亿非户籍人口在城市落户方案[EB/OL].（2016-10-11）. http://www.gov.cn/zhengce/content/2016-10/11/content-5117442.htm.

② 刘少华.新型城镇化建设加速[N].人民日报海外版，2019-04-20（02）.

另外，不断加强农村公共服务能力建设，农村公共服务能力水平快速提升。一个国家的现代化水平和文明程度，往往可以从公共服务的供给状况中得到反映。加快发展农村基本公共服务，是我国提高基本公共服务水平的重点之一，事关全面建设小康社会这个大局。改革开放以来，随着经济发展水平的提高，我国提供公共服务的能力得到加强。党的十八大以来，中央提出城乡发展一体化的战略要求，坚持工业反哺农业、城市支持农村和多予少取放活方针，加大强农惠农富农政策力度，坚持把基础设施建设和社会事业发展重点放在农村，推进社会主义新农村建设和扶贫开发，全面改善农村生产生活条件，促进农民收入持续快速增长。农村公共服务建设取得了显著的成就：一是农村电力供应得到极大改善。新中国成立后我国农村电网从无到有，从小到大，快速发展。特别是自1988年以来，国家开展大规模的农村电网建设和改造工程，着力解决县城地区电网薄弱和供电能力不足问题。到2006年我国国家电网供电区域已实现了县县通电；乡、村、户通电率分别达到99.9%、99.8%和99.4%，农村电力建设实现历史性跨越。并且基本上实现了城乡用电同网同价，农村用电价格下调，减轻了农民负担。农村发电量从1990年的418.1亿千瓦时增加到2020年的2423.4亿千瓦时，农村用电量从1990年的844.5亿千瓦时增加到2020年的9717.2亿千瓦时。二是农村交通状况明显改善。截至2020年9月底，我国农村公路总里程已达420万公里，占公路总里程的83.8%，共解决246个乡镇、3.3万个建制村通硬化路难题，新增1121个乡镇、3.35万个建制村通客车，基本实现具备条件的乡镇和建制村通硬化路、通客车。三是农用水利设施建设得到加强。 十八大以来，国家加大农业基础设施建设投入力度，建成了一批水利骨干工程，农用水利设施条件显著改善。新增水库库容1051亿立方米，新增5级以上堤防5.65万公里，建成7330处大中型灌区，农田有效灌溉面积达10.37亿亩，占全国耕地面积的54%，粮食灌溉用水得到有效保障，全国粮食总产量到2021年已连续7年保持在6500亿千克以上，为“把中国人的饭碗牢牢端在自己手中”奠定了坚实基础。我国不断改革水资源利用方式，坚持“节水优先”方针，推动用水方式由粗放低效向集约节约转变，农田灌溉水有效利用系数从2012

年的0.516提高到2021年的0.568。十八大以来，国家锚定全面解决农村饮水安全问题这一打赢脱贫攻坚战的重要指标，全面解决了1710万建档立卡贫困人口饮水安全问题，十年来共解决2.8亿农村群众饮水安全问题，农村自来水普及率达到84%，困扰亿万农民祖祖辈辈的吃水难问题历史性地得到解决。四是农村教育文化卫生社会保障等社会公共服务有所加强。改革开放以来，党和国家十分重视农村教育文化卫生社会保障等社会公共服务的发展，目前我国基本普及了农村九年义务教育，国家实施“两免一补”政策为中西部地区3400万名贫困家庭学生提供免费教科书。帮助西部地区新建和改建县级图书馆，基本实现了县县有图书馆、文化馆。50户以上已通电自然村基本实现广播电视村村通。各乡镇基本上都建立了乡镇卫生院，2021年末，全国乡镇卫生院达3.5万家，有卫生院的乡镇占全国乡镇总数的90.8%；村卫生室数达59.9万个，平均每个村拥有至少一个卫生室，解决了百姓就近看病问题。新型农村医疗制度自2003年起步以来进展顺利，已成为覆盖面最广的一项社会保障制度，目前参合农民达7亿多。2020年，农村分散供养五保人数372万人，农村集中供养五保人数74万人，实现了病有所医和老有所养。五是农村生活条件及环境建设得到改善。农村公共基础设施建设稳步推进，农村生产生活更加方便快捷，农村基本实现全面通电、通公路和通电话，村内道路质量不断升级。2021年末，87.3%的村通公共交通；99.1%的村进村主要道路路面为水泥或柏油；97.4%的村村内主要道路路面为水泥或柏油。农村信息化建设持续推进，2021年末，99.0%的村通宽带互联网，94.2%的村安装了有线电视。农村基础设施的不断完善，有力推动了农业生产发展，2021年末，有电子商务配送站点的村超过33万个，开展休闲农业和乡村旅游接待的村落近5万个，农村生产生活条件显著改善。近年来，中央转移支付农村改厕改水项目投资4.82亿元，主要用于支持贫困地区，特别是血防地区建设无害化卫生厕所215万座；厕所进行了无害化处理，极大地改善了如厕条件。在一些地方病比较严重的地区，国家投入了4100多万元，对饮水型氟、砷病区和高碘水源进行筛查和处理，保证人民群众的用水安全。妥善解决农村垃圾问题，很多地方正在开始垃圾分运、转运处理，大大改变了农村的生活条件。

还有，农民收入水平大幅度提高，脱贫攻坚取得巨大成就。农村居民人均可支配收入2019年突破1.6万元，比2010年翻一番，增速连续10年高于城镇居民，城乡居民收入差距持续缩小，由2015年的2.73∶1缩小到2019年的2.64∶1。2020年，现行标准下贫困人口全部脱贫，832个贫困县将全部摘帽，区域性整体贫困问题将得到解决。产业扶贫政策覆盖了98%的贫困户，贫困地区累计实施产业扶贫项目超过100万个，建成各类产业扶贫基地超过30万个，每个贫困县都形成了特色鲜明、扶贫能力强的主导产业，产业扶贫成为覆盖面最广、带动人数最多、取得成效最大的扶贫举措。

二、中国城乡关系发展的基本经验和启示

中国在推进城乡关系发展的长期实践中，积累了丰富的经验，为当下城乡融合发展的深入推进提供了有益借鉴和现实启示。

（一）坚持党的领导，把握城乡关系发展的根本方向

中国最大的国情就是中国共产党的领导，中国共产党的领导是中国特色社会主义最基本的特征。“中国人民和中华民族之所以能够扭转近代以后的历史命运、取得今天的伟大成就，最根本的是有中国共产党的坚强领导。”[①] 中国共产党领导是中国特色社会主义最本质的特征，同样也是处理城乡关系的坚实保障。革命战争年代，党根据革命形势和斗争发展需要，领导工人阶级、广大农民积极开展革命斗争，组织武装起义，创建农村革命根据地，打土豪，分田地，维护和保障广大农民的利益，使中国革命拥有了最坚实的群众基础，走出了农村包围城市、最后夺取城市的中国革命成功之路。社会主义建设时期，党根据社会主义建设的需要，完成对农业、手工业的社会主义改造，进行大规模的工业化

① 中共中央关于党的百年奋斗重大成就和历史经验的决议[M].北京：人民出版社，2021：65.

建设，正确处理工农之间和城乡之间的关系，不断巩固工农联盟，不断推动社会主义建设向纵深发展，维护了城乡社会的稳定。改革开放时期，党针对计划经济时期的弊端，领导人民从农村到城市，进行了全方位、多层次的改革，不断推动城乡关系发展，城乡之间的差距逐步缩小，城乡之间的关系得到进一步改善。党的十八大以来，党依靠上下贯通、执行有力的组织体系，一级抓一级，层层抓落实，积极推进脱贫攻坚，农村消除贫困工作取得了历史性突破，实现了建成小康社会的第一个百年奋斗目标。积极推动乡村振兴战略的实施，不断完善城乡融合发展体制机制，为推动城乡融合发展奠定了良好的基础。

从中国共产党成立走到今天中国特色社会主义新时代，从当初的农村包围城市到今天的乡村振兴，从过去的城乡分离到现在的城乡融合，无时无刻不体现着党对城乡关系发展的坚强领导和巨大决心。党始终根据经济社会发展客观规律，高瞻远瞩，审时度势，注重凝聚全党上下、社会各方面的力量，充分发挥社会主义制度的优越性，注意调动人民群众的积极性和创造性，为城乡关系发展提供了坚强的政治保证。党始终坚持以正确的工作方针处理工农关系、城乡关系，将马克思主义城乡关系理论与中国的国情相结合，遵循城乡关系发展的内在联系和规律，统筹兼顾工业和农业的发展，妥善处理城市与农村的利益，保证了城乡关系发展的正确方向。在中国特色社会主义建设新的历史时期，党“正领导中国人民在中国特色社会主义道路上不可逆转地走向中华民族伟大复兴”。[①] 历史发展经验证明，坚持和加强党的领导，把党的领导落实到推动城乡关系发展各领域各方面各环节，是推动城乡关系协调发展、破除城乡二元结构、消除城乡差别以及实现城乡融合发展的重要保证。

（二）坚持人民至上，坚定城乡关系发展的根本立场

中国共产党的历史，是紧紧依靠人民创造的历史。党的十九届六中全会指出：“党的根基在人民、血脉在人民、力量在人民，人民是党执

① 中共中央关于党的百年奋斗重大成就和历史经验的决议[M].北京：人民出版社，2021：65.

政兴国的最大底气。”[①] 毛泽东在《为人民服务》一文中强调，“我们的共产党和共产党所领导的八路军、新四军，是革命的队伍。我们这个队伍完全是为着解放人民的，是彻底地为人民的利益工作的”[②]。人民是历史的创造者，是推动社会发展的决定力量。人民立场是中国共产党的根本政治立场，是马克思主义政党区别于其他政党的显著标志。推动城乡协调发展归根结底是人民的事业，因此，中国共产党始终将人民至上的价值取向贯穿于城乡关系处理的一切工作和决策中，为中国人民谋幸福、为中华民族谋复兴、让人民过上幸福生活，是党处理城乡关系的出发点和落脚点。新民主主义革命时期，中国共产党领导人民打土豪、分田地，推翻帝国主义、封建主义和官僚资本主义的统治，使劳动人民获得了解放，建立了人民当家做主的红色政权，充分调动了人民群众的生产积极性和创造性，保障了人民群众基本的生活需求。社会主义建设和改革开放时期，中国共产党根据经济社会主要矛盾的发展变化，不断调整和完善城乡关系发展政策，大力发展社会生产力，不断满足人民群众日益增长的物质文化需求，改善人民生活。党的十八大以来，中国共产党更加强调城乡经济社会的共享发展和融合发展，更加注重提升人民群众的获得感、幸福感和安全感，围绕这些中心工作，构建工农互促、城乡互补、协调发展、共同繁荣的新型工农城乡关系，有力地促进了城乡关系的协调发展。

从中国共产党成立以后一百年的发展历史来看，党始终坚持人民的主体地位，坚持以人民为中心的发展思想，确立正确的城乡关系发展观。党始终把最广大人民根本利益作为城乡关系发展的重要依据，把消除贫困、改善民生、增进人民福祉作为城乡关系发展的重要内容，从而为城乡关系发展提供动力和条件。党始终把广大人民群众作为发展的依靠者、推动者，把广大人民群众尤其是农民群众作为调整和变革城乡生产关系、解放和发展社会生产力的主力军，激发了孕育在广大人民群众中的创造力。党始终把广大人民群众作为城乡关系发展成果的分享者，

① 中共中央关于党的百年奋斗重大成就和历史经验的决议[M].北京：人民出版社，2021：66.

② 毛泽东选集（第三卷）[M].北京：人民出版社，1999：1004.

推进以人为核心的新型城镇化，加快推进农业农村现代化，走城乡融合发展之路。历史发展经验告诉我们，只有坚持党的群众路线，“坚持发展为了人民、发展依靠人民、发展成果由人民共享”，城乡经济社会及其城乡关系才能健康协调，才能够最终实现人的全面发展和全体人民的共同富裕。

（三）坚持理论创新，完善城乡关系发展的理论指导

实践的发展离不开理论的指导，没有科学理论指导的实践，是盲目的实践。党的十九届六中全会指出：“马克思主义是我们立党立国、兴党强国的根本指导思想。马克思主义理论不是教条而是行动指南，必须随着实践发展而发展，必须中国化才能落地生根、本土化才能深入人心。”[①] 马克思和恩格斯论证了城乡分离和对立的历史必然性，分析了城乡关系的发展趋势，明确指出城乡发展一体化是城乡关系演进的高级阶段，同时也是人类社会发展的必然趋势，并且指出了由城乡对立向城乡融合转变的主要途径。长期以来，中国坚持以马克思主义城乡关系理论为指导，在推进城乡协调发展过程中遵循马克思主义城乡关系发展的一般规律，同时结合不同阶段的实际情况，解放思想、实事求是、与时俱进，探索处理城乡关系的科学路径与正确方向，不断丰富和发展马克思主义的城乡关系理论，推动马克思主义向前发展，坚持在发展实践中形成新理论，又以发展的理论指导新实践，为城乡关系发展注入不竭动力。在新民主主义革命时期，党确立“农村包围城市”的革命战略，在领导和控制的广大农村地区发展工农业生产，促进工农产品交易，为革命战争提供重要保证。解放战争胜利之后，研究制定恢复国民经济、接收和管理城市的新政策，为探索构建新型城乡关系积累经验。新中国成立之初，在优先发展重工业的战略背景下，为防止片面重视工业而忽视农业、重视城市而忽视农村的倾向，提出城乡兼顾、统筹发展的理念，正确处理城乡关系发展问题。改革开放以来，中共中央从新的实践和时

① 中共中央关于党的百年奋斗重大成就和历史经验的决议[M].北京：人民出版社，2021：66.

代特征出发坚持和发展马克思主义，在改革实践中不断深化对城乡关系的认识，科学回答了城乡关系发展的阶段特征、根本任务、发展动力、发展战略等一系列问题，形成了中国特色社会主义城乡关系理论。党的十八大以来，以习近平为核心的中共中央，对新时代城乡关系发展的理论和实践问题进行了深邃思考和科学判断，提出了推动城乡融合发展、坚持农业农村优先发展、实施乡村振兴战略等一系列原创性的新理念新思想新战略，形成了习近平新时代中国特色社会主义城乡关系思想，实现了马克思主义中国化的新的飞跃。这些都是中国共产党在推进城乡协调发展过程中对马克思主义城乡关系理论中国化的探索与实践，具有重要的时代意义和经验价值，是中国城乡关系走向融合的重要指导思想。

（四）坚持中国道路，突出城乡关系发展的中国特色

道路决定前途，道路决定命运。中共中央《关于党的百年奋斗重大成就和历史经验的决议》把坚持中国道路作为党百年奋斗的一条历史经验。中国道路就是指“符合中国国情的正确道路”，是“创造人民美好生活、实现中华民族伟大复兴的康庄大道”，[①] 坚持中国道路不仅是我们党百年奋斗的智慧结晶，也为已经取得的巨大成就所证实。一百年来，党始终坚持从我国国情出发，从我国城乡发展不平衡不协调和二元结构的现实出发，在遵守普遍规律和借鉴别国经验的基础上，不断探索和实践具有中国特色的社会主义城乡关系发展之路。革命战争时期，经过艰苦的探索并在付出巨大代价之后，党领导人民开辟了农村包围城市、武装夺取政权的正确道路。这条道路虽然借鉴了俄国十月革命的经验，但是基本途径和斗争策略完全是中国特色的，是一条不同于俄国十月革命的中国革命道路。在新民主主义革命胜利之后，党和国家不断改善城乡之间的对立关系，根据经济社会发展的实际情况，在兼顾城乡协调发展的同时逐步把工作重心由乡村转向城市，开始了社会主义建设时期城乡关系发展的探索。新中国成立后，针对仿效苏联模式造成的工农业发展

① 中共中央关于党的百年奋斗重大成就和历史经验的决议[M].北京：人民出版社，2021：68.

失调、城乡发展失衡等弊端，对苏联模式进行反思，结合自己的具体国情，探索自己的发展道路。改革开放后，针对我国长期计划经济对经济社会造成的影响和危害，开辟具有中国特色的农村、城市经济体制改革、乡镇企业和城镇化发展、建设社会主义新农村等社会主义道路，不断推动城乡关系的和谐发展。党的十八大以来，以习近平为核心的党中央结合我国社会主义发展新时代的客观要求，提出推进以人为本的新型城镇化、坚持走中国特色社会主义乡村振兴道路，分“三步走”建立健全城乡融合发展的体制机制和政策体系，开辟中国特色社会主义城乡融合发展之路。①

习近平总书记指出：“一切成功发展振兴的民族，都是找到了适合自己实际的道路的民族。”正是因为中国共产党领导人民始终坚持走自己的路，才推动实现了马克思主义中国化新的飞跃，才取得革命、建设、改革一系列伟大成就，中华民族才迎来了从站起来、富起来到强起来的伟大飞跃。在全面建设社会主义现代化国家新征程上，我们既要坚定不移地走中国特色社会主义道路，推动实现中华民族的伟大复兴，还要发挥出中国特色社会主义道路的优越性，为其他国家走向现代化提供中国智慧、中国方案。

（五）推进体制改革，完善城乡发展制度保障

制度建设是城乡关系发展中的一个重大问题，只有建立良好的制度及其环境，城乡关系的和谐发展才有基本保证。在城乡关系发展过程中，党始终将制度建设及其体制改革作为城乡关系发展的动力来源，通过体制改革为城乡关系发展提供制度保障。

新民主主义革命时期，推翻帝国主义、封建主义和官僚资本主义的压迫，完成对农业、城市手工业和民族资产阶级的改造，建立适应社会主义建设的经济体制和制度；社会主义建设时期，为了推动社会主义工业化和城市化建设，正确处理工农、城乡之间的关系，集中有限资源

① 蒋永穆，周宇晗.改革开放40年城乡一体化发展：历史变迁与逻辑主线[J].贵州财经大学学报，2018，（5）.

解决经济社会发展中的主要矛盾和问题，国家采取了计划经济体制和制度，有力地促进了我国工业化和城市化的进程。

改革开放以来，党领导人民进行社会主义市场经济的改革探索，成功地实现了公有制与市场经济的有机结合，中国体制改革在解决自身问题和铸就自身辉煌的同时，也开辟了人类社会新的发展路径。1978年党的十一届三中全会拉开了中国改革的序幕。农村经济体制改革率先展开，家庭联产承包责任制、统分统合的双层经营体制取代"三级所有、队为基础"的人民公社制度，农村经济体制改革极大地调动了亿万农民的积极性，有力地促进了农业和农村经济的发展。同时，其他方面的改革如扩大企业自主权、"利改税"、"划分收支、分级包干"的财政体制改革、农副产品的统购统销制度改革、恢复和发展集体经济和个体经济等，都对改善城乡关系发展起到重要的促进作用。1984年10月，党的十二届三中全会通过了《关于经济体制改革的决定》，确定社会主义经济是"公有制基础上的有计划的商品经济"，改革的目标是建立具有中国特色的、充满生机和活力的社会主义经济体制。1987年10月，党的十三大进一步提出"社会主义有计划商品经济的体制，应该是计划和市场内在统一的体制"，"是国家调节市场，市场引导企业"的机制。改革以搞活国有企业为中心环节全面展开，着眼于探索建立自主经营、自负盈亏、富有活力和效率的企业体制，实行承包制、租赁制等措施，进一步扩大企业自主权。围绕搞活企业，加快建立以统一开放、运转有序的竞争性市场机制和以经济手段调节为主的宏观间接管理体制为目的的相关改革。采取"调、放、管"相结合的方针，理顺工农产品之间的比价关系，改革产品价格形成机制；改革商业经营管理体制，发展非国营流通企业；大幅度缩小指令性计划，实行各种形式的财政包干制，变单一的税制为复合税制，扩大地方自主权。这些改革措施对活跃城乡经济、促进城乡关系和谐发展起到了重要的作用。1992年党的十四大确立社会主义市场经济体制改革的目标，经济体制改革进入以制度创新为主要内容的新阶段。党的十四届三中全会通过的《关于建立社会主义市场经济体制若干问题的决定》指出"建立社会主义市场经济体制，就是要使市场在国家宏观调控下对资源配置起基础性作用"，并提出社会主义市场经济体制的基本框架。1997年党的十五大确立了以公有制为基础、多种所有制经济共同发展的基本经济制度，实现了思想理论上的一系列新突破，推动以建立社会主义市场经济体制为目标的改革进一步向纵深发展。按照建立现代企业制度的方向，一批国有大中型企业被改造成国有独资公司、有限责任公司或股份有限公司；许多全国性行业总公司被改组为控股公司，发展了一批以资本为纽带跨地区、跨行业的大型企业集团；众多的新型国有企业，通过改组、联合、兼并、租赁、承包经营和股份合作制、出售等形式进行了改革。积极推进鼓励兼并、规范破产、下岗分流、减员增效和再就业工作，推动企业优胜劣汰的竞争机制的形成。积极开展多种形式的国有资产监督管理体制探索，取得了良好效果。财政、税收、金融、外汇、计划和投融资体制改革进一步深化。确立了以分税制为核心的新的财政体制框架，建立了以增值税为主体的流转税体系；强化中央银行金融监管方面的职能，分离政策性金融与商业性金融；建立了以市场供求为基础，单一的、有管理的浮动汇率制度，实现了人民币在经济项目下可兑换；国家计划管理从总体上的指令性计划向总体上的指导性计划转变；推动项目法人制、资本金制度和招投标制度，加强投资的风险约束。商品市场进一步发展，要素市场逐步形成，取消了生产资料价格双轨制，进一步放开了竞争性商品和服务的价格，在健全市场规则、整顿市场秩序方面取得了新的进展。2002年党的十六大提出，本世纪头20年改革的主要任务是完善社会主义市场经济体制。即在2020年建成完善的社会主义市场经济体制和更具活力、更加开放的经济体系。党的十六届三中全会通过的《关于完善社会主义市场经济体制若干问题的决定》对建成完善的社会主义市场经济体制进行了全面部署。这一阶段把行政管理体制改革放到了突出的位置，按照建立行为规范、运转协调、公正透明、廉洁高效的行政管理体制的目标进行改革，政府职能转变和政府机构改革取得重要进展。农村改革继续向纵深推进。农村基本经济制度进一步巩固，农村税费改革试点全面展开，全国彻底取消了长达2600年的农业税，粮食流通体制改革进一步深化，市场化的棉花流通体制基本确立。新型农村合作医疗制度改革试点稳步推进，城乡经济体制的改革，为城乡关系的协调发展提供了重要的制度基础。

（六）重视“三农”问题，维护城乡关系发展的大局

“三农”问题即农民、农业和农村问题，是农业文明向工业文明过渡的必然产物，无论是发达国家还是发展中国家都有类似的经历。相对于世界其他国家而言，我国的农村区域广阔，农民数量多、规模大，加之长期实行城乡二元管理体制，所以我国的“三农”问题更为复杂，矛盾更为突出，解决起来难度更大。“三农”问题是城乡关系矛盾中的主要方面，解决了“三农”问题，就抓住了城乡关系发展的关键，“三农”问题关系着改革开放和社会主义现代化建设事业的大局。我国全面建设小康社会，实现了第一个百年奋斗目标，关键就在于解决了农村贫困人口的脱贫问题。当前我国正向着全面建设社会主义现代化强国的第二个百年奋斗目标迈进，短板依旧是农村，难点在于如何实现农业农村现代化。习近平总书记指出，农业强不强、农村美不美、农民富不富，决定着亿万农民的获得感和幸福感，决定着我国全面建设小康社会的成色和社会主义现代化的质量，并且多次强调“任何时候都不能忽视农业、不能忘记农民、不能淡漠农村”。①

自中国共产党成立以来，中国始终重视解决好“三农”问题，为推动城乡关系协调发展发挥了至关重要的作用。建党初期，中国共产党按照共产主义的设想提出土地等生产资料“社会公有，社会公用”的政策主张②。夺取政权之后，中国共产党为了得到广大农民的支持，满足农民“耕者有其田”的需要，实施将土地分给农民的政策。1925年10月，《中国共产党告农民书》中第一次正式提出：“解除农民困苦，根本是要实行‘耕地农有’的方法，就是谁耕种的土地归谁所有。”抗日战争时期，从当时的阶级斗争和矛盾出发，中国共产党对之前的土地政策做了一定的调整，从没收地主土地分给农民转变为“减租减息”政策，既保证了地主的地权和财权，也改善了农民的生存条件，最大限度地团结

① 韩长赋.任何时候都不能忽视农业忘记农民淡漠农村[N].人民日报，2015-08-13（07）.

② 人民网.上海共产主义小组起草的《中国共产党宣言》[EB/OL].（2010-11-23）[2011-01-05].1920，11，23. http：//cpc. people.com.cn/GB /64162 /64165/72301/72328/5070020.html.

各方面力量以支持抗日战争。另外，中国共产党在陕甘宁边区、晋察冀边区等采取恢复和发展农业经济的政策，如推进农民组织变工互助社，推广农业科技，提高生产技术，改良土壤，兴修水利，改良农作法，大力发展农村手工业和家庭副业，推动医疗卫生教育等各项社会事业发展。抗战结束后，中国共产党通过《关于清算减租及土地问题的指示》和《中国土地法大纲》，实现党在“三农”政策上由“减租减息”政策向“耕者有其田”政策转变。土地改革极大地调动了农民的生产积极性和革命热情，对夺取和巩固新政权具有重要的意义。土地改革完成后，面对农业生产要素严重短缺及生产资料占有两极分化的问题，党和国家推行农业合作化政策。在社会主义建设时期，党和国家强调农业在国民经济中的战略地位，强调城乡兼顾，强调农业、轻工业和重工业的协调发展。1978年党的十一届三中全会之后，党和国家将工作重点由阶级斗争转为经济建设，大力发展社会生产力，改革高度集中的计划经济体制，开始建立社会主义市场经济体制。经济体制改革首先从农村开始。农村经济体制改革实行以“土地使用权与所有权分离”为特征的家庭联产承包责任制。1979年9月，党的十一届四中全会通过了《关于加快农业发展若干问题的决定》，初步肯定了“包产到户”的做法。1984年1月，党中央《关于1984年农村工作的通知》肯定了农村承包政策，将农村承包土地期限延长至15年。1986年11月，党中央、国务院发布的《关于当前农业和农村经济发展的若干政策措施》将以家庭联产承包为主的责任制和统分结合的双层经营体制认定为我国农村经济的一项基本制度，将土地承包期限延长至30年。2000年10月，《中共中央关于制定国民经济和社会发展第十个五年计划的建议》指出，要保持以家庭承包经营为基础、统分结合的双层经营体制的长期稳定。2002年，《中华人民共和国土地承包法》把家庭联产承包经营制度以法律形式固定下来。改革开放以来，党在农村实施的以“放开搞活”为核心的“三农”政策，减轻了农业生产的负担，调动了农民的生产积极性，提高了农业生产效率，促进了农业现代化的进程。2002年党的十六大提出了全面建设小康社会的目标以及统筹城乡经济社会发展和着重解决“三农”问题的要求。2004年9月党的十六届四中全会，提出了工业反哺农业、城市支持农村的工作方针和要求。党的十七大明确指出："解决好农业、农村、农民问题，事关全面建设小康社会大局，必须始终作为全党工作的重中之重。"[①] 为了做好全党这个"重中之重"的工作，2008年10月召开的党的十七届三中全会通过了《关于推进农村改革发展若干重大问题的决定》。《决定》指出："坚持改革开放，必须把握农村改革这个重点"，"推动科学发展，必须加强农业发展这个基础"，"促进社会和谐，必须抓住农村稳定这个大局"。"农业是安天下、稳民心的战略产业，没有农业现代化就没有国家现代化，没有农村繁荣稳定就没有全国繁荣稳定，没有农民全面小康就没有全国全面小康"。"我国总体上已进入以工促农、以城带乡的发展阶段"，必须"坚持工业反哺农业、城市支持农村和多予少取放活方针"。"必须巩固和加强农业基础地位，始终把解决好十几亿人口吃饭问题作为治国安邦的头等大事。""把国家基础设施建设和社会事业发展重点放在农村。"[②] 2006年，中共中央、国务院《关于推进社会主义新农村建设的若干意见》，提出了"建设社会主义新农村"的目标任务、主要内容和政策措施，赋予了社会主义新农村"生产发展、生活宽裕、乡风文明、村容整洁、管理民主"的基本内涵，指出要以城乡统筹的思路，推进社会主义新农村建设。2007年，中共中央、国务院《关于积极发展现代农业扎实推进社会主义新农村建设的若干意见》，指出发展现代农业是社会主义新农村建设的首要任务。2008年10月党的十七届三中全会审议通过了《中共中央关于农村改革发展若干重大问题的决定》，提出到2020年，农村经济体制更加健全、城乡经济社会发展一体化体制机制基本建立，并为此确立了"统筹城乡经济社会发展"的重大原则。[③] 2010年，中共中央、国务院《关于加大统筹城乡发展力度 进一步夯实农业农村发展基础的若干意见》指出，要把统筹城乡发展作为全面建设小康社会的根本要求，把改善农村民生作

① 中国共产党第十七次全国代表大会文件汇编[M].人民出版社，2007：22.

② 中共中央文献研究室.十七大以来重要文献选编（上册）[M].中央文献出版社，2009：670–673.

③ 白雪秋.走中国特色的兴农富农之路：党的"十六大"以来"三农"政策的演进[J].中共福建省委党校学报，2010（1）：4–9.

为调整国民收入分配格局的重要内容，把扩大农村需求作为推动内需的关键举措，把发展现代农业作为转变经济发展方式的重大战略，把建设社会主义新农村和推进城镇化作为保持经济平稳较快发展的持久动力。2013年，中共中央、国务院《关于加快发展现代农业 进一步增强农村发展活力的若干意见》，指出要加大农村改革力度、政策扶持力度、科技驱动力度，围绕现代农业建设，着力构建集约化、专业化、组织化、社会化相结合的农业经营体系，进一步解放和发展农村社会生产力。2014年，中共中央、国务院《关于全面深化农村改革 加快推进农业现代化的若干意见》，提出全面深化农村改革，处理好政府与市场关系，赋予农民更多财产保护权利，推动城乡要素平等交换和公共资源均衡配置。推进中国特色农业现代化，提高农业生产技术，扩大农业经营规模，提高农业市场竞争力，保持生态环境可持续发展。2017年，中共中央、国务院《关于深入推进农业供给侧结构性改革 加快培育农业农村发展新动能的若干意见》，提出加大农村改革力度，激活农业农村内生发展动力；优化产品产业结构，推进绿色生产方式，壮大新产业新业态，强化科技创新驱动，夯实农业发展基础。2018年，中共中央、国务院《关于实施乡村振兴战略的意见》，对乡村振兴战略的指导思想、目标任务、基本原则等作了具体部署安排，指出推进乡村振兴战略要注意提升农业发展质量，推进乡村绿色发展，繁荣兴盛农村文化，加强农村基层基础工作，提高农村民生保障水平，打好精准脱贫攻坚战，推进体制机制创新，开拓投融资渠道，坚持和完善党对“三农”工作的领导等。2019年，中共中央、国务院《关于坚持农业农村优先发展 做好“三农”工作的若干意见》，提出要坚持农业农村优先发展方针，以实施乡村振兴战略为抓手，对标全面建设小康社会“三农”工作必须完成的硬任务，适应农村改革发展的新要求，抓重点，补短板，强基础，围绕“巩固、增强、提升、畅通”，深化农业供给侧结构性改革，坚决打赢扶贫攻坚战，全面推进乡村振兴，决胜全面建成小康社会。2020年，中共中央、国务院《关于做好“三农”领域重点工作 确保如期实现全面小康的意见》，提出要强化举措，狠抓落实，集中力量完成打赢脱贫攻坚和补上全面小康“三农”领域突出短板两大重点任务，持续抓好农业稳产保供和农民增收，推进农业高质量发展，保持农村社会和谐稳定，提升农民群众获得感、幸福感、安全感，确保脱贫攻坚战圆满收官，确保农村同步全面建成小康社会。2021年，中共中央、国务院《关于全面推进乡村振兴 加快农业农村现代化的意见》，指出要把解决好“三农”问题作为全党工作的重中之重，把全面推进乡村振兴作为实现中华民族伟大复兴的一项重大任务，举全党全社会之力加快农业农村现代化，让广大农民过上更加美好的生活。2023年中央一号文件《中共中央国务院关于做好2023年全面推进乡村振兴重点工作的意见》，指出要坚持和加强党对“三农”工作的全面领导，坚持农业农村优先发展，坚持城乡融合发展，强化科技创新和制度创新，确保粮食安全，防止规模性返贫，扎实推进乡村发展、乡村建设、乡村治理等重点工作，加快建设农业强国，建设宜居宜业和美乡村。

建党以来特别是党的十八大以来，党和国家对“三农”问题给予了充分重视，出台了一系列惠农强农富农的政策措施，对有效地解决“三农”问题起到了重要的促进作用。这是一条城乡关系发展过程中的重要经验，在未来的城乡关系发展中，仍然要坚持好这条经验。根据第七次全国人口普查结果，我国还有约5.1亿的农村人口，占总人口比重超过36%，解决好“三农”问题，促进农民增收、农业增效、农村繁荣，仍然是未来中国共产党推动城乡协调发展的重要着力点。

第八章　中国城乡关系理论的意义和特色

中国城乡关系理论，是几代中国共产党人带领人民不懈探索实践的智慧和心血的结晶，它以马克思主义城乡关系理论为指导，坚持理论创新和实践创新，提出了城乡关系和谐发展的一系列正确思想，在马克思主义发展史和马克思主义中国化的历史上具有重要的理论价值，在中国革命建设改革历史上具有重要的实践价值。

一、中国城乡关系理论学理意义

中国城乡关系理论成功地指导了中国革命、建设和改革开放各个时期城乡关系的发展，城乡经济社会发生了巨大变化，城乡融合程度进一步提高，城乡之间的关系更加和谐，有力地证明了中国城乡关系理论的正确性。中国城乡关系理论发展了马克思列宁主义城乡关系思想，丰富了中国特色社会主义理论体系，在马克思主义发展史和中国经济社会发展史上占有重要地位。

（一）发展了马克思列宁主义关于重视农业基础地位的思想

马克思恩格斯等马克思主义经典作家非常重视农业的基础地位。马克思指出："农业劳动的这种自然生产是一切剩余劳动的基础。"[①] "超过劳动者个人需要农业生产率，是一切社会的基础。"[②] 马克思认为农业是其他产业的基础，只有解决好了农业发展的基本问题，才能保证经济社

① 马克思.资本论（第三卷）[M].北京：人民出版社，1975：713.

② 马克思恩格斯全集（第二十五卷）[M].北京：人民出版社，2016：88.

会的健康可持续发展。中国共产党继承马克思主义重视农业基础地位的思想，始终坚定不移地稳定农业的基础地位、促进农业的发展。毛泽东历来重视农业生产和农业发展，重视农业的基础地位。早在1934年，他就提出要把农业生产放在根据地“经济建设工作的第一位”[①]。1958年“大跃进”期间，毛泽东一再提醒不能因为抓工业、抓钢铁而丢掉了农业。毛泽东重视农业，源于他对农业重要性的思考。他认为农业关系到人民生活改善、社会稳定、工业发展、国防巩固等。毛泽东指出，工业化和国防巩固离不开农业。农业是工业原料、市场以及工业积累的重要来源，要工业化就要搞农业。要加强国防建设也要发展农业。只有农业发展了，才能生产大量农副产品和轻工原料，保证军队的需要，为加强国防建设提供充足的物资贮备。邓小平一贯坚持“以农业为基础”的思想。1962年，他在谈到恢复农业生产问题时指出：“农业搞不好，工业就没有希望，吃、穿、用的问题也解决不了。”[②] 1963年，在一次研究工业发展的会议上，邓小平强调：“按照农、轻、重的次序安排，从长远看会发展得快一些、好一些。我考虑，在一定时期内，我们工作的重点，必须按照以农业为基础的方针，适当解决吃、穿、用的问题。”后来，他又指出要实现四个现代化，关键是农业现代化。20世纪70年代中期，他刚恢复工作不久，就强调要首先抓好农业，确立以农业为基础、为农业服务的思想。在新的历史时期，邓小平根据国情并紧密结合改革开放和现代化建设的实际，深刻论述了农业问题的重要性与必要性。邓小平认为，农业的发展是整个国民经济的关键。农业的发展，是和农村与农民问题紧密联系在一起的。有了农业的发展，才有农村经济的发展，也才有农民的好日子。只有农村实现了现代化，全国的现代化才能最终实现。为此，邓小平进一步强调：我们必须把农业作为实现现代化的战略重点，真正从思想上重视发展农业。[③] 江泽民高度重视农业及其发展。早在20世纪90年代初期，江泽民就做出判断：如果经济出问题，很可能出在农业上，如果农业出问题，经济社会发展的全

① 毛泽东选集（第一卷）[M].北京：人民出版社，1990：131.

② 邓小平文选（第一卷）[M].北京：人民出版社，1994：322.

③ 农业是基础，始终要抓农业[N].广安日报，2018–4–27.

局就会受到严重影响。[①] 所以他强调，农业是国民经济的基础，必须坚持把加强农业放在首位，全面振兴农村经济。[②] 江泽民指出："农业、农村和农民问题，始终是一个关系我们党和国家全局的根本性问题。新民主主义革命时期是这样，社会主义现代化建设时期也是这样。"[③] "农业、农村和农民问题，关系着改革开放和社会主义现代化建设的大局，关系着党的执政地位的巩固，关系着国家的长治久安。"[④] 江泽民指出："没有农业的牢固基础，就不可能有我国的自立；没有农业的积累和支持，就不可能有我国工业的发展；没有农村的全面进步，就不可能有我国社会的全面进步；没有农村的稳定，就不可能有我国整个社会的稳定；没有农民的小康，就不可能有全国人民的小康；没有农业的现代化，就不可能有整个国民经济现代化"。[⑤] 2004年初，胡锦涛在中共中央政治局第十一次集体学习时指出，加强农业基础地位，高度重视并大力发展农业，是我们党一贯坚持的战略思想，农业是国民经济的基础，也是社会发展的基础。2004年5月19日，胡锦涛在联合国粮农组织第二十七届亚太区域大会开幕式上的致辞中说："农业是安天下的战略产业，对保证经济社会发展、改善人民生活、保持社会稳定，具有十分重要的基础作用。"[⑥] 胡锦涛指出，为了实现小康社会的目标，要"更多地关注农村，关心农民，支持农业，把解决好农业、农村和农民问题作为全党工作的重中之重，放在更加突出的位置，努力开创农业和农村工作的新局面。"[⑦] 对党的十八大以后，以习近平为核心的中央领导集体，更加关心和重视农业的重要性和基础地位，提出一系列促进农业优

① 江泽民文选（第一卷）[M].北京：人民出版社，2006：267–268.

② 江泽民文选（第一卷）[M].北京：人民出版社，2006：231.

③ 中共中央文献研究室.江泽民论中国特色社会主义[M].北京：中央文献出版社，2002：119.

④ 中共中央文献研究室.江泽民论中国特色社会主义[M].北京：中央文献出版社，2002：120.

⑤ 江泽民文选（第一卷）[M].北京：人民出版社，2006：231.

⑥ 胡锦涛.在联合国粮农组织第二十七届亚太区域大会开幕式上的致词[N].人民日报，2004–05–20.

⑦ 中共中央文献研究室.十六大以来重要文件选编（上册）[M].北京：中央文献出版社，2005：112.

先发展的理论观点和政策举措。习近平指出："农业是安天下稳人心的产业，始终是国民经济的基础。"[①] 农业是支撑人类生活的基础产业，是稳民心、安天下的一种战略产业，没有农业的稳固发展，就没有农民生活水平的提高；没有农业的发展作支撑，其他产业就得不到发展；没法保障国家的粮食安全，社会的稳定性就会动摇，因此在任何时候都要确保农业的基础地位不容动摇。习近平在2013年中央农村工作会议上强调，中国要强，农业必须强；中国要美，农村必须美；中国要富，农民必须富。农业基础稳固，农村和谐稳定，农民安居乐业，整个大局就有保证，各项工作都会比较主动。2015年习近平在吉林调研时强调，任何时候都不能忽视农业、忘记农民、淡漠农村。必须始终坚持强农惠农富农政策不减弱，推进农村全面小康不松劲。2018年习近平在中共中央政治局第八次集体学习时强调，要始终把解决好"三农"问题作为全党工作重中之重，明确思路，深化认识，切实把工作做好，促进农业全面升级、农村全面进步、农民全面发展。

（二）发展了马克思列宁主义关于正确处理工农业关系的思想

实行工农业并举，使工农业生产有机结合起来，消除城乡差别和对立，这是马克思恩格斯提出的实现城乡融合的重要途径。中国共产党继承马克思主义正确处理工农业关系的思想，结合中国城乡经济社会发展的实际情况，提出了许多正确处理工农业关系的理论观点和政策举措。毛泽东认为，我国是一个大农业国，农村人口占全国人口的百分之八十以上，发展工业必须和发展农业同时并举，绝不可以把工业和农业、社会主义的工业化和社会主义的农业改造分割和互相孤立起来，不能只强调一方面而减弱另一方面，必须实行工业与农业同时并举，逐步建立现代化的工业和现代化的农业。[②] 而要真正实现工农并举，必须处理好农业、轻工业和重工业之间的比例关系。他在《论十大关系》中指出，优先发展生产资料的生产，即优先发展重工业，是定了的战略，但是绝

---

① 习近平.之江新语[M].杭州：浙江人民出版社，2007：191.

② 毛泽东文集（第六卷）[M].北京：人民出版社，1999：432.

不可以忽视生活资料的生产，即农业和轻工业生产。[①] 邓小平指出，要通过工农业的相互支援促进城乡之间的互动。他强调，支援农业的工业不仅不能减少，而且要搞好；工业支援农业要落实到具体的政策中去；促进农业的现代化，是工业的重大任务；工业区、工业城市要带动附近农村，帮助发展小型工业，搞好农业生产。[②] 同时，农业发展了反过来又要支援农业，农副产品的增加，农村市场的扩大，农村剩余劳动力的转移，会强有力的推动工业的发展。[③] “在实现四个现代化的过程中……农业要发展，离不开工业，而工业的稳步发展也不可能没有农业。农业不发展，工业就没有市场；工业不发展，农业也就不可能迅速发展。”[④] “农业和工业，农村和城市，就是这样相互影响、相互促进，这是一个非常生动、非常有说服力的发展过程。”[⑤] 江泽民根据我国城乡经济社会发展的新阶段特征，指出当工业化发展到一定阶段以后，就有个“支援农业、武装农业”的问题，包括拿出一部分人力、物力、财力来支援农业。[⑥] 而这一阶段，农业、农村对工业和城市的支援则要改变过去单纯从农业和农村中汲取资金、资源的方式，转向以加快乡村市场开发步伐、为工业品提供广阔的市场为主。“我们有九亿人口在农村，农村是一个广阔的市场，拓展的潜力大得很，眼睛不能老盯在大中城市的市场上，有些产品城市市场饱和了，而农村市场还有很大的需求。关键是要鼓励一批企业，加紧生产那些农民群众所需要而又买得起的适销对路的产品。这要成为当前和今后相当长时期内开拓国内市场的一个重要指导思想。”[⑦] 胡锦涛根据我国城乡经济社会发展新阶段及其特征，提出城乡关系发展存在“两个趋向”的重要论断。他指出：“纵观一些工

① 毛泽东著作选读（下册）[M].北京：人民出版社，1986：721–723.

② 邓小平文选（第一卷）[M].北京：人民出版社，1994：326；邓小平文选（第二卷）[M].北京：人民出版社，1994：28；

③ 邓小平文选（第三卷）[M].北京：人民出版社，1993：376.

④ 中共中央文献研究室.邓小平年谱（1975—1997）(上)[M].北京：中央文献出版社，2004：419.

⑤ 邓小平文选（第三卷）[M].北京：人民出版社，1993：376.

⑥ 江泽民.论社会主义市场经济[M].北京：中央文献出版社，2006：105.

⑦ 江泽民文选（第二卷）[M].北京：人民出版社，2006：438.

业化国家发展的历程，在工业化初始阶段，农业支持工业、为工业提供积累是带有普遍性的趋向；但在工业化达到相当程度以后，工业反哺农业、城市支持农村，实现工业与农业、城市与农村协调发展，也是带有普遍性的趋向。”在2004年12月召开的中央经济工作会议上，胡锦涛再次强调，我国现在总体上已到了以工促农、以城带乡的发展阶段，我们应当顺应这一趋势，更加自觉地调整国民收入分配格局，更加积极地支持“三农”发展。“两个趋向”的重要论断是对马克思主义经典作家和三代领导集体关于工农、城乡关系的重大发展，为我国新时期制定以工促农、以城带乡的政策，顺利解决我国的三农问题，正确处理工业和农业之间的关系奠定了重要的思想理论基础。党的十八大以来，以习近平为核心的中央领导集体在我国社会主要矛盾发生转换的大背景下，提出要坚持农业农村优先发展，将解决“三农”问题作为乡村全面振兴、城乡全面融合的重要抓手，提出“工农互促、城乡互补”的发展理念，认为农业和工业应当实现有效互动，共同发展，融合发展，构建新型的工农关系和城乡关系。

（三）发展了马克思列宁主义关于城乡融合发展的思想

马克思恩格斯认为城市和乡村是和谐互动、融合共生的，不应把城市和乡村的发展割裂开来，应实现城乡的融合发展。城乡融合是城乡关系发展的终极目标。城乡融合对促进城乡健康发展、改变城乡面貌具有重要作用。马克思指出：“把城市和乡村生活方式的优点结合起来，避免二者的片面性和缺点。”① “只有通过城市和乡村的融合，现在的空气、水和土壤的污染才能排除，只有通过这种融合，才能使目前城市中病弱群众的粪便不致引起疾病，而被用作植物的肥料。”② 中国共产党在继承马克思恩格斯城乡融合发展的基础上，结合中国城乡社会发展实际，提出适合我国社会主义城乡关系发展的理论观点和政策举措。毛泽东对城乡关系进行了全新的思考，提出坚持以城市为中心，统筹城乡的

---

① 马克思.资本论（第三卷）[M].北京：人民出版社，1975：713.

② 马克思恩格斯文集（第九卷）[M].北京：人民出版社，2009：313.

工作方针。他指出，既不能因重视工业而轻视农业，也不能强调城市重要性而忽略乡村存在价值。必须“使工人和农民，使工业和农业，紧密地联系起来。绝不可以丢掉乡村，仅顾城市”[①]。1949 年 3 月在中国共产党七届二中全会上，毛泽东指出，未来“城乡必须兼顾，必须使城市工作和乡村工作，使工人和农民，使工业和农业，紧密地联系起来，绝不可以丢掉农村，仅顾城市，如果这样想，那是完全错误的”[②]，也就是从中国共产党掌握城市政权开始，就将城乡关系列为同样重要的地位而不偏废。为了破除城乡之间的对立，党中央提出“农业工业化，农民工人化，农村城镇化，农民市民化，消灭城乡空间分离”[③]，实施农村办工业，农民就地成为工人，实现工业产业下移，破除城乡间的对立，打破市民与农民的身份固化，促进城乡间融合。邓小平在毛泽东“城乡兼顾”思想的基础上，结合中国改革和现代化建设的实际深入思考城乡关系，提出“城乡互动”的理论观点和政策主张，他指出，“真正的社会主义道路就是要逐步缩小城乡差别”[④]。邓小平特别强调城乡之间的互动，他指出工业和工业区要附带农业，搞好城市以外的乡村小工业。要做到“把农村改革的经验带到城市”，“工业城市要带动附近农村”，形成“城乡互助，内外交流”。[⑤] 在加快改革开放步伐、加快社会主义现代化建设、建立和完善社会主义市场经济体制进程中，以江泽民为核心的中央领导集体，根据我国经济社会发展的实际情况，提出“城乡协调”发展理论观点和政策主张，着力解决城乡差距过大的问题。要求全方位多方面共同努力即重视“三农”的发展、加强工农业的相互支持、走中国特色城镇化道路等措施，缩小城乡之间的差距，实现城乡之间的协调发展等理论观点和政策主张，也丰富和发展了马克思列宁主义关于缩小城乡差距、促进城乡融合的思想。以胡锦涛为核心的中央领导集体进一

---

① 毛泽东著作选读（下册）[M].北京：人民出版社，1986：654.

② 毛泽东选集（第四卷）[M].北京：人民出版社，2009：1427.

③ 李军刚，王瑶.试析毛泽东城乡融合发展思想及其现实意义[J].长春工程学院学报（社会科学版），2019，1：1.

④ 中共中央文献研究室.邓小平年谱（1975—1997）（上）[M].北京：中央文献出版社，2004：115.

⑤ 李羚羊.邓小平城乡关系与中国现代化发展道路[J].毛泽东思想研究，2012，11：70.

步推进中国共产党城乡融合发展思想的理论创新和实践创新，进一步强调“三农”问题在推进城乡融合发展中的重要性，他指出：“必须统筹城乡经济社会协调发展，更多地关注农村、关心农民、支持农业，把解决好农村、农业和农民问题作为全党工作的重中之重。”[①] 提出工业反哺农业、城市支持农村以及多予少取放活的工作方针，积极推动以工促农、以城带乡，城乡发展一体化。着力推进中国特色城镇化建设，以大城市为依托、中小城市为重点，促进大中小城市和城镇化协调发展。党的十八大以来，以习近平为核心的中央领导集体，坚持解放思想实事求是的基本原则，与时俱进，大胆创新，强力推进城乡融合发展。积极推进以工促农、以城带乡的城乡融合发展战略。习近平指出，目前我国已经“到了工业反哺农业、城市支持农村的发展阶段”。[②] 要把“三农”问题放到更大的视野和格局中解决，“进一步强化工业反哺农业、城市带动乡村的政策举措”，坚持走城乡融合发展之路，在中国“没有提城市化，而是提城镇化，目的就是促进城乡融合”[③]。“通过建立城乡融合的体制机制，形成以工促农，以城带乡”，达到并实现“城乡居民基本权益平等化、城乡公共服务均等化、城乡居民收入均衡化、城乡要素配置合理化以及城乡产业融合化”[④]。

中国共产党对马克思列宁主义城乡融合发展思想的继承与创新不断与时俱进。中国共产党作为无产阶级政党，维护城市产业工人利益，求得无产阶级解放是其本质属性和要求。近代中国特殊国情，使得农民成为中国革命战争的主力军和党员最主要来源。这就出现了城市中工人阶级先锋队中国共产党所开展的革命运动要依靠乡村中的农民。早在土地革命战争时期以毛泽东为代表的中国共产党人就比较早地提出了“我们要了解乡村，也要了解城市，否则将不能适应革命斗争的需要”[⑤]。后在

① 中央农村工作会议[N].人民日报，2003-01-09(01).

② 习近平.健全城乡发展一体化体制机制 让广大农民共享改革发展成果[J].中国党政干部论坛，2015，06：1.

③ 习近平谈治国理政(第三卷)[M].北京：外文出版社，2020：260.

④ 习近平.健全城乡发展一体化体制机制 让广大农民共享改革发展成果[J].中国党政干部论坛，2015，06：1.

⑤ 毛泽东选集(第一卷)[M].北京：人民出版社，1991：114.

《论联合政府》和七届二中全会报告中强调从农村走向城市，必须城乡兼顾。特别是《论十大关系》中强调正确借鉴苏联经验，避免苏联经验中一些不适合中国国情的问题，提出以工业为主导、农业为基础、“农轻重”协调发展的城乡关系发展之路。改革开放以来邓小平从乡村着手、通过发展城乡生产力、改革经济体制、建立社会主义市场经济、扩大对外开放等措施解决城乡关系发展中的根本问题，使得城乡在经济、社会、区域上协调发展。随着改革的深入，江泽民着重提出了通过重视“三农”问题、加强城镇化建设等措施缩小城乡差别的战略举措。胡锦涛提出了“城乡一体化”的思路，为推进城乡协调发展指明了方向。进入中国特色社会主义新时代，习近平从中国社会主要矛盾发生深刻变化的判断出发，提出了建立以要素流动为主要特征的城乡融合发展体制机制，推动乡村振兴战略、实现城乡融合发展等战略举措，极大地促进了城乡经济社会的协调发展。这一系列的思想、理论、政策都具有一脉相承性，具体指导随着发展而出现的城乡关系变化现实，最终在城乡关系的指向上强调彼此融合而不是分离。

（四）丰富了中国特色社会主义理论体系

中国特色社会主义理论体系是包括邓小平理论、“三个代表”重要思想、科学发展观和习近平新时代中国特色社会主义思想在内的科学理论体系。中国特色社会主义理论体系是一个逻辑严密、系统完备的有机整体，是改革开放以来中国共产党在治国理政中形成的集体智慧和经验总结，是推进中国特色社会主义事业不断从胜利走向胜利，并展现光明前景的强大思想武器。邓小平、江泽民、胡锦涛和习近平关于城乡关系的重要论述，是中国特色社会主义理论的重要组成部分，丰富和完善了中国特色社会主义理论体系。

邓小平、江泽民、胡锦涛和习近平关于城乡关系重要论述始终以中国特色社会主义的内在发展规律为出发点，始终坚持科学社会主义理念，在继承毛泽东关于城乡关系思想的基础上不断进行创新和发展，形成了中国特色社会主义城乡关系理论。邓小平指出建设有中国特色的城乡发展道路，既不能照抄马克思主义的基本原理，也不能照搬别国的发展模式，而应结合中国的实际情况，在思考中国城乡关系协调发展过程中，注重实事求是，并大胆地解放思想。邓小平指出，城乡改革是一场深刻的社会变革，涉及的范围广，工作难度大，因此要正确认识城乡改革的风险和阻力，立足实际大胆地创，大胆地试，在尊重规律的基础上，探索中国特色的城乡发展道路。以邓小平为核心的中央领导集体，积极推进城乡经济社会改革，大力发展城乡社会生产力，正确处理城乡、工农之间的关系，城乡面貌发生了巨大变化，形成了邓小平城乡关系思想，丰富了邓小平理论体系，为开创中国特色的城乡关系思想奠定了理论基础。十三届四中全会后，以江泽民为核心的中央领导集体面临改革的繁重任务和国内外严峻形势，立足于社会主义初级阶段，以实现全面建设小康社会为目标，确立社会主义市场经济模式，不断深化城乡经济体制改革，积极发展小城镇，统筹城乡经济社会发展，形成了江泽民城乡关系思想，丰富了“三个代表”重要思想的内容。十六大以来，胡锦涛继承邓小平城乡互动思想和江泽民城乡均衡发展思想的精髓和要义，全面推进城乡关系发展的理论创新和实践创新，进一步强调农业的基础地位和战略意义，提出建设社会主义新农村和走中国特色的城镇化道路，提出五个统筹新的发展理念，并将统筹城乡列为五个统筹的首位，形成了胡锦涛城乡关系思想，丰富了科学发展观的理论体系。十八大以后，以习近平为核心的中央领导集体进一步推进城乡关系发展的理论创新和实践创新，提出一系列重要的理论观点和政策举措。习近平以中国社会主要矛盾的变迁为基本出发点，以实现城乡关系在政治、经济、文化、社会、生态等五位一体的全面融合为目标，提出了城乡融合发展的新发展理念，实施乡村振兴战略和以人为本的新型城镇化，进一步推进城乡经济社会体制机制改革，实现了城乡关系发展的新境界，开拓了城乡关系发展的新思路，实现了马克思主义城乡关系思想和中国城乡关系理论在新时代的新超越、新升华，丰富了习近平新时代中国特色社会主义理论体系。

二、中国城乡关系理论的实践意义

中国城乡关系理论在创造性地继承和发展马克思主义城乡关系理论的基础上，深刻思考中国城乡关系发展问题，积极进行城乡发展社会实践，积累了丰富的理论成果和实践经验，为中国树立正确的城乡关系发展理念提供了指导思想，为解决中国城乡关系发展的现实问题提供了行动指南，为促进中国城乡关系的不断协调发展提供了根本方向。

（一）中国城乡关系理论是中国树立正确城乡关系发展理念的指导思想

中国城乡关系理论是一代又一代中国共产党人，结合自己所处的时代特征，从城乡关系发展的全局出发，着眼于创新城乡关系发展理念、丰富城乡关系发展内容、开拓城乡关系发展思路、破解城乡关系发展难题而提出来的，是中国共产党对马克思主义城乡关系思想的继承、丰富和发展。

首先，中国城乡关系理论揭示了中国城乡关系发展的本质与核心。中国城乡发展的本质和核心是以人为本、满足人的需要、实现人的自由全面发展。马克思主义认为，人的发展的最高境界是人的自由全面发展，是人的本质的真正实现。“人的自由全面发展”是马克思的重要理论观点。在《1844年经济学哲学手稿》中，马克思以共产主义理论为基础，阐述了人的全面发展思想。马克思认为，人的发展是“人以一种全面的方式，也就是说，作为一个完整的人，占有自己的全面的本质”。[①] 马克思在《关于费尔巴哈的提纲》中指出，“人的本质不是单个人所固有的抽象物，在其现实性上，它是一切社会关系的总和”。[②] 毛泽东继承马克思以人为本思想，把人民满意、对人民负责作为党的工作的唯一标准。他明确告诫政府人员：“我们的责任是向人民负责。每句话，每

① 马克思.1844年经济学哲学手稿[M].北京：人民出版社，1979：78.

② 马克思恩格斯选集（第一卷）[M].北京：人民出版社，1995：18.

个行动，每项政策，都要符合人民的利益。”[①] “应该使每个同志明了，共产党人的一切言论行动，必须以合乎最广大人民群众的最大利益，为最广大人民群众所拥护为最高标准。”[②] 邓小平在接受外国媒体采访时动情地说：“我是中国人民的儿子，我深情地爱着我的祖国和人民。”[③] 邓小平提出的“三个有利于”中，将“是否有利于提高人民的生活水平”[④] 作为所有标准中最高的、最终极的标准，集中体现了邓小平的人本主义思想。“三个有利于”要求以人民为评价主体，以人民的利益、人民的权利、人民的价值为最高评价标准，千百万人民群众的实践是检验真理的唯一标准。他尊重群众，热爱人民，关注最广大人民的利益和愿望，把人民拥护不拥护、赞成不赞成、高兴不高兴、答应不答应作为制定各项政策和方针的出发点和归宿。邓小平说：“生活水平究竟怎么样，人民对这个问题感觉敏锐得很，我们上面怎么算账也算不过他们，他们那里的账最真实。”[⑤] 邓小平正是从人民价值主体的原则出发，要求国家工作人员向人民群众负责，把人民群众的利益摆放在首要地位，想人民之所想，急人民之所急，解人民之所难。他强调坚持从人民利益出发，“对人民负责”，“为人民造福”，“取信于民”，“甘为人民公仆”，这些思想始终是我们党的宝贵财富，是我们党执政的指导思想。江泽民同样坚持人民观，把人民利益放在一切工作的首位。2022年5月在四川调研时指出，各级领导干部一定要牢记全心全意为人民服务的宗旨，树立强烈的公仆意识，深怀爱民之心，恪守为民之责，善谋富民之策，多办利民之事。在“三个代表”重要论述中，江泽民强调我们党要始终代表中国最广大人民的根本利益，他指出党的理论、路线、纲领、方针、政策和各项工作，必须坚持把人民的根本利益作为出发点和归宿，充分发挥人民群众的积极性主动性创造性，使人民群众不断获得切实的经济、政治、文化利益。党的十六大以来，以胡锦涛为核心的中央领导集体同样牢记

① 毛泽东选集（第四卷）[M].北京：人民出版社，1991：1128.
② 毛泽东选集（第三卷）[M].北京：人民出版社，1991：1096.
③ 我是中国人民的儿子，我深情地爱着我的祖国和人民 [N].广安日报，2018-1-2.
④ 邓小平文选（第三卷）[M].北京：人民出版社，1993：355.
⑤ 邓小平文选（第三卷）[M].北京：人民出版社，1993：355.

为人民服务的宗旨，为人民谋取利益。2003年7月，胡锦涛在赴西柏坡参观调研时，发表了重要讲话，在讲话中深刻阐述了他的“人民观”和执政为民思想。他指出：“三个代表”重要思想的本质是立党为公，执政为民。怎样实践执政为民？首先是“两个树立”“四个做到”，即：要牢固树立全心全意为人民服务的思想和对人民负责的精神，做到心里装着群众，凡事想着群众，工作依靠群众，一切为了群众。其次，就是他那著名的坚持“权为民所用，情为民所系，利为民所谋”。最后，要达到“三为”，就要做到为群众诚心诚意办实事，尽心竭力解难事，坚持不懈做好事。

习近平总书记在《之江新语》中指出：“人，本质上就是文化的人，而不是‘物化’的人；是能动的、全面的人，而不是僵化的、‘单向度’的人。”站在新的历史起点上，习近平新时代中国特色社会主义思想为推动人的全面发展提供了科学理论指导。习近平新时代中国特色社会主义思想明确新时代我国社会主要矛盾是人民日益增长的美好生活需要和不平衡不充分的发展之间的矛盾，强调必须“坚持人民主体地位”“人民对美好生活的向往，就是我们的奋斗目标”“我们任何时候都必须把人民利益放在第一位，把实现好、维护好、发展好最广大人民根本利益作为一切工作的出发点和落脚点”“不断保障和改善民生，促进社会公平正义，在更高水平上实现幼有所育、学有所教、劳有所得、病有所医、老有所养、住有所居、弱有所扶，让发展成果更多更公平惠及全体人民，不断促进人的全面发展，朝着实现全体人民共同富裕不断迈进”。习近平新时代中国特色社会主义思想的人民主体的价值追求与马克思关于人的全面发展学说本质相通，是对无产阶级作为解放主体这一马克思主义解放思想的再次确认和创造性发展，更是我们党“全心全意为人民服务”根本宗旨的生动体现。

其次，中国城乡关系理论指出中国城乡关系必须协调融合共同发展，规范了中国城乡关系发展的路径。毛泽东在处理城乡关系时，十分重视城乡兼顾和城乡融合发展，进行了一系列的理论和实践探索。他注重工农结合，注意发挥两大阶级的作用，强调工农群体之间的融合；注重农业的基础地位和工业的主导作用，追求产业融合发展；强调必要的价值规律，促使城乡商品有效融合流通；促进社会保障均衡发展，改变了乡村社会发展落后的面貌，实现社会保障体系融合。改革开放以来，以邓小平为核心的中央领导集体，在推进城乡关系协调融合发展方面进行了一系列的改革，如改革人民公社体制、实行家庭联产承包责任制、通过市场机制促进城乡之间商品自由流通，鼓励发展乡镇企业等，这些举措为城乡关系的融合发展创造了条件，促进了城市和乡村之间的同向同行。党的十三届四中全会后，以江泽民为核心的党中央着眼于中国发展大局，着重于扭转城乡差别扩大的趋势，在差异中寻求城乡均衡发展。发挥政府和市场双重作用，积极推进小城镇建设，加快农村剩余劳动力转移步伐，解决农村发展深层次矛盾，推动城乡关系协调发展。十六大以来，在城乡关系问题上党中央坚持以人为本，坚持科学发展，统筹城乡，加强城镇化建设，缩小城乡差距，强调以工促农、以城带乡，推进城乡一体化发展。进入中国特色社会主义新时代，以习近平为核心的中央领导集体，从社会主要矛盾发生深刻变化的背景出发，提出城乡融合发展战略。提出要"通过建立城乡融合的体制机制，形成以工促农，以城带乡"，达到并实现"城乡居民基本权益平等化、城乡公共服务均等化、城乡居民收入均衡化、城乡要素配置合理化，以及城乡产业融合化。"[①] 总之，要以城市发展的优势来提升城乡居民的公共服务能力，促进城乡要素自由流动和平等交换，解决好"三农"问题，最终实现城乡全面融合。

再次，中国城乡关系理论阐述了推进城乡协调融合发展的科学方法，即统筹协调，全面推进。中国在推进城乡关系发展过程中，一方面重视构建城乡共生关系，促进城乡人口双向自由迁徙，推动资源要素在城乡之间双向流动，实现人与自然和谐共生。另一方面，重视构建城乡统筹的空间规划体系，完善农村资源增值收益分配机制，建立健全农业支持政策体系。从推动城乡要素配置合理化、产业发展融合化、公共服务均等化、基础设施联通化、居民收入均衡化等方面入手，推进城乡协调融合发展，实现城市与农村携手并进，互利共赢。

① 习近平．健全城乡发展一体化体制机制 让广大农民共享改革发展成果[J]．中国党政干部论坛，2015（6）：1.

（二）中国城乡关系理论是解决城乡关系现实问题的行动指南

中国是一个农业人口大国，同时也是一个发展中的国家，因此如何解决好“三农”问题、正确处理城乡关系始终是党和国家面临的一个重大而棘手的问题。城乡发展不平衡、城乡差距、城乡居民收入差距、城乡公共服务水平差距等这些制约城乡关系协调发展的问题，一直在困扰我国经济社会的健康发展，过去是这样，现在以至以后相当一段时期仍然是这样。建党以来，党和国家就解决这些问题提出了一系列理论观点和政策措施，促进了城乡关系的改善，取得了较为明显的成效。换句话说，中国城乡关系理论就是在解决我国各个历史时期城乡关系现实问题的过程中逐步形成的。中国城乡关系理论坚持问题导向，勇敢地面对各种挑战，解决了一个又一个城乡关系发展中的矛盾和问题，为城乡关系协调发展指明了方向。新中国成立初期，以毛泽东为核心的中央领导集体，针对党的工作重心转移到城市后忽视农村的问题，提出城乡必须兼顾的思想；针对工业过度集中在城市、与农村隔绝的问题，提出“农业工业化、农民工人化、农村城镇化、农民市民化”的政策主张；针对工业化过程中重工业畸形发展的问题，提出要正确处理重工业与农业、轻工业的关系的思想；针对农村社会保障体系薄弱的问题，提出“把医疗卫生工作的重点放到农村去”[①]以及“村村有小学、乡乡有初中”的卫生和教育工作方针。十一届三中全会以后，以邓小平为核心的中央领导集体站在中国社会主义现代化建设新的发展阶段思考城乡关系发展问题，针对我国城乡二元分割体制的弊端，提出了改革城乡经济体制，改革人民公社体制，实行家庭联产承包责任制，发展社会主义市场经济；针对城乡、工农之间相对分割的问题，提出“城乡互动”的思想，促进“城乡互助，内外交流”。[②]党的十三届四中全会后，以江泽民为核心的中央领导集体，着眼于中国经济社会发展大局，进一步促进城乡关系和谐发展。针对城乡发展差距扩大的问题，提出城乡均衡发展的思想；

① 姚力.“把医疗卫生工作的重点放到农村去”——毛泽东“六·二六”指示的历史考察[J].当代中国史考察，2007（3）：99.

② 李羚羊.邓小平城乡关系与中国现代化发展道路[J].毛泽东思想研究，2012，11：70.

针对农村落后于城市、农业落后于工业的问题，提出工业支持农业以及发展小城镇的理论观点和政策举措。党的十六大以来，以胡锦涛为核心的中央领导集体审时度势，准确判断我国经济社会发展的阶段特征，提出正确的城乡关系思想。针对我国城乡经济社会发展脱节的问题，提出统筹城乡发展的思想；针对农业农村发展薄弱的问题，提出以工补农、以城带乡、推进城乡一体化发展的发展战略；针对城乡差距过大的问题，提出走中国特色的城镇化道路，促进大中小城市和小城镇的协调发展。十八大之后，以习近平为核心的中央领导集体进一步解放思想，与时俱进，不断加大推进城乡关系和谐发展的力度，采取强有力的政策措施，使城乡关系朝着和谐融合的方向顺利推进。针对城乡发展不平衡和农村发展不充分的问题，提出以工促农、以城带乡的城乡融合发展战略；针对城乡市场分割、城乡收入差距和公共服务水平差距较大、城乡产业融合度较低等问题，提出推进“城乡居民基本权益平等化、城乡公共服务均等化、城乡居民收入均衡化、城乡要素配置合理化，以及城乡产业融合化”的工作方针。另外，中国城乡关系理论对避免城乡关系发展中的曲折和偏差、澄清有关对城乡关系发展的错误认识和判断也具有重要的作用。

（三）中国城乡关系理论是引导城乡关系未来协调发展的根本指针

中国共产党城乡关系思想不仅是解决每个历史时期城乡关系发展现实问题的行动指南，而且对每个历史时期未来城乡关系发展具有重要的指导作用。中国共产党城乡关系思想不仅具有重要的现实意义，而且具有深远的历史意义。具体讲，毛泽东在社会主义建设初期提出的城乡兼顾，正确处理重工业与农业、轻工业的关系，工农结合，社会保障均衡发展，共同富裕，农业现代化，农业机械化等理论观点和政策措施，虽然是根据当时的城乡关系发展实际提出的，着重解决当时城乡关系发展中存在的主要问题，但是这些思想对后来我国城乡经济社会的发展也起到了重要的促进作用。同样，邓小平在改革开放时期提出的城乡互动、工业支援农业、城乡互动和内外交流，建立市场机制，改革城乡经济体制机制等理论观点和政策措施，在解决当时城乡关系发展现实问题的同时，也为未来的城乡关系发展提供了思想基础和理论保障。党的十三届四中全会后，以江泽民为核心的中央领导集体，从我国城乡经济社会发展阶段性特征出发，提出了城乡均衡发展、城乡共同富裕、工业科技支农、小城镇建设等理论观点和政策措施，既解决了当时城乡发展中存在的问题，也为后来的城乡协调发展提供了理论指导。党的十六大之后，以胡锦涛为核心的中央领导集体，对我国城乡关系发展趋势进行正确判断，提出城乡科学发展、统筹发展，以工促农、以城带乡，推进城乡一体化发展，工业反哺农业、城市支持农村，坚持多予少取放活等理论观点和政策举措，这些理论和政策对解决当时的城乡关系发展问题和指导未来城乡关系发展均起到了重要作用。十八大以来，以习近平为核心的中央领导集体，深刻思考我国城乡发展面临的主要矛盾、存在的主要问题，提出了推进我国城乡关系发展的新理论、新思路和新方向。习近平指出，要坚持以人为核心的新型城镇化促进城乡关系和谐发展，要坚持城乡统筹推动乡村振兴实现城乡关系融合发展，要坚持要素、产业、生态、文化全方位融合促进城乡各项事业全面繁荣发展。这些理论观点和政策举措不仅对缓解我国当前紧张的城乡关系提供了指导，而且对未来城乡关系的融合发展指明了方向。

三、中国城乡关系理论及其政策的主要特色

中国在革命建设和改革开放各个历史时期，始终坚持解放思想、实事求是、与时俱进、求真务实，坚持马克思主义城乡关系理论指导，坚持社会主义基本原则，勇敢推进理论创新、实践创新和制度创新，不断赋予中国特色社会主义城乡关系理论以鲜明的实践特色、理论特色、民族特色和时代特色，形成了中国特色社会主义城乡关系发展道路、理论和制度等，彰显了中国特色社会主义城乡关系理论的鲜活生命力，促进城乡经济社会健康发展。

(一)中国城乡关系理论的实践特色

实践性是马克思主义最显著的属性。马克思主义作为科学的世界观和方法论，与历史上任何一种理论体系相比，最大的特点就是把社会实践作为理论的最终来源，坚持在实践中检验，致力在实践中创新，不断在实践中发展。实践性是马克思主义城乡关系理论区别于其他城乡关系理论的显著特征。实践第一是中国共产党城乡关系理论和思想的集中表现。马克思说："哲学家们只是用不同的方式解释世界，而问题在于改变世界。"① 中国城乡关系理论秉承并凸显马克思主义实践品质，来源于实践，检验于实践，发展于实践。实践性贯穿于中国城乡关系发展全过程，融入中国城乡关系理论的灵魂之中。中国城乡关系理论从来没有满足于为未来城乡社会建构一个美丽的乌托邦蓝图，而是始终探索和寻求建设美好城乡社会的具体道路。中国城乡关系理论强调尊重实践，依靠实践，从来不唯书，不唯上，把实践作为城乡发展的根本动力，把实践作为检验城乡发展好坏的唯一标准，在实践中总结经验、修正错误，从实践中汲取营养，不断获得成长。

中国共产党提出的一系列城乡关系发展理论、制度、政策，无一不是在中国特色社会主义城乡关系发展的生动实践中逐渐形成、丰富和发展起来的。毛泽东说过，"草鞋没样，边打边象"，讲的就是要注重实践，在实践中学，在实践中摸索。革命战争时期，毛泽东提出的"打土豪、分田地"的土地方针和政策、建立农村革命根据地、农村包围城市最后夺取城市政权的革命路线以及社会主义建设初期在《论十大关系》中提出的社会主义建设路线等都是以毛泽东为代表的中国共产党人，经过反复的实践甚至付出惨痛的代价以后，才总结和提炼出来的正确思想和主张。邓小平在改革开放之初没有多少成功经验和现成理论可借鉴的情况下，解放思想，大胆探索，"摸着石头过河""大胆地试""大胆地创"，通过实践寻求正确的发展道路，探索城乡经济社会发展规律。以邓小平为核心的中央领导集体带领人民推行农村家庭联产

① 马克思恩格斯全集(第21卷)[M].北京：人民出版社，2003：412.

承包制改革、城市国有企业改革、发展乡镇企业和小城镇、创办经济特区、实行“一国两制”等都是坚持解放思想实事求是的原则、“边试边创”、努力实践的结果。党和国家在处理城乡关系的实践中，非常重视人民群众的实践，将实践观点与群众观点相结合，突出人民群众实践主体的作用，尊重人民群众的首创精神。坚持从群众中来、到群众中去的根本工作路线，在深入群众、深入实践中推动城乡经济社会发展，促进城乡关系之间的协调。江泽民讲过，好办法从哪里来呢？不是从天上掉下来的，也不是我们头脑里固有的，归根到底来自于人民群众创造历史的丰富多彩的实践。胡锦涛也强调，尊重人民实践、从人民的伟大创造中汲取思想营养并上升为理论，是我们党进行理论创新的不竭源泉。江泽民、胡锦涛在继承毛泽东思想和邓小平理论的基础上，结合我国经济社会发展的实践，针对我国经济社会发展存在的问题，提出“三个代表”和科学发展观的党的指导思想，作出全面建设小康社会的新部署，提出统筹城乡发展、工业反哺农业、城市支持农村等方针政策，为推进我国城乡关系的协调发展起到了重要的作用。党的十八大以来，以习近平为核心的中央领导集体，更加强调发扬党的解放思想实事求是的优良传统和做法，更加强调尊重实践和依靠实践，更加强调广大人民群众的实践和创造，他指出，“社会主义是干出来的”，社会主义是全国各族人民用勤劳、智慧、勇气和实践创造出来的。在中国特色社会主义发展新时代，以习近平为核心的中央领导集体与时俱进，勇于实践，适应世界经济社会发展潮流，紧密结合我国经济社会发展实际，认真总结经济社会发展实践经验，提出城乡一体化发展、城乡共享发展和城乡融合发展等新思想和观点，全力推进扶贫攻坚工作和全面建设小康社会，取消了运行上千年的农业税，实行农村承包地“三权”分置改革，实施乡村振兴战略，推进社会主义新农村的建设等，极大地改变了城乡分割、隔绝的状态，城乡经济社会发展取得了巨大成就。中国城乡关系理论正是中国共产党带领人民群众积极实践、努力探索、不断总结和提炼出来的。

中国城乡关系理论充满着实践智慧，它“凝结了几代中国共产党人带领人民不懈探索实践的智慧和心血”[①]。从建党以来百年一以贯之的接力探索中，党和人民坚定不移地高举中国特色社会主义伟大旗帜，坚持解放思想实事求是的基本原则，立足国情，依靠实践，既没有僵化地照搬各种城乡关系经典理论，也没有复制任何国家城乡关系的发展模式，在独立自主的探索实践中，成功应对自身城乡关系发展的各种问题，妥善处理城乡关系发展中的诸多矛盾，不断消除分离和对立，促进城乡关系协调发展。并对实践中的做法和经验不断进行总结和升华，形成具有中国特色的马克思主义城乡关系思想和理论。由此可见，中国城乡关系理论既不是从书斋里空想出来的，也不是从空想的概念和范畴演绎出来的，而是直接来自于中国特色社会主义城乡关系发展的伟大实践。离开了城乡关系发展的实践，就谈不上中国城乡关系理论的形成。实践永无止境，中国城乡关系理论会随着中国特色社会主义的不断发展，其实践特色必然会不断丰富。

（二）中国城乡关系理论的理论特色

毛泽东指出，实践中是要出道理的。走中国特色社会主义城乡发展道路，当然要有符合中国发展实际的理论和道理。中国共产党历来高度重视理论问题，坚持把马克思主义基本原理同中国实际相结合，不断丰富和发展马克思主义。党的十七大报告指出：“改革开放以来我们取得一切成绩和进步的根本原因，归结起来就是：开辟了中国特色社会主义道路，形成了中国特色社会主义理论体系。”[②]同样道理，中国革命、建设和改革开放各个历史时期城乡发展取得的巨大成就，也是在中国正确的城乡关系理论指导下取得的。自建党以来，中国先后形成了包括毛泽东“城乡兼顾”理论、邓小平“城乡互动”理论、江泽民“城乡协调”理论、胡锦涛“统筹城乡发展”理论和习近平“城乡融合发展”理论等重大战略思想在内的中国特色社会主义城乡关系理论体系，系统地回答了“建立怎样的城乡关系、如何正确处理城乡关系”等重大实际和理论

---

① 十七大以来重要文献选编（上）[M].北京：中央文献出版社，2009：9.

② 十七大以来重要文献选编（上）[M].北京：中央文献出版社，2009：8.

问题。在处理城乡关系的思想路线、发展道路、发展阶段、根本任务、发展动力、发展战略、依靠力量、领导力量等方面形成一系列理论成果。中国城乡关系发展的理论创新，突出了“老祖宗不能丢”与“讲新话”的统一。

一方面，中国城乡关系理论以马克思主义世界观和方法论为指导，坚持了马克思主义基本原理，体现了马克思主义的立场、观点和方法，与马克思主义城乡关系思想是一脉相承的思想体系。马克思恩格斯运用历史唯物主义的方法，系统阐述了城乡分离、城乡对立产生的原因及其历史进步性，对资本主义条件下城乡对立、城乡差别进行了深刻批判，并提出消灭城乡差别、城乡对立以及实现城乡融合的条件和途径。马克思主义城乡关系思想中的许多观点和论断在中国城乡关系理论中都有借鉴和应用，马克思主义城乡关系理论和思想对中国城乡关系理论的形成和发展具有重要的启发作用。

另一方面，中国城乡关系理论，坚持实事求是的原则，强调理论联系实际，推进理论创新。求真务实是中国城乡关系理论的集中表现。中国城乡关系理论是实事求是的理论，强调理论联系实际，一切从实际出发，认为任何理论，只有符合本国的实际才是正确的。只有紧密联系实际的理论，才能发挥巨大的指导和引领作用。因此，中国城乡关系理论从一开始就强调将马克思主义城乡关系理论与中国的实际相结合，注重观察、分析和解决中国城乡经济社会发展中的实际问题，探索符合中国国情的社会主义城乡关系发展道路。同时中国城乡关系理论是开放、发展的理论，它反对僵化，提倡创新，在坚持马克思主义不动摇的同时，更强调必须根据中国革命、建设和改革开放的实践不断推进理论的创新和发展；它反对封闭，提倡开放，在坚持科学社会主义基本原则的同时，强调要充分借鉴人类文明的优秀成果，不断丰富和发展中国城乡关系理论。这也正是中国城乡关系理论始终具有强大活力和旺盛生命力的根本。

另外，中国城乡关系理论的理论特色还表现在它的方法的科学性。首先，中国城乡关系理论坚持马克思主义实事求是的方法论原则。实事求是是马克思主义运用历史唯物主义观点分析研究问题的一个重要方法，中国共产党升华了“实事求是”思想，提出了“解放思想、实事求是”的中国城乡改革发展方法论原则。邓小平指出：“我们改革的成功，不是靠本本，而是靠实践，靠实事求是。”[①] 胡锦涛曾经在《纪念真理标准讨论二十周年座谈会上的讲话》中指出，必须坚持解放思想、实事求是、与时俱进，从理论和实践的结合上不断研究新情况、解决新问题，不断有所发现，有所创造，有所前进。[②] 其次，中国城乡关系理论充分运用马克思主义辩证法思想。中国共产党历届中央领导集体始终坚持运用马克思主义辩证法思想，强调要实现城乡经济社会的协调发展，认为在互利共荣的城乡系统中，无论是城市还是农村、工业还是农业都有它独有的价值，要注意城乡之间和工农之间的互补和相互支持，实现城乡一体化和融合发展。城乡协调不仅包括城市和乡村在经济方面的协调发展，也包括在政治、文化、社会、生态等方面的协调发展；不仅包括城乡之间的协调，也包括城乡内部的协调发展；不仅要注重城乡发展的重点，也要注意发展重点与其他方面的协调发展。中国城乡关系理论完美地诠释了马克思主义的辩证法思想。中国共产党领导全国人民在推进城乡关系发展实践中不仅取得了举世瞩目的伟大业绩，而且在理论上形成了系统的、创新的伟大成果，实现城乡关系发展实践和理论上的双丰收。

（三）中国城乡关系理论的民族特色

马克思主义民族化是一个重大的课题。马克思恩格斯在谈到《共产党宣言》时指出，这些原理的实际运用“随时随地都要以当时的历史条件为转移”[③]。“随地”就是民族化，马克思主义只有与各个民族、各个国家的实际相结合，才能发挥应有的指导作用。中国具有极为特殊的国情和历史，既不同于孕育马克思主义的西欧，也不同于孕育列宁主义的俄国。中国的革命和建设具有鲜明的民族特色。以毛泽东、邓小平、江

---

① 邓小平文选（第三卷）[M].北京：人民出版社，1993：382.

② 胡锦涛.在纪念真理标准讨论二十周年座谈会上的讲话（1998年5月8日）[N].杭州日报，1998，5（11）：3.

③ 马克思恩格斯文集（第二卷）[M].北京：人民出版社，2009：5.

泽民、胡锦涛、习近平为代表的一代又一代的中国共产党人，把马克思主义城乡关系理论同中国的实际情况相结合，提出了中国化了的马克思主义城乡关系思想，开辟了符合中国国情的城乡关系发展道路，促进了城乡经济社会的健康发展。

中国特色在地域意义上就是民族特色。世界历史上任何伟大的理论，都反映着既定民族的社会状况、生活方式和价值观念，都蕴含着一定的民族形式、民族风格和民族气派。中国特色社会主义城乡发展道路之所以完全正确，之所以能够引领城乡经济社会发展进步，关键就在于我们既坚持了科学社会主义基本原则，又根据我国实际和时代特征赋予其鲜明的中国特色。中国城乡关系理论扎根中国社会，立足中国国情，切合中国实际，富有民族特色。中国共产党在不同历史时期，提出的诸如“城乡兼顾”“城乡互动”“城乡协调”“城乡统筹发展”“城乡一体化发展”以及“城乡融合发展”等城乡关系思想，都是根据那个时期经济社会发展的实际情况，着眼于解决当时城乡社会发展面临的矛盾和问题，不断总结城乡社会发展的经验的结果。它具有中国特色、民族特点和深厚的中国文化底蕴，体现中华民族的思维理念、行为方式和价值追求。

丰富中国城乡关系理论的民族特色，必须坚持从当代中国城乡关系发展的实际情况出发，要以城乡关系融合发展目标为导向，把马克思主义城乡关系理论与中国城乡关系发展的实际情况结合起来，着眼于解决中国城乡经济社会发展中的重要问题和矛盾，总结人民群众在城乡关系发展实践中积累的独创性经验。要致力于从中国优秀文化中汲取营养，把马克思主义与中国文化结合起来，在不断融合中实现不断创新。需要指出的是，不能将民族特色与世界潮流隔离开来，更不能对立起来。赋予中国城乡关系理论的民族特色，绝不意味着要置身于世界潮流之外，相反必须密切关注世界文明的发展趋势，将中国特色与世界眼光密切结合，重视从世界与中国的双重维度去观察、思考和解决问题，善于吸收不同文明中科学、进步的合理成分，使中国城乡关系理论兼具民族特色和时代特色。

（四）中国城乡关系理论的时代特色

与时俱进是马克思主义的理论品质。一切划时代的理论体系的真正内容都是由于这些体系的那个时期的需要而产生出来的。恩格斯指出："我们的理论是发展着的理论，而不是必须背得烂熟并机械地加以重复的教条。"[①] 城乡关系问题在每个时代的性质不同，表现也会有所不同，准确把握和解决这些问题，就要实现理论的与时俱进，不断赋予理论时代特色。中国城乡关系理论具有鲜明的时代性。中国城乡关系理论是在不断解决当代中国城乡关系发展现实问题的过程中发展和成熟起来的，既把握规律性，具有创新性，也体现时代性。正确判断时代特征，准确把握发展趋势，科学制定目标任务，是中国共产党城乡关系思想的重大问题。

中国城乡关系理论的时代特色，集中体现于中国特色社会主义城乡关系理论的世界观和时代观。具体表现为：第一，中国城乡关系理论面向世界。中国城乡关系理论反对闭关锁国，强调要主动融入世界经济，加入国际经济大循环，把对外开放作为加快中国城乡发展、改善城乡关系的重要途径；它反对自我满足、自我陶醉，坚持面向世界、面向全球，用世界眼光看待中国城乡发展取得的成绩与不足，制定正确的城乡关系发展的路线方针政策。第二，中国城乡关系理论包容并蓄。中国城乡关系理论在强调认真总结自己发展经验的同时，应关注其他国家和地区的成功做法，认真学习和借鉴其他国家的先进经验，坚持用人类文明的优秀成果不断充实和发展自己。第三，中国城乡关系理论与时俱进。中国城乡关系理论紧跟时代的发展变化，关注人类社会的进步步伐，根据时代发展变化要求不断调整自己的发展战略和发展思路，努力走在时代的前面。

丰富中国城乡关系理论的时代特色，就必须要面向现代化、面向世界、面向未来。面向现代化就是要面向工业化、信息化、城镇化、市场化、国际化，解决农业农村现代化过程中面临的重大而迫切的问题；

---

① 马克思恩格斯文集（第二卷）[M].北京：人民出版社，1995：681.

面向世界就是要始终把我国城乡经济社会发展与世界发展进步紧紧相连，直面各种挑战和机遇，积极主动地融入世界经济发展潮流，在对外开放和全球化中不断推进城乡经济社会发展，逐步改善城乡关系；面向未来就是要未雨绸缪，以我国城乡经济社会发展改革中的实际问题、以我们正在做的事情为中心，立足当前，展望未来。当前我国城乡经济社会发展处于关键阶段，城乡经济体制深刻变革，城乡社会结构深刻变动，城乡利益格局深刻调整，我们要立足时代特征的新变化，顺应时代发展的新趋势，全面把握中国发展的新要求，积极回答城乡经济社会发展面临的重大理论和现实问题，不断赋予中国城乡关系理论的时代特色。

中国城乡关系理论的实践特色、理论特色、民族特色、时代特色，是中国共产党领导人民在推进中国特色社会主义城乡关系发展实践中形成的内涵特色，它是一个有机的整体，各个特色之间相互联系、相辅相成。实践特色为中国城乡关系理论奠定了坚实根基，提供了源源不断的营养；理论特色为中国特色社会主义城乡关系发展提供了科学的理论支撑，为中国特色社会主义城乡关系发展道路指明了方向；民族特色为中国城乡关系理论赋予了鲜明的个性色彩，使中国城乡关系理论的中国色彩愈加鲜明；时代特色为中国城乡关系理论赋予了现代气息，使城乡经济社会协调发展获得不竭的活力和发展动力。中国城乡关系理论的四大特色，具有各自的针对性。我们强调实践特色，是中国城乡关系理论从来不从本本出发。我们强调理论特色，是中国城乡关系理论注重理论总结、理论创新、理论应用。我们强调民族特色，是中国城乡关系理论尊重中国传统，立足中国国情。我们强调时代特色，是中国城乡关系理论要面向现代化、面向世界、面向未来。

第九章　中国推动城乡协调发展的进路思考

纵观建党一百年来中国的发展历史，无论是处于顺境还是逆境，中国共产党领导人民始终紧扣时代主题，把握时代脉搏，把马克思主义城乡关系理论同中国革命、建设和改革开放各个历史时期的具体实践紧密结合，形成了具有中国特色的城乡协调发展思想，推动中国城乡关系朝着城乡协调发展、融合发展的正确方向迈进，取得了辉煌的成就。在新时代背景下，我国进入新发展阶段，推动城乡协调发展将面临新情况、新问题、新挑战，中国必将在贯彻新发展理念、构建新发展格局中进一步探索城乡协调发展实现路径，创新城乡协调发展体制机制，不断丰富城乡协调发展思想，更好地推动城乡融合发展目标的实现。

一、坚持市场化改革，促进城乡要素双向流动是中国推动城乡协调发展的重点

面对"城乡要素合理流动机制还存在着缺陷，无论是进城还是下乡，渠道还没有完全打通，要素还存在不平等交换"[①] 的现实情况，要进一步推动城乡协调发展，就必须加快推进要素市场化改革，建立和完善相应的制度和政策，打通要素自由流动的通道，使人才、资金、技术、信息等要素在城乡之间得以良性循环，实现城乡要素之间的平等交换，为城乡协调发展提供资源要素支撑。

① 习近平.论坚持全面深化改革[M].北京：中央文献出版社，2018：395.

（一）完善与改革体制和政策，促进人口要素在城乡之间的双向流动

面对目前我国城乡人口要素渠道不通、流动不畅、交换不平等、单向流动等缺陷，就必须改革与完善人口要素合理流动体制与制度，促进人口要素在城乡之间的良性循环，既发挥好农业转移人口对城市建设的支撑作用，又发挥好各类人才对农业农村建设的引领作用。

一方面，要注意农业转移人口市民化的进程，提升农业转移人口市民化的质量，发挥农业转移人口对城市建设的支撑作用。一是要加快户籍制度改革的步伐，完善城市落户制度及政策，降低城市公共服务与户籍制度绑定程度，维护进城落户农民的合法权益，加快落户农民市民化进程，提高落户农民的文化技术技能和发展能力，使他们真正融入城市，实现由“乡”到“城”的全方位转变。二是要提升城市交通承载力，优化城市管理，改善城市基础设施，扩大城市公共服务供给能力等，为农业转移人口在城市落户提供条件和保障。

另一方面，要注意人口要素在城乡之间的双向流动。目前我国城乡人口要素流动呈现“单向性”流动特征，主要表现为从农村向城市的“单向性”流动，而城镇人才要素向农村流动不足，致使农村专业技术人才和创新创业人才比较缺乏，严重影响农业农村现代化进程和乡村振兴战略的实施。为此，必须改变城乡人口要素“单向”流动的状况，推动城市人才要素不断流向乡村，参与乡村的建设，弥补农村优秀人才的不足，为实施乡村振兴战略提供人才支撑。一是要建立健全城市人才流入乡村的激励政策和机制，鼓励热爱农村、愿意到农村发展的城镇人口向乡村流动，鼓励城市技术人员离岗或在岗返乡创业，尤其要鼓励农学院、涉农专业的大学生，到农村广阔天地发挥自己的聪明才智，参与农业农村现代化建设。二是要认真落实习近平总书记“要坚持把科技特派员制度作为科技创新人才服务乡村振兴的重要工作进一步抓实抓好”①

① 习近平对科技特派员制度推行20周年作出重要指示[EB/OL].（2019-10-21）[2021-02-18]. http://www.gov.cn/xinwen/2019-10/21/content_5442820.htm.

重要指示，完善科技特派员激励政策和保障措施，健全管理体制机制，调动他们的工作积极性和创造性，为农业农村现代化和乡村的全面振兴贡献力量。

（二）多方开拓融资渠道，强化乡村振兴发展的资金保障

面对乡村振兴过程中的资金短缺问题，应不断开拓资金渠道，建立财政优先保障、金融重点倾斜、社会积极参与的多元可持续的资金保障机制。

一是深化城乡财政体制机制改革，发挥财政资金在城乡全面融合发展阶段的重要作用。财政保障资金除加大涉农财政支出外，要逐步提高地方土地出让收益用于农业农村比例。加快完善财政转移支付体系，建立财政转移支付同农业转移人口市民化挂钩机制。培育地方主体税种，增强地方政府的公共服务能力。构建良好的财政资金运行机制，完善财政资金监管制度，提高财政支农资金的使用效率。

二是建立健全乡村金融体系，提升乡村金融服务水平。一方面，发挥中国农业发展银行在融通资金方面的优势，确保农业农村现代化重点项目的顺利实施。同时适当放宽农村金融机构的市场准入条件，鼓励村镇银行、农村资金互助社等推出适合农村发展实际的差异化的金融产品，为农业农村发展提供资金方面的帮助。另一方面，拓展和创新资本投资渠道，通过引导股权投资、产业投资及风险投资等基金参与农业农村现代化建设，助力乡村振兴发展。①

三是建立健全乡村保险体系，提升对农业生产和农村发展的保障能力。提高农民的保险意识，扩大农村保险资金规模，支持保险公司积极开展业务。加快《农业保险法》的立法进程，建立健全农业保险体系，探索适合我国的农业保险运作模式，为农业保险事业的发展提供制度保障。

四是建立健全农村担保体系，为农业生产和农村发展提供担保服务。进一步扩大农村抵押物的范围，完善农业信贷担保机制。鼓励和支

① 蒿慧杰.城乡融合发展的制度困境及突破路径[J].中州学刊，2019（11）：49-52.

持农业信贷担保公司通过设立分支机构或业务网点等，为新型农业经营主体提供贷款担保、担保费率优惠等服务，实现农业信贷担保的广覆盖；同时加强农业信贷担保公司的风险防控机制建设，积极防范潜在的金融与财政风险，避免出现强制推行担保、片面追求信贷规模等问题。总之，通过建立健全财政、银行、保险、担保“四位一体”的多元支农资金保障体系，筹措更多的农业发展资金，为推动农业发展方式转变、实施乡村振兴战略、推进城乡融合发展提供资金保障和支持。

（三）深化土地制度改革，推进城乡土地要素平等交易

土地制度不合理是城乡经济社会发展失衡的重要原因，破解城乡发展不平衡问题，必须深化土地制度改革，加强对土地资源的严格管理，推进城乡土地要素平等交易，提高土地的综合利用率。

首先，要改革农村土地产权制度，实现城乡土地要素的平等交换。一方面，在完善农村集体产权制度的基础上，进一步放开土地的经营权，允许其以出租、入股、转包、合作等多种形式参与农业产业化经营，保障农民的土地收益权、财产权。另一方面，建立土地产权交易服务中心，将闲置农房、宅基地等统一纳入交易平台进行管理，规范农房、宅基地使用权的流转。另外，建立被征地农民利益多元化保障机制，完善城乡共享的土地增值收益分配机制，优化土地收益分配结构，实现收益分配方式的多元化，尤其要避免单纯支付货币的收益分配模式，改变农民在土地增值收益分配格局中的弱势群体地位，切实保障被征地农民的合法权益，让更多农民享受到城镇化发展带来的土地增值收益。

其次，实行严格的土地管理制度。一方面，实行严格的土地用途管制制度，为避免土地粗放使用、守住耕地和生态红线等提供制度保障。另一方面，大力推行集约节约用地制度，提高土地的综合利用率。对于建设用地，通过定期开展集约节约利用的评价考核，进行有效监督。稳步推进农村集体建设用地的集约利用，并强化管理。同时，实行严格的土地市场监管制度，既要研究制定集体经营性建设用地入市管理办法，通过健全土地交易规则与服务监管制度，规范土地申请、审批、交易、

登记及发证等一系列工作；又要完善监管措施，通过加强监督检查，达到规范土地交易行为、全面落实节约集约用地责任的目的。充分利用好、发挥好农村土地的作用，以规模化经营降低土地经营成本，并强化对农业的社会化服务，大幅提升中国农业发展在国际上的竞争力，释放土地的市场价值。

二、坚持公平共享原则，促进城乡公共资源合理配置是中国推动城乡协调发展的着力点

促进城乡公共资源合理配置，是城乡居民权利平等、共享发展成果的必然要求。重点是要推动城乡一体化规划设计、促进城镇公共服务向乡村覆盖、城镇基础设施向乡村延伸。

（一）统筹兼顾，综合平衡，推动城乡一体化规划设计

推动城乡一体化规划设计，是城乡一体化发展的前提。城乡一体化规划设计就是要求在规划城乡发展中，通盘考虑土地利用、产业发展、居民点建设、人居环境整治、生态保护、防灾减灾和历史文化传承，统筹规划城乡生产、生活、基础设施、生态保护、环境整治等方面的建设，编制区域城镇和乡村的发展规划。在编制城乡发展规划过程中，要坚持生态优先的原则，严格按照资源环境承载能力谋划城乡经济社会发展，构建形成高效协调可持续的国土空间开发格局。要坚持节约集约原则，严格保护农业发展空间，牢牢守住农村耕地红线，坚决遏制耕地“非农化”、严格管控“非粮化”。规范合理推进农用地和建设用地整理，严禁随意撤并村庄搞大社区、违背农民意愿大拆大建。对违法用地、违法建设，予以整治和清退，对无照建设经营、不符合功能定位的建设项目，严厉打击，坚决取缔，令其退出。

进一步修改完善城乡规划制度及其规定，将城乡一体化规划纳入法定规划体系，明确城乡一体化规划的法定地位以及城乡规划“一张蓝图”管到底的原则，建立针对城乡一体化规划的编制、审查、审批和管理实施程序。同时，加快构建全域覆盖的城乡建设用地布局规划和管理

体系，加强对农村集体建设用地的规划管制，以城乡一体化发展为原则，进一步加强和完善农村、农业和农民的相关工作。另外，在编制城乡一体化规划时，要加强各部门之间的合作，由政府组织，城乡规划管理部门牵头，各部门共同参与城乡一体化规划的编制和实施管理工作。加强多部门、多领域、多层次合作，实现经济社会发展、城乡、土地利用规划的"三规合一"或"多规合一"，通过统筹配置空间资源提升土地利用效率，避免各类用地出现功能冲突，增强各层级用地指标之间的衔接，逐步形成统一衔接、功能互补的城乡规划体系。

（二）完善城乡公共资源服务体系，加强农村公共资源服务的供给

面对城乡在教育、医疗卫生、文化、交通、信息、基础设施等方面资源配置的不均等问题，需要不断完善城乡公共资源服务体系，推动公共资源服务向农村倾斜，弥补农村公共资源的短板，提高乡村公共资源服务水平，让农民公平地享受到多样化的公共资源服务。一是要统筹配置城乡义务教育资源。加大对农村地区的教育投入力度，通过改善学校办学条件、师生学习生活条件、抓好教师队伍建设和提高农村教育信息化水平等，补齐农村地区义务教育的短板，提升农村教育质量。推进城乡义务教育学校标准化建设，深化义务教育教师"县管校聘"管理改革，促进县域内校长教师交流轮岗。二是要深化农村公共卫生体制改革，强化公共卫生服务体系建设，优化公共卫生资源配置。完善县级医院、乡镇卫生院和村卫生室诊疗条件，发展紧密型县域医疗卫生共同体，推行派驻、巡诊、轮岗等方式。健全县乡村相衔接的三级养老服务网络，建设村级幸福院和日间照料中心，发展乡村普惠型养老服务和互助性养老。三是完善城乡文化服务体系，推行城乡文明创建工作的常态化。"以文明城市创建"为抓手，拓展城乡居民思想道德和精神文明建设，并通过积极开展城市文明单位与乡村的结对帮扶系列活动，提升乡村居民思想觉悟、文明素养、道德水准，达到提升全社会文明程度的目标。四是进一步完善农村基础设施建设，推动城乡基础设施统一规划、统一建设、统一管护。进一步推进农村道路建设，自然村通硬化路，促

进城乡道路客运一体化。推动供水供气供热管网向城郊乡村延伸，逐步推进城乡供水一体化。发展联结城乡的冷链物流、配送投递和农贸市场网络。建立数字乡村，以需求为导向，逐步推进5G网络和千兆光网向乡村延伸。

（三）健全城乡公共资源供给制度，推动城乡公共资源的均衡配置

为推动公共资源在城乡之间实现均衡配置，亟需完善城乡公共资源服务供给制度。

一是要强化政府对城乡公共资源服务的均衡配置责任。首先，要强化政府的供给责任，一方面，政府要进一步加大财政资金的投入力度，增加基本公共资源服务的供给数量，保证供给质量；另一方面，政府要积极引导社会组织参与公共资源服务的供给，为增加城乡公共资源贡献力量。其次，制定社会资本进入社会领域的相关方案，完善相关法律法规，促使社会资本在教育、卫生、文化、养老等社会领域投资运营的法治化、规范化与标准化。不断推进政府职能转变，减少行政审批行为，激发社会资本投资活力，保障公共资源服务的有效供给，增强城乡公共资源服务的联动性。再次，完善基本公共资源服务监督与考评问责机制。引入第三方评估机构，对政府基本公共资源提供的过程和结果进行评价。设立科学的评估指标体系，对政府公共资源服务的效果进行考评，对达不到要求的进行问责。

二是要建立健全基本公共资源服务大数据平台。借助大数据技术，实现公共资源服务领域的信息整合与共享，扩大基本公共资源服务覆盖的广度和深度。同时，改革乡村管理体制和机制，提升乡村管理服务能力。以打造“一站式办理”“一站式服务”平台为突破口，提升基层治理能力的精细化水平；以建立网上服务点，培育服务性、公益性、互助性农村社会组织为依托，完善乡村便民服务体系。

三是完善对农民群体的培育管理制度。适应农民就业和成长需要，开展差异化职业技能培训。一方面，建立农村实用人才创业孵化基地，助力开启农村实用人才创业新局面，做好创新农业、服务好农民的工

作。另一方面，提高对农民工职业技能培训单位的补贴标准，落实农民工职业技能提升计划等。同时，开展好农业农村职业技能培训的认证工作，为通过测评考试的合格者发放全国统一的职业资格证书，并纳入到农村劳动力资源信息库，实施动态管理，最终形成农业农村“教育、职业培训—认定动态管理”一体的培训管理制度，保障农民实现公平就业。

三、建立健全现代产业体系，促进城乡产业协同发展是中国推动城乡协调发展的主攻点

现代农业产业体系是农业农村现代化建设的一部分，是推进农业供给侧结构性改革、加快现代农业高质量发展的重要一环。习近平总书记在黑龙江考察时强调“要以构建生产体系、产业体系、经营体系为抓手加快推进农业现代化”。党的十九大把“构建现代农业产业体系、生产体系、经营体系”作为乡村振兴战略的重要内容。建立健全现代产业体系，促进城乡产业协同发展，首先需要健全现代农业产业体系、生产体系、经营体系，其次要注重促进农村一二三产业融合发展，最后要建设现代农业产业园区。

（一）探索创新现代农业产业体系有效路径，推进现代农业产业体系建设

推进现代农业产业体系建设，健全现代农业产业体系、生产体系、经营体系，首先要合理调整农业生产产业结构，推进粮经饲统筹、农林牧渔协调发展。十五届三中全会指出，要“按照高产优质高效原则，全面发展农林牧副渔各业；粮食作物要确保总产量稳定增长，提高产量，改善品质，尽快淘汰不适销品种”，为农业产业结构的调整指明了方向。在确保粮食总产量稳定增长，提高单产和改善品质的同时，积极发展林业、畜牧业和其他各业，增加林业、畜牧业的比重。在种植业中应逐步扩大饲料绿肥种植面积，促进畜牧业发展。在区域布局上，积极发展牧区畜牧业的同时，加快发展农区畜牧业。畜牧业结构的发展，在稳定生

猪生产的同时，突出发展草食型、节粮型畜禽业，增加羊、牛的比重，改良品种。经济作物的发展要提高质量，合理调整区域布局。加快发展水产养殖业，稳定近海捕捞，扩大远洋捕捞。“菜篮子”产品生产要推广优新品种，降低成本，提高效益，实现均衡供给。

其次要大力发展农业适度规模经营。农业适度规模经营是优化土地资源配置、提高劳动生产率、保障粮食安全的重要抓手，是强化农业产业韧性的关键。2023年中央一号文件提出，“引导土地经营权有序流转，发展农业适度规模经营”。这为我们实现农业农村现代化指明了路径，也明确发展农业适度规模经营是必然趋势。农业农村部数据显示，目前全国农村经营耕地10亩以下的农户约2.1亿，户均经营规模只有7.46亩。这在世界上属于超小耕地规模，而且大部分承包耕地仍由承包农户管理经营。过小经营规模不仅导致土地产出率低，而且不利于农民获得比较利益，影响农民经营农业的积极性。解决此问题的重要手段在于鼓励和支持承包土地向家庭农场等新型农业经营主体流转、发展多种形式的适度规模经营。一是可以采取租赁、承包、拍卖等方式，让土地有序向经营能手、种养大户集中，形成适度规模经营；二是可以依托协会提供较为完善的技术、信息等服务，引领农民群众参与农业适度规模经营；三是充分利用龙头企业的辐射拉动作用，扶持传统优势产业的发展。

为促进农业适度规模经营的顺利发展，必须做好引导、扶持和服务工作。一是创新流转机制，促进土地集中经营。正确引导有知识、有技能的农村劳动力转移到城镇从事二三产业，让农民自愿放弃土地承包经营权，促使土地逐步向种田能手集中；整合土地资源，进行集中发包。对于村级集体所有土地及农民抛荒的湖田甩亩、沟港渠道、荒边余塌等田地，由村级集体出面进行适当调剂，实行连片整体发包，赋予经营者一定年限的经营权限，促进农业规模经营；引导农民以土地入股，获得财产性收益。二是加强政策扶持，促进资金集中投入。对项目进行捆绑打包集中投放，积极争取项目资金。积极进行招商引资，重点引进农产品加工龙头企业，采取“公司+基地+农户”的经营模式，壮大产业规模，形成产业链条，引导企业资金参与和带动农业规模经营，促进农业产业聚集和规模经营。鼓励社会资金参与农业经营，倡导全民创业，鼓励有知识、有技能的人积极参与推进农业适度规模经营。促进信贷资金向农业倾斜，积极创新信贷担保体系，促使金融部门加大对农业产业的扶持力度。三是强化科技服务，促进技术集中推广。发挥政府在科技服务方面的主导作用，紧密结合“阳光工程”，充分利用农村现代远程教育网络平台，对农民进行科技教育，举办农业技术培训班，推广农业新技术，帮助农民解决技术难题。充分发挥各农产品协会的作用，利用协会与农民联系紧密的优势，由协会定期组织会员培训，发放技术资料，进行生产流通指导，带动农民提高技术水平。四是引导农民合作，抵御技术和市场风险。严格按照“民办、民管、民受益”的原则，充分尊重市场经济规律和农民的首创精神，以现有产业为基础，积极引导和支持农民开展合作经营，发展以农民协会为主要形式的农民专业合作组织，增强农户抵御技术和市场风险的能力，为农业规模适度经营提供保障。

再次要加强对绿色食品、有机农产品和地理标志农产品的推广和管理。一是要加强绿色食品、有机农产品和地理标志农产品的宣传力度，通过各种媒体如报纸、电视等方式的宣传提高人们食品安全和环保意识。二是国家要进行合理的政策引导和调控，针对绿色农业、有机农业在国内的发展势头，制定一系列发展规划并对其发展进行引导和调控，在常规农业向绿色农业、有机农业转化期给予农民一定的经济支持。三是加强生产关键技术的研究示范与推广。由于绿色食品、有机食品在生产过程中禁用化学合成物质，因而势必要求较高的生产技术与之配套，只有通过先进的科学技术来解决好这些技术问题，才能使有机农业更快更好地发展下去。四是大力推广、应用GPIT技术，生产集“抗逆、早熟、高产、优质、高效、无污染”为一体的无转基因污染的高品质绿色农产品、有机农产品。五是完善绿色农产品、有机农产品标准体系。开展绿色农产品、有机农产品强制性认证工作，推进绿色、有农产品全程操作标准化、检测规范化、品种优质化。

（二）大力发展产业新业态，延伸提升产业链条

我国幅员辽阔，地区之间差异明显，不同地区在资源禀赋、生产要素条件和经济社会发展水平方面都存在很大的差别，因此各地区必须结合自己的实际情况，发展能充分发挥自己优势的特色经济，创新产业发展模式和业态，不断延伸产业链条，进而推动城乡产业的协同发展。

首先，要注重发展城乡特色经济。一是要注意培育区域特别是县域特色产业集群，加大特色产业培育力度，打造特色产业和品牌产品，推动区域特色优势产业快速发展。二是要加强区域特色产业基地建设，着力打造产业园区等发展载体，引导优势项目和企业向重点园区聚集，提高产业发展的规模效益，促进土地的集约节约利用。三是要加快培育适合本地情况的特色优势产业，不断延伸乡村传统产业链，大力发展农产品加工和流通业，提高传统产品的质量和附加价值，推动乡村传统产业规模化、专业化、市场化。各地根据自身资源特征，结合市场需求特点，沿边、沿江、沿景区、沿交通干线打造一批旅游开发型、农副产品加工型、资源开发型、交通商贸型、边境贸易型等特色小镇。培育和发展特色鲜明的产业形态，向做细、做强发展。补齐基础设施领域短板，有序推进产业功能区和基础设施建设。坚持产业兴城，打造具有比较优势的地方特色产业，鼓励集聚化发展。根据实际情况建设产业集聚区基础设施项目库，做到“储备一批、规划一批，建设一批”，打造高质量的产业承载空间，满足企业生产运营的需要。坚持产城融合，统筹规划城市功能和产业布局，实现产业化与城镇化的协同发展。

其次，大力发展新业态。积极发展休闲传统产业、推进乡村传统产业与旅游、教育、文化、健康养生等深度融合。实施休闲农业和农村旅游精品工程，建设一批具有历史、地域文化特色的休闲观光区、康养基地、乡村民宿、特色小镇。利用闲置农房发展民宿、养老等项目，发展乡村共享经济、创意农业、体验农业、特色文化产业。推动科技、人文等元素融入乡村传统产业，发展农田艺术景观、阳台农艺等创意农业。鼓励城郊地区发展工厂化立体化高科技设施农业，鼓励发展农业生产租赁业务。鼓励产业资金、技术、管理、经营主体等多要素协同发力，构

建以农产品加工、商贸流通、休闲旅游为引领，促进产业相互渗透和交叉重组。探索与创新能人单干、合作制、股份制、股份合作制等组织形式，打造利益共同体和命运共同体。打造产城融合型、农业内部循环型、园区前延后展型等多种模式融合。支持国家城乡融合产业示范区建设，打造一二三产融合发展的新载体。挖掘乡村旅游的潜在价值，推动休闲农业和乡村旅游向乡村体验、乡村休闲度假转变，加快休闲农业和乡村旅游向规模化、品牌化发展。深入挖掘世界遗产地、风景名胜区、地质公园、国家森林公园、自然保护区、历史文化名城名镇名村、中国传统村落等优势景观资源，积极发展森林、湿地等野生旅游，开辟精品旅游线路。推进特色庭院经济、民俗家庭旅馆和乡村民族文化有机结合，支持发展乡村旅游。推进实施星级农家乐评定，积极创建乡村旅游示范县、示范村镇，结合特色农业发展，塑造一批农业休闲旅游品牌，策划举办一批具有影响力的农业节庆活动，扩大特色旅游品牌的知名度和影响力。积极推进旅游与文化、农村手工业、互联网、文化创意等产业以及新型城镇化、美丽乡村建设、精准扶贫融合发展，构建完备的“吃、住、行、游、购、娱”要素体系，构建旅游新业态。

再次，延伸提升产业链条。加强农业产业链的城乡间延伸，一方面可以较好地整合城乡经济资源，打破城乡各自封闭独立运行的状态，另一方面可以整合农村区域三次产业的经济活动，沟通其内在的经济联系。目前我国不少地区整个产业链条是不健全甚至是断裂的，具体表现在一产产品无法满足工业的需求，三产对工业品的需求也不强烈；有些地区虽然资源禀赋和比较优势比较明显，但是其产量有限，质量也不高，无法满足工业尤其是制造业的需求，制造业原材料来源不得不从内地或国外购买，导致实体经济成本居高不下，产成品生产能力有限且价格高企，在竞争中处于劣势。因此，延伸提升产业链，应大力开发优势产业的多重功能，延长产业链，提升价值链，完善供应链，发掘新功能新价值，大力发展新业态新模式，推动要素跨界和产业有机融合，实现优势产业在融合中同步升级、同步增值、同步收益。加快推动优势产业“延一接二”“接二连三”，促进立体化、复合式全产业链发展。鼓励各类产业企业自我延伸产业链，完善下游产业链，提升上游产业链水平。

培育和发展上、中、下游新型产业链主体，发挥龙头企业在全产业链布局中的关键作用，培育产业链领军企业，促进生产、加工、物流、研发和服务相互融合，推动产前、产中、产后一体化发展。发挥一二三产业融合发展的乘数效应，加快农产品品牌创建，提高制造业产品质量，实施工业产业“标准化战略”。推动产业发展价值倍增。推动产业发展科技创新，推进政产学研紧密结合。构建多层次创新创业空间，加强产业提质增效技术研发应用。发挥产业园区的引领作用，推动产业和企业向重点产业园区集聚，形成园区之间的互动发展，推动人口、公共资源适度集中，产城互动共进，融合发展，促进规模经营集约发展。立足资源禀赋和产业基础，合理调整产业结构。培育优势农业，提高优势农业产品产出水平，提高原材料供给能力，降低原材料成本，建立农民利益联结机制。加快推进工业提质增量，促进工业和企业绿色发展，支持工业和企业脱虚就实，大力发展实体经济，积极清理僵尸企业，淘汰落后产能，盘活闲置土地，增加有效供给。发挥政府在延伸提升产业链中的调节作用，弥补市场在延伸产业链中的缺陷，促进城乡之间产业链的有效延伸，最终形成更大区域范围内的、更为完整的、城乡协同发展的农业产业链群。

（三）大力发展园区经济，打造产业集聚平台

园区是促进地方经济发展的重要支撑，为城乡产业集聚提供了平台。目前从全国各地园区发展情况看，园区经济发展水平还比较低，带动城乡产业协同发展的能力还比较弱，园区产业同质化现象比较严重，配套基础设施建设不够完善，土地利用问题突出，人才比较缺乏，龙头企业的带动作用不强，产业链建设不够完善，因而带动城乡产业协同发展的能力比较弱。因此，大力发展园区经济，对促进城乡产业的协同发展具有重要意义。

首先，突出特色，形成产业集聚能力。针对目前产业园区产业类型大而全、主导产业不够突出、同质化竞争比较严重等问题，在未来园区发展中，各园区要错位发展，避免产业同质化，依托园区现有产业基础，按照园区规划确定的产业定位和发展方向形成园区产业特色，形成

园区独特的产业集聚效应，促进园区整体协同发展。为此，应采取切实可行的政策措施：一是以骨干企业和产品为龙头，吸引相关企业入园落户，形成产业集聚，加快形成集中度高、关联度大、竞争力强的园区支柱产业群。二是加强政府对园区产业集聚所需公共服务的供给，加强基础设施配套建设，完善产业集聚发展的基本环境。三是制定技术创新、融资担保、土地管理、人才培养等相应政策，加快中介服务机构、技术开发机构、市场调研机构、行业协会等服务体系的建设，为产业集聚发展提供有效的服务。四是积极探索跨区域合作开发模式，采取合作共建、整合托管等方式，拓展发展空间。五是结合产业布局，加快推进退城入园，促进企业按行业属性向产业园区搬迁，引导园区向创新型、集约型、生态型发展。

其次，发挥龙头带动作用，完善产业链建设。产业链建设是园区发展的重中之重，积极推进园区产业的内联外拓，营造良好的产业发展环境，实现精细化、高端化、多元化发展。根据园区产业集群发展的要求，制定产业链推进方案和扶持政策。加强产业横向拓展，纵向延伸，明确产业链延伸方向和发展重点，加快产业延链、补链、壮链，增强集群竞争优势。提高集群企业间配套率，依托龙头企业，按照垂直一体化模式，着力发展专业化优势明显、分工协作紧密的配套中小微型企业。完善集群产品分工体系，推动优强企业剥离非主业生产，鼓励发展针对细分市场的中小微型企业，提高集群整体水平。鼓励发展高载能产业和高技术产业等产业关联度高的产业，加强园区产业之间的联系。增加园区企业的集聚数量，扩大园区的产业规模，构建内部产业链条；坚持引进与培育相结合，发展壮大龙头企业，带动产业集聚发展，发展上下游产业，发挥龙头企业的带动作用，创造就业机会，吸引人才集聚。优化产业园区公共平台资源，促进产业间共生关系的形成，构建接一接三的产业共融体系。

再次，转变发展方式，合理配置资源。着力转变发展方式，提升园区经济发展质量和效益。一是集约高效利用土地资源。积极推动土地资源向园区特色产业集聚，向重大项目倾斜。利用税收杠杆和经济手段盘活有限的土地资源。二是不断推进产城互动发展。将园区作为城市发展的功能组团，实现产业发展与城市发展的协调共促。坚持产城互动发展，完善基础设施和生产生活配套，加强园区与城区基础设施对接，实现一体化布局和联动发展。正确处理园区与所在地城市的关系，积极发展金融、商贸、物流、商务服务、信息咨询等现代服务业，逐步增强园区社区功能，促成园区向开放型、多功能、现代化的新城区发展。三是提高科技创新能力。积极发挥园区科技创新的载体作用，围绕集聚创新要素、激活创新资源、转化创新成果、提高创新能力，进一步优化自主创新环境，健全公共创新平台，加快形成以企业为主体、以市场为导向的产学研协同创新体系。四是强化政策扶持。放宽产业准入条件，扶持主导产业加快发展。争取中央对园区基础设施建设贷款项目财政贴息的力度，争取更多的战略性新兴产业、自主创新、技术改造等各类产业发展专项资金，用于培育发展园区产业集群。鼓励各类小额贷款公司、风险投资公司、创业投资公司、融资性担保公司、产业发展基金等，为主导产业企业提供金融服务。

四、缩小城乡居民收入差距，实现全体人民共同富裕是中国推动城乡协调发展的落脚点

共同富裕是社会主义建设的本质要求。党的十九大明确指出，要“保证全体人民在共建共享发展中有更多获得感，不断促进人的全面发展、全体人民共同富裕”。[①] 党的二十大进一步指出，“中国式现代化是全体人民共同富裕的现代化”，要求“增强均衡性和可及性，扎实推进共同富裕”。[②] 缩小城乡居民收入差距是实现全体人民共同富裕的内在要求。而要缩小城乡居民收入差距，关键是要千方百计拓展农民增收渠道、不断增加农民收入。这就要求发展农业优势特色产业，增加农民生产性收入；发展农村新产业新业态，增加农民经营性收入；解决好农

① 习近平在中国共产党第十九次全国代表大会上的报告[EB/OL].(2017–10–27)http://www.china.com.cn/19da/2017-10/27/content_41805113.htm.

② 习近平在中国共产党第二十次全国代表大会上的报告[EB/OL].(2022–10–16)https://www.163.com/money/article/HKID3MC900258105.html.

民就业问题，增加农民工资性收入；深化农村产权制度改革，增加农民财产性收入；完善各种补贴政策和农村社会保障体系，增加农民转移性收入。

（一）发展农业优势特色产业，增加农民生产性收入

发展农业优势特色产业是增加农民生产性收入的重要保证。各地在推进农业农村现代化过程中，一定要根据自身的资源禀赋和发展条件，进一步聚焦农业优势特色产业，不断优化乡村产业空间结构，打造一批优势特色产业集群，通过全产业链拓展产业增值增效空间，创造更多就业增收机会，让农民分享更多的增值效益。同时，进行产品品牌遴选，对遴选出的品牌进行进一步打造，将其打造成高品质、有口碑的金字招牌和知名品牌，加快推进农业发展由增产导向向提质导向的转变。深入推进农业社会化服务体系建设，推进耕、种、管、收、加、储、销等全程服务，培育推广合作社组织模式，逐步提升小农户生产经营组织化程度，扶持小农户拓展增收空间。发展以集约化为重点的现代农业园区建设，深入开展国家级农业产业园示范区建设；规范推进农业产业有序健康发展，鼓励社会资本通过自主投资、与政府合作等方式参与农业产业园区建设，拓展农业园区功能，建设生产、观光、餐饮、娱乐、文化、科普等多元融合发展的现代化农业产业园区，打造一二三产融合的农业全产业链；发挥龙头企业的带头作用，扩大内循环，搞好产销衔接和生产技术服务，与企业和农民建立稳定紧密的利益联结机制，促进农民增收。

（二）发展农村新产业新业态，增加农民经营性收入

发展农村新产业新业态，不断增加农民经营性收入。首先，应大力推进电子商务进乡村，拓展农村特色产品网上销售渠道，进一步加大与直播电商平台合作力度，打通从农副产品到网货的通道，拓宽农副产品的线上销售渠道，延长农业产业链。其次，应完善县乡村三级农产品仓储保鲜冷链物流设施网络，打通产地预冷、田头市场、储藏保鲜设施体系，延长农产品保鲜期，依托田头市场，拓展电子商务、

农超对接、新鲜直供等销售渠道，实现择期、错峰、跨季销售，提升农产品附加值。再次，应大力推动农文旅融合发展，深挖人文环境、乡土文化等资源禀赋和文化特色，以农业增产、产业增收、农民增收为核心，鼓励利用农村闲置住宅发展符合乡村特点的休闲农业、乡村旅游、餐饮民宿、文化体验等新产业新业态，打造更多具有特色的乡村旅游目的地、艺术创作中心和田园综合体，促进农户、村集体、经营主体三者共同发展增收。

（三）增加就业岗位，加强就业扶持，增加农民工资性收入

增加就业岗位，加强就业扶持，不断增加农民工资性收入。应进一步落实金融服务、财政税收、用地用电等方面的政策措施，鼓励和引导各类人才到农村创业，鼓励各类企业积极参与农村振兴战略实施，建好管好用好帮扶产业项目，增加就业岗位，吸纳当地农民就业；开展农民职业教育和技能培训，提升农民素质和技能，提高农民工外出务工质量，畅通农民进城务工通道，加强就业扶持；稳步增加生态护林员、乡村保洁员、治安、护路等农村公益性岗位，优先吸纳本地农村劳动力就业，优先安置就业困难群体，稳步提高公益性岗位待遇，增加低收入家庭工资性收入。

（四）深化农村产权制度改革，增加农民财产性收入

深化农村产权制度改革，创新农村经济运行机制，增加农民财产性收入。应积极探索新型农村集体经济发展路径，支持村集体以出租、合营、入股等多种经营模式与企业、创客等主体结成利益共同体，拓宽集体资产投资渠道。应不断推进集体资产清产核资，实现农村集体经营性资产量化确权到户，深化资源变资产、资金变股金、农民变股东改革。应进一步完善农村产权交易服务平台，推进基层综合性产权交易中心规范化建设，积极探索农村承包土地的经营权、集体经营性建设用地使用权等抵押质押创新担保模式，充分释放农村资产的金融效益，确保集体资产保值增值，确保农民受益。

（五）完善各种补贴政策和农村社会保障体系，增加农民转移性收入

完善各种补贴政策和社会保障体系，增加农民的转移性收入。首先，应加大财政直接补贴。继续把农业农村作为一般公共预算优先保障领域，调整完善土地出让收入使用范围，优先支持乡村振兴，确保强农惠农富农的财政投入逐年稳中有升。加强各类涉农资金优化整合，全面实施绩效管理，提升资金使用效率。搭建惠农惠民补贴“一卡通”平台，确保惠农补贴资金安全运行、规范管理、及时兑现。落实好粮食生产发展政策措施，提高种粮补贴标准，调动农民种粮积极性和综合效益。其次，应加大保险信贷补贴。认真落实财政保费补贴政策，做到愿保尽保，增强农牧业抗御风险能力，确保灾后不减收、能迅速恢复生产。积极推进农业保险扩面、增品、提标，积极争取将更多的农产品纳入中央和地方财政保费补贴范围。对符合条件的建档立卡脱贫户和边缘易发致贫户继续给予脱贫人口小额信贷支持，做到“应贷尽贷”。再次，应进一步完善农村社会保障体系。以基本生活救助、专项社会救助、急难社会救助为主体，社会力量参与为补充，建立健全分层分类的农村社会保障制度体系。稳步提高农村低保标准和补助水平，缩小城乡低保差距。加强农村低保制度与其他专项社会救助制度的有效衔接，对符合条件的农户实施精准高效的医疗、住房、教育、就业和受灾人员救助等专项社会救助，逐步提高救助水平。